AUFGABEN

AUS DEM

RÖMISCHEN RECHT

ZUM SELBSTTHÄTIGEN EINARBEITEN

IN DAS

SYSTEM DES RÖMISCHEN PRIVATRECHTS.

VON

DR. RUDOLF STAMMLER,

PROFESSOR AN DER UNIVERSITÄT HALLE A. S.

MIT FIGUREN IM TEXT.

ZWEITE, VERMEHRTE UND VERBESSERTE AUFLAGE
DER „PRAKTISCHEN INSTITUTIONENÜBUNGEN FÜR ANFÄNGER“.

LEIPZIG
VERLAG VON VEIT & COMP.
1901

Der Hörer soll nicht ***Gedanken****, sondern* ***denken*** *lernen; man soll ihn nicht* ***tragen*** *sondern* ***leiten****, wenn man will, daß er in Zukunft von sich selbst zu* ***gehen*** *geschickt sein soll.*

Kant

Druck von Metzger & Wittig in Leipzig.

Inhalt.

Erster und zweiter Teil.

Praktische und exegetische Übungen für Anfänger.

Einleitung.

Erstes Buch.

Allgemeiner Teil.

Zweites Buch.

Recht der Schuldverhältnisse.

Drittes Buch.
Sachenrecht.

Viertes Buch.
Familienrecht.

Fünftes Buch.
Erbrecht.

Dritter Teil.
Exegetikum für Vorgerücktere.

Erster Teil.

Praktische Übungen

für

Anfänger.

Einleitung.

I

1. „Robinson konnte nicht umhin, zu lächeln, da ihm der Gedanke einfiel, daß er einem ordentlichen Könige nunmehr immer ähnlicher werde. Die ganze Insel war sein Eigentum; seine Unterthanen, die ihm alle ihr Leben verdankten, hingen lediglich von seinem Willen ab und waren verbunden, wenn es sein müßte, Leib und Leben für ihn zu wagen. Am merkwürdigsten schien ihm dabei der Umstand, daß er gerade so viel Glaubensparteien, als Unterthanen in seinem Reiche hatte. Freitag hatte diejenige christliche Religion von ihm angenommen, welche die Protestanten bekennen; der Spanier war ein katholischer Christ, Freitags Vater sogar noch ein Heide. — Was mußt du nun wohl dabei thun? dachte Robinson. Hättest du nicht etwa das Recht, sie alle mit Gewalt zu zwingen, sich zu demjenigen Glauben zu bekennen, den du für den besten hältst? Er sann darüber nach, weil es eine Sache war, an die er noch niemals gedacht hatte."

(Aus Campe, Robinson der Jüngere.)

Fragen:

a) Inwiefern mag hier ein rechtlicher Zustand angenommen werden? Worauf konnte er sich gründen?

b) Wie steht es mit möglicher Anwendung des Rechtes in Dingen des religiösen Glaubens?

c) Vergleiche damit aus Verne, Die Kinder des Kapitän Grant: Harry Grant wird von der meuternden Mannschaft der „Britannia" mit seinem Sohne James und einem Matrosen Burck auf einer wüsten Insel im Südmeere ausgesetzt. Burck, „das wilde Tier", ist ihm todfeind, weil er ihn wegen Vergehungen hatte peitschen lassen; er hält ihn, der keine

Waffen besitzt, nur mit Androhung des Niederschießens von ihrem Lagerplatz fern. — Wie verhält sich dieser Zustand zu dem der obigen Erzählung?

2. Vor einiger Zeit wurde ein Rekrut namens Thröner zu der Fahne eingezogen. Er weigerte sich aber, den Dienst mit der Waffe zu thun: Er sei Mennonit, sein Glaube verbiete ihm Übung und Führung der Waffen. Auch durch Auferlegung einer Freiheitsstrafe konnte er nicht bewogen werden, seine Weigerung aufzugeben.

Wird es dabei sein Bewenden haben? In welchem Sinne tritt der Anspruch auf Leistung des Kriegsdienstes dem Wehrpflichtigen gegenüber? Kann dieser letztere nicht vielleicht aus dem Reichsverbande ausscheiden oder auswandern?

Vgl. Verfassung des Deutschen Reiches v. 16. April 1871, Art. 57. — Gesetz, betr. Erwerb und Verlust der Staatsangehörigkeit v. 1. Juni 1870, §§ 13ff.

3. Der Pädagoge Curtmann erzählt in seinem Lesebuche die bekannte Geschichte von den Sperlingen unter dem Hute. „. . . Jetzt begegnete ihm der Amtmann, den pflegten alle Leute zu grüßen. Der Michel aber that es nicht, einmal weil er die Spatzen unter dem Hute hatte, und zweitens weil er ein Grobian von Haus aus war. Der Amtmann aber sagte zu dem Gerichtsdiener mit dem roten Kragen, welcher hinter ihm her ging: Sieh doch einmal, ob dem Burschen dort der Hut angeleimt ist? Der Gerichtsdiener ging hin und sprach: Höre einmal, Michel, der Herr Amtmann möchte einmal sehen, wie dein Hut inwendig aussieht. Flugs zieh ihn ab! Der Michel aber zögerte immer noch. Da riß ihm der Gerichtsdiener den Hut herunter."

Welche sozialwissenschaftlichen Begriffe haben in dieser Erzählung Anwendung gefunden? Wie steht es mit ihrem Geltungsanspruche und ihrer Durchführung? Ist die Sage von „Geßlers Hut" hierin dem eben Berichteten gleich zu behandeln?

4. In den französischen Volksschulen wird Unterricht in der *Morale et instruction civique* erteilt. Dabei wird ein kleines Lehrbuch benutzt, das in katechetischer Form abgefaßt ist und unter anderen folgende Abschnitte enthält: 2) *Devoirs envers les parents*; 5) *devoirs envers les serviteurs;* 6) *l'enfant dans l'école: assiduité, docilité, travail, convenance;* 8) *devoirs envers les camarades;* 10) *devoirs envers soi-même;* 11) *économie;* 17) *veracité et sincérité; ne jamais mentir;* 24) *traiter les animaux avec douceur, ne point les faire souffrir inutilement;* 31) *devoirs envers Dieu;* 35) *l'impôt;* 36) *le suffrage universel.*

Welche systematisch verschiedenen Klassen von Normen für menschliches Verhalten sind dabei vorgekommen?

II

1. Steht im folgenden *ius privatum* oder *ius publicum* in Frage?

a) *Verfassungs-Urkunde für den Preußischen Staat. Vom 31. Januar 1850.*

„Art. 53. Die Krone ist, den Königlichen Hausgesetzen gemäß, erblich in dem Mannsstamme des Königlichen Hauses nach dem Rechte der Erstgeburt und der agnatischen Linealfolge. — Art. 54. Der König wird mit Vollendung des achtzehnten Lebensjahres volljährig."

b) Graf Anton Fugger hatte dem Kaiser Karl V. eine ansehnliche Summe gegen Schuldverschreibung vorgestreckt. Als nun 1530 der Kaiser aus Italien nach Augsburg kam, kehrte er bei dem Grafen ein und entschuldigte sich, daß es ihm noch nicht möglich sei, die Summe wieder zu bezahlen. Als den Kaiser im nicht mehr gewohnten deutschen Klima fröstelte, ließ Fugger ein Kaminfeuer anzünden, legte einige Bündel Zimmetrinde (von der die Unze damals zwei Dukaten kostete) auf das Holz, zog darauf des Kaisers Schuldverschreibung hervor und zündete die dünnen Zimmetrollen damit an.

c) „Rudolf, der Schattenkönig von Burgund,
Ein Greis, der niemals Jüngling war noch Mann,
Erzitternd vor dem meisterlosen Trotz
Unbändiger Vasallen, wandt' er sich
An seiner Blutsverwandten mächtigsten,
An Kaiser Heinrich, der vordem geherrscht.
Damit er diesen sich verpflichtete
(Denn ohne Sprößling war der dürre Stamm)
Zum Erben des burgund'schen Königtums.
Doch Gottes heil'ger Ratschluß fügt' es so,
Daß Kaiser Heinrich zu den Vätern ging,
Indes der Greis noch auf dem Throne schwankt.
War Heinrich als des Deutschen Reiches Haupt
Thronerbe von Burgund, so tratest du,
Der neue Kaiser, in den Anspruch ein;
Schloß er als Blutsverwandter den Vertrag,
So blühte jetzt des Erbes Anwartschaft
Dem Schwesterenkel Rudolfs . . ."

(Aus Uhland, Ernst Herzog von Schwaben.)

2. Wie sind nach früherer und nach heutiger Rechtssystematik die Thatsachen nachstehender Erzählungen zu bestimmen?

a) Für die Mark und die Hohenzollern ist der wichtigste Tag ihrer älteren Geschichte der 18. April 1417, wo Kaiser Siegmund auf dem Markt zu Konstanz den Burggrafen Friedrich von Nürnberg feierlich belehnte, ihm die Fahne mit dem Wappen der Mark in die Hand gab und seine Huldigung als Kurfürst empfing.

b) Bekannt ist die Geschichte von der Windmühle bei Sanssouci, die Friedrich der Große dem Müller abkaufen wollte, weil sie bei der Anlage des Parkes von Sanssouci im Wege stand. Allein der Windmüller weigerte sich standhaft, sein Eigentum zu veräußern. „Mein Großvater", sagte der starrsinnige Alte, „hat diese Mühle gebaut; ich habe sie von meinem Vater geerbt, und meine Kinder sollen sie von mir erben." Der König ward nun ungeduldig und sprach: „Aber weißt du wohl, daß ich deine Mühle umsonst haben könnte, wenn ich wollte?" — „Ja," antwortete der Müller, „wenn zu Berlin das Kammergericht nicht wäre!"

c) Dem König Wilhelm I. wurde 1870 von Napoleon III. angesonnen: Er solle sich schriftlich entschuldigen, daß er dem Prinzen Leopold von Hohenzollern nicht von vorne herein die Annahme der Kandidatur auf den spanischen Königsthron untersagt habe, und zugleich versprechen, daß, falls eine solche nochmals auftauche, er seine Einwilligung nie erteilen werde.

d) Im 9. Jahrhundert erschienen in Frankreich die pseudoisidorischen Dekretalen, nach der überwiegenden Meinung gefälschte Dokumente, angeblich aus der ältesten Zeit der Christenheit. — Ihr Inhalt war vor allem den Bischöfen günstig: Laien dürfen überhaupt Bischöfe nicht anklagen; das zuständige Gericht soll zwar die Synode des Metropolitanbischofs bilden, das Endurteil aber in allen Fällen dem Papste zustehen; ein gefangen gehaltener oder spoliierter Bischof kann vor der Restitution in seinen Bischofssitz nicht angeklagt werden.

3. Der Dorfrichter Adam stellte der jungen Eva nach. Er fälschte einen Gestellungsschein, durch den Ruprecht, der Verlobte der Eva, angeblich zum Kriegsdienste nach Ostindien eingezogen werden sollte, und drang in das Zimmer des jungen Mädchens ein, unter dem Vorwande, dort ein befreiendes Krankheitsattest für den Ruprecht auszufertigen. Letzterer kam dazu; Adam sprang unerkannt durch das Fenster und zerbrach dabei einen der Mutter Martha gehörigen Krug. — Am folgenden Tage stellte Martha Klage auf Schadensersatz gegen den vermeintlichen Thäter Ruprecht an; und der Richter Adam mußte unter den Augen des gerade das Gericht visitierenden Rates Walter die Sache verhandeln. Vergeblich suchte er das Zeugnis der Eva als gesetzlich unzulässig zu verhindern und den Verdacht der That auf einen andern abzulenken: er wurde von seinem Amte suspendiert. — Frau Martha aber behielt sich vor, „dem Kruge vor der Regierung sein Recht geschehen zu lassen."

(Nach Kleist, Der zerbrochene Krug.)

Welche einzelnen Rechtsfragen sind in dieser Inhaltsangabe aufgeworfen? Was für verschiedenen Rechtsdisziplinen sind sie zuzuteilen?

III

1. Im bischöflichen Palaste in Bamberg. *Bischof.* Wie sagtet Ihr, daß der Kaiser hieß, der Euer Corpus iuris geschrieben? *Olearius.* Justinianus. *Bischof.* Ein trefflicher Herr! Er soll leben! *Olearius.* Sein Andenken. *Abt.* Es mag ein schön Buch sein. *Olearius.* Man möcht's wohl ein Buch aller Bücher nennen; eine Sammlung aller Gesetze; bei jedem Fall der Urteilsspruch bereit; und was ja noch abgängig oder dunkel wäre, ersetzen die Glossen, womit die gelehrtesten Männer das vortrefflichste Werk geschmückt haben. *Abt.* Eine Sammlung aller Gesetze! Potz! Da müssen wohl auch die zehn Gebote drin sein. *Olearius.* *Implicite* wohl, nicht *explicite*. *Abt.* Das mein' ich auch: an und vor sich, ohne weitere Explikation. *Bischof.* Alle Doctores iuris! *Olearius.* Ich werd's zu rühmen wissen. Wollte Gott, man spräche so in meinem Vaterlande. *Abt.* Wo seid Ihr her, hochgelehrter Herr? *Olearius.* Von Frankfurt am Main, Ihrer Eminenz zu dienen. *Bischof.* Steht Ihr Herrn da nicht wohl angeschrieben? Wie kommt das? *Olearius.* Sonderbar genug. Ich war da, meines Vaters Erbschaft abzuholen; der Pöbel hätte mich fast gesteinigt, wie er hörte, ich sei ein Jurist. *Abt.* Behüte Gott. *Olearius.* Aber das kommt daher: Der Schöppenstuhl, der in großem Ansehen weit umher steht, ist mit lauter Leuten besetzt, die der römischen Rechte unkundig sind. Man glaubt, es sei genug, durch Alter und Erfahrung sich eine genaue Kenntnis des inneren und äußeren Zustandes der Stadt zu erwerben. So werden nach altem Herkommen und wenigen Statuten die Bürger und die Nachbarschaft gerichtet.

(Aus Goethe, Götz von Berlichingen.)

Fragen:

a) Welches ist, genau gesagt, der Inhalt des angepriesenen Rechtsbuches? Warum mußte Olearius der Frage des Abtes ausweichen?

b) Wie steht es mit den Erklärungen dunkler Stellen, von denen oben die Rede ist; welche Männer und aus welcher Zeit sind gemeint?

c) Seit wann bestand der geschilderte Rechtszustand in Frankfurt? In welcher Zeit änderte er sich? Wodurch wurde er abgelöst, und wie vollzog sich der Übergang?

2. Seit dem 1. Januar 1900 ist das einzige Gebiet auf dieser Erde, in welchem das Corpus iuris civilis als Gesetzbuch noch Geltung hat: die Republik San Marino. Aber es bestehen daselbst auch eine große Anzahl von Einzelgesetzen als statutarische Rechtsquellen, die im Falle des Widerspruches dem römischen Rechte vorgehen.

Ähnelt nicht dieser Rechtszustand demjenigen im alten deutschen Reiche? Inwiefern besteht doch ein Unterschied?

3. *Patent wegen Publication des neuen allgemeinen Landrechts für die Preußischen Staaten. Vom 5. Februar 1794.*

„I. Das gegenwärtige allgemeine Landrecht soll an die Stelle der in Unseren Landen bisher aufgenommen gewesenen Römischen, gemeinen Sachsen- und anderer fremden subsidiarischen Rechte und Gesetze treten; . . . II. Ebenso tritt dieses allgemeine Landrecht an die Stelle der über einzelne Rechtsmaterien von Zeit zu Zeit ergangenen allgemeinen Edikte und Verordnungen, welche bisher in allen Unseren Provinzen als gemeine Landesgesetze gegolten haben; . . . III. Die in den verschiedenen Provinzen bisher bestandenen besonderen Provinzialgesetze und Statuten behalten zwar vor der Hand noch ihre gesetzliche Kraft und Gültigkeit; dergestalt, daß die vorkommenden Rechtsangelegenheiten hauptsächlich nach diesen, und nur erst in deren Ermangelung nach den Vorschriften des allgemeinen Landrechts beurteilt und entschieden werden sollen.“

Welches war das Verhältnis der hier genannten Rechtsquellen zu einander vor dem Jahre 1794? Und wie ist es damit nach jener Zeit bestellt gewesen?

IV

1. Ein römischer Jurist wurde gefragt: *Quid esset proletarius?* Er wußte es nicht. Der Fragende machte ihm Vorhalt, daß das Wort doch in den XII Tafeln vorkäme; er aber entgegnete: *Ego dicere atque interpretari hoc deberem, si ius Faunorum et Aboriginum didicissem. Sed enim cum „proletarii" . . . evanuerint omnisque illa duodecim tabularum antiquitas . . . consopita sit studium scientiamque ego praestare debeo iuris et legum vocumque earum, quibus utimur.*

(Aus Gellius, Noctes Atticae.)

Ist diese Ansicht in der späteren und heutigen Rechtslehre durchgedrungen?

2. Zur Litteraturgeschichte des römischen Rechtes.

Die rechtswissenschaftliche Richtung in Deutschland während des 17. und 18. Jahrhunderts nennt man *usus modernus pandectarum* (nach dem so betitelten Buche von Samuel Stryk, 1640—1710). Das dabei verfolgte Ziel giebt namentlich das Werk von Johannes Schilter, 1632—1705, wieder: *Praxis iuris Romani in foro Germanico. Opus quo ius Romanum ad principia iuris naturae et gentium civilisque prudentiae regulas exigitur, cum iure Germanorum eiusque genuinis principiis confertur, leges insigniores succincta paraphrasi enucleantur et ius quo utimur quove uti possumus observatis monitisque practicis explicatur.*

Im 19. Jahrhundert kam *die historische Rechtsschule* auf. Ihr Führer war Friedrich Karl von Savigny, 1779—1861. In seinem berühmten Werke *System des heutigen römischen Rechtes* nennt er als dessen Aufgabe: „. . . nur diejenigen Rechtsinstitute, welche römischen Ursprungs sind, jedoch mit Einschluß ihrer späteren Fortbildung, wenngleich diese auf einen anderen als römischen Ursprung zurückzuführen ist. Ausgeschlossen sind dadurch alle Institute, welchen ein germanischer Ursprung zugeschrieben werden muß . . . Ausgeschlossen wird: erstens die Geschichte der Rechtsinstitute als solche; zweitens jede einzelne, dem früheren Recht angehörende, dem justinianischen fremde Bestimmung; drittens jedes Institut, welches zwar dem justinianischen Recht angehört, aber aus unserem Rechtszustand entschwunden ist."

a) Worin stimmen nun jene Aufgaben überein, und in welcher Hinsicht unterscheiden sie sich?

b) Wie ist, in denselben beiden Richtungen der Frage, ihr Verhältnis zu dem *System des römischen Privatrechtes* nach dem heutigen Studienplan?

Erstes Buch.

Allgemeiner Teil.

V

1. Welche Privatrechtsverhältnisse liegen in folgenden Fällen vor?

a) Man verlangt in einem offenen Laden Cigarren, Papier, Handschuhe.

b) Jemand läßt sich in einem Barbiergeschäft rasieren und frisieren.

c) Ein Arbeiter macht bei der städtischen Sparkasse eine Einlage von 30 *M*. Für das dafür auf seinen Namen ausgestellte Sparkassenbuch werden ihm 25 *Pf* berechnet.

d) Man läßt sich beim Schuhmacher ein Paar neue Schuhe anmessen; — oder giebt ihm ein Paar getragene Stiefel, um sie frisch zu besohlen.

e) Eine Korporation nimmt einen Diener an.

f) Ein Landwirt pachtet eine fiskalische Domäne auf 18 Jahre.

g) Mehrere Studenten nehmen Fechtunterricht. Sie lassen ihnen gehöriges Fechtzeug in der Behausung des Fechtmeisters mit dessen Bewilligung, oder in dem der Universität gehörigen Gebäude, in welchem geschlagen wird.

h) Zwei Mitglieder eines Rauchklubs geben einer Porzellanhandlung Auftrag, zwei nach näherer Angabe zu bemalende Pfeifenköpfe herzustellen, welche sie sich gegenseitig zur freundlichen Erinnerung zueignen wollen. Der Gastwirt, bei dem die Gesellschaft regelmäßig verkehrt, übernimmt es, die Pfeifen aufzubewahren und für ihre Instandhaltung zu sorgen.

i) Es frühstückt jemand in einer Bodega, in welcher glasweise portugießischer und spanischer Wein verschenkt wird.

k) Ein Pianist leiht aus einer Musikalienhandlung Noten gegen wöchentliche Gebühr von 10 *Pf* für das Heft.

l) Ein Gutsbesitzer leiht von der Landschaft 50 000 *M* und stellt diese Schuld durch Hypothek auf seinem Gute sicher.

m) In einer Leinenhandlung bestellt ein Herr ein Dutzend Hemden nach Maß.

n) Ein Dame läßt sich von einem Geschäftshause 8 Meter Kaschmir kommen und giebt sie einer Schneiderin zur Anfertigung des Kleides.

o) Jemand übernimmt es, ohne Vergütung die Ordnung der Erbschaft eines verstorbenen Freundes zu besorgen.

p) Man verlangt am Postschalter eine Briefmarke.

q) Ein Reisender giebt dem Schaffner Geld, damit dieser keine weiteren Fahrgäste in den betreffenden Abteil verweise.

r) Es wird ein Dienstmann von dem Eigentümer eines Hundes beauftragt, das Tier zu einem bestimmten Preise zu verkaufen und das Geld jenem abzuliefern; was er über den gesetzten Preis erlöst, soll ihm verbleiben. Außerdem bekommt er natürlich eine taxmäßige Vergütung.

2. *Erneuertes gemeines Land-Recht des Hertzogthums Würtemberg von 1610 Th. II. T. 1:*

§ 1. Das Wort, Leyhen, würdt in Teutscher Sprach auff dreyerley weise gebraucht:

Denn zum Ersten würdt Geld, Wein, Korn, Eisin vnd anders, so gewägen, gezehlt, oder gemessen, vnd mit einem durchauß gleichen Ding zu bezahlen, gelihen: Der gestallt, daß es deß Entlehners aigen würdt, vnd derwegen er solches als sein aigen Gut nutzen, nüssen, verbrauchen, oder sonst hingeben vnd verändern mag. Vnd solches würdt in Lateinischer Sprach . . . . . . genannt.

§ 2. Am Andern, begibt sich, daß einer dem andern etwas ligends oder fahrends vergebenlich hinleiheit, ein zeit lang also zugebrauchen, daß eben dasselbig gelihen Gut ohnverändert widerumb heimgegeben werden soll: Welches . . . . . . genannt würdt.

§ 3. Zum Dritten, so beschicht mehrmals, daß einer dem andern ein ligend oder fahrend Gut, umb ein gewiß Gelt oder Zinß, der gestallt verleihet, daß das verlihen Gut, nach außgang der zu solcher verleihung bestimpten Zeit, dem Leiher widerumb zuzustellen. Vnd würdt dieser Contract auff Lateinisch . . . . . . genannt. —

Es sind die in vorstehendem Abdrucke gelassenen Lücken auszufüllen und zu erläutern.

3. Der Postsekretär Mylius in Halle a. S. pflegt von dem Weingutsbesitzer Iller in Oppenheim Tischwein in kleinen Fässern zu beziehen. Eines Tages fragt ihn sein Freund, der Gymnasiallehrer Liebetraut, ob er sich an einer solchen Sendung nicht einmal beteiligen könne. Mylius ist dazu bereit und bestellt zwei Fässer verschiedener Sorte von je einem halben Hektoliter. Dieselben werden auf seinen Namen durch die Bahn gesandt und in seinem Keller gelagert.

Nach drei Wochen zieht er an einem dienstfreien Nachmittag das eine Faß auf Flaschen; und läßt Tags darauf das andere durch den Weinküfer Höche abfüllen, der das Reinigen der hierfür nötigen Flaschen besorgt, Krahnen und Korkstopfen mitbringt und für jede Flasche 5 ℔ Entgelt für sich berechnet.

Hierauf werden die Flaschen beider Sorten geteilt und die entstandenen Unkosten, die Mylius einstweilen bestritten hatte, halbiert und berichtigt. Liebetraut giebt alsbald 40 leere Weinflaschen an Mylius; und verspricht, die hiernach verbleibende Restzahl der von ihm erhaltenen Flaschen seiner Zeit leer zurückzuerstatten.

Als nach einiger Zeit sein Vorrat sehr zusammengeschmolzen ist, leiht er von Mylius 20 Flaschen Wein der besseren Sorte, mit dem Beding, ebensoviele bei der nächstbeabsichtigten gemeinsamen Bestellung sich anrechnen zu lassen.

Welche rechtlichen Begriffe haben in vorstehendem Anwendung gefunden?

4. Auf was für Rechtsverhältnisse zielen nachstehende Inserate aus Zeitungen ab?

a) Ich suche zum sofortigen Antritt einen gewandten Schreiber mit guter Schulbildung. Müller, Gerichtsvollzieher.

b) Tüchtige Bautischler finden auf Accordarbeit sofort gut lohnende und dauernde Beschäftigung.

c) Ein junger Landwirt sucht Stellung als Verwalter bei bescheidenem Salär oder auch als Volontär.

d) Für einen jungen Mann, welcher ein Jahr eine landwirtschaftliche Schule besucht hat, wird eine Stelle als Lehrling gesucht, in der ihm Gelegenheit geboten wird, etwas Tüchtiges zu lernen, möglichst unter Leitung des Prinzipals.

e) Ein besseres Schneidergeschäft sucht sofort einen tüchtigen Zuschneider als Teilhaber mit 6000 ℳ Einlage.

f) Wir erlauben uns darauf aufmerksam zu machen, daß wir neben der Verwaltung von Wertpapieren, sogenannter offener Depots, auch die Aufbewahrung geschlossener Wertstücke, enthaltend Urkunden, Manuskripte, Kostbarkeiten u. s. w. übernehmen, zu deren Unterbringung in unserm Tresor geeignete Räume vorhanden sind. — Die übergebenen Wertpapiere werden stets als gesonderte Depots und als Sondereigentum der einzelnen Hinterleger, unter Namensbezeichnung, aufbewahrt. — Kostenfreie Einlösung von Coupons.

---

5. Wie sind die kommenden juristischen Thatbestände nach Klasse und Art der Entstehungsgründe von Privatrechtsverhältnissen zu bestimmen?

a) Jemand meldet sich zum Eintritt in einen Verein; es erfolgt Abstimmung nach den Satzungen des Verbandes, und das Aufnahmegesuch wird genehmigt.
b) Ein Student kommt mit seinem Hauswirt in persönliche Streitigkeit und will ausziehen; allein jener legt Beschlag auf die eingebrachten Sachen des Mieters wegen rückständigen Mietgeldes.
c) Von einer Gemeinde wird die ihr zugehörige Jagd im Wege öffentlicher Versteigerung verpachtet. Der Jagdpächter erlegt demnächst Wild. Es treten aber auch Wilderer auf, die auf jener Jagd Hasen erbeuten.
d) Nach dem Tode des X. veräußert sein Bruder, als nächster Intestaterbe einige Erbschaftsgegenstände an Z. Dann wird ein bei Gericht hinterlegter letzter Wille des X. aufgefunden, nach welchem Y. Erbe sein soll. Z. beruft sich darauf, daß er schon über drei Jahre die fraglichen Sachen gutgläubig besessen und dadurch zu Eigentum erworben habe.
e) Ein Händler hat schon oftmals von einem bestimmten Bergwerke Kohlen erhalten, will aber jetzt günstigere Bezugsbedingungen für sich herausschlagen; in längerem Schriftwechsel einigen sich endlich die beiden Parteien über die Einzelheiten der Lieferung.
f) Man wirft überflüssige Sachen weg, um sie los zu sein.
g) Jemand verliert einen Schmuckgegenstand und sichert öffentlich dem Wiederbringer eine Belohnung zu. Der Finder aber zieht vor, sich die Sache zuzueignen. — Oder: Er bewahrt sie auf und macht bekannt, daß sie gegen Erstattung der Insertionskosten bei ihm in Empfang genommen werden könne.

6. In gleicher Weise sind folgende Fragen nach den jeweiligen juristischen Thatsachen zu beantworten:

a) Nach einem Gesetz des Kaisers Konstantin v. 319 (l. 1 C. de bonis maternis 6, 60) soll der Vater am mütterlichen Vermögen des in seiner Gewalt stehenden Kindes die lebenslängliche Nutznießung haben. Es ist indessen auch sehr gebräuchlich, daß durch Ehepakten oder durch Kodizill das gleiche Recht der Mutter für den früheren Todesfall des Vaters eingeräumt wird.
b) Gerichtlicher Ausverkauf des Warenlagers eines Gemeinschuldners.
c) Geschäftsempfehlungen durch Zeitungsinserate oder Anschläge an Litfaßsäulen.

d) Es wirft jemand nach einem Hunde und trifft aus Ungeschick ein Fenster des Nachbars.

e) Reichs-Haftpflichtgesetz v. 7. Juni 1871, § 1: „Wenn bei dem Betriebe einer Eisenbahn ein Mensch getötet oder körperlich verletzt wlrd, so haftet der Betriebsunternehmer für den dadurch entstandenen Schaden, sofern er nicht beweist, daß der Unfall durch höhere Gewalt oder durch eigenes Verschulden des Getöteten oder Verletzten verursacht ist.“

f) Ein Kranker, der sein Ende nahe fühlt, macht einer befreundeten Person (in einem anderen Falle: seiner Vaterstadt) das schriftliche Anerbieten, ihr vor seinem Tode eine bestimmte Geldsumme schenkungsweise zu überlassen; stirbt aber unmittelbar nach Absendung des Briefes. Oder: Er hat solches in einem Schreiben an seinen Sohn als letzten Wunsch und Willen ausgesprochen.

g) *L. Laelius iudex esto. Si paret Numerium Negidium, cum nauem exerceret, Auli Agerii res quibus de agitur saluas fore recepisse neque restituisse, quanti ea res est, tantam pecuniam, iudex, Numerium Negidium Aulo Agerio condemna, si non paret absolve.*

VI

1. Welche *actio* steht in nachfolgenden Fällen in Frage?

a) Ein Jäger hat sich einen Hund angeschafft, bleibt dann aber mit der Zahlung des Preises im Rückstand; — oder umgekehrt: er hat das Geld durch Postanweisung an die Züchtungsanstalt gesandt, das Tier wird jedoch nicht geliefert; — oder er erhält einen kranken und zum Jagen untauglichen Hund; — oder einen solchen, der dem Lieferanten gar nicht gehört hat, so daß nunmehr der wahre Eigentümer auftritt und das Tier von dem jetzigen Besitzer herausverlangt.

b) Es muß gegen einen Gutspachter im Prozeßwege vorgegangen werden, weil er den fälligen Pachtzins nicht pünktlich entrichtet.

c) „Glacé- und wildlederne Handschuhe werden auf das Sauberste gewaschen; erstere auch schwarz gefärbt und letztere in der früheren Farbe wieder hergestellt. Nötige Ausbesserungen gelangen ohne weiteres zur Ausführung.“

d) In einer Landstadt werden zur Zeit des Manövers Truppen bei den Bürgern einquartiert. Drei Soldaten kommen mit ihrem Quartierzettel vor ein verschlossenes Haus, dessen

Eigentümer mit Familie gerade verreist ist. Sein Nachbar verpflegt jene Mannschaft einstweilen leihweise und möchte die aufgewendeten Kosten später gern zurückerstattet haben.

e) Ein Glaser fordert für das Einrahmen eines Gruppenbildes Bezahlung; — der Photograph ebenso für die Herstellung desselben. — Anspruch eines auf Zeit oder zu bestimmter Tour angenommenen Droschkenkutschers.

f) Am 1. Mai bleiben Maurergesellen von der an einem Neubau zu verrichtenden Arbeit einfach weg; der Meister will sie haftbar machen.

2. Wie sind die Ansprüche der nachstehend Beteiligten im Sinne des römischen Aktionensystems zu benennen?

a) A. hat dem B. brieflich versprochen, auf einer am Wohnorte des A. abzuhaltenden Versteigerung verschiedene näher bezeichnete Sachen bis zu jeweils angegebenem Höchstpreise zu erstehen; A. versäumt den Auktionstermin aus Vergeßlichkeit. — Oder: A. überschreitet das angesetzte Limit des B., in der sicheren Erwartung, daß dieser damit einverstanden sein werde.

b) In dem einen Teile eines Doppelhauses richtet der dortige Eigentümer eine Druckerei ein. Sein Nachbar beschwert sich über den dadurch verursachten übermäßigen Lärm und über die alles erträgliche Maß übersteigende Erschütterung des Hauses, die durch diesen Druckereibetrieb verursacht werde.

c) F. hat dem E. aus dessen Kommode eine dem E. gehörige Summe Geldes heimlich weggenommen. E. verlangt Zurückgabe.

d) Der Gastwirt Leib in Gießleben bestellte telegraphisch bei einer größeren Delikatessenhandlung in Halle a. S. näher bezeichnetes Geflügel, Konserven und Südfrüchte. Den Schluß der Depesche bildeten die Worte: „Sendung notwendig mit zwei Uhrzug.“

Am nächsten Tage erschien bei Leib ein Telegraphenbeamter und erklärte, daß für den angeführten Schlußsatz der Betrag für sechs Worte zu bezahlen wäre, und nicht, wie von Leib geschehen, nur für fünf.

Leib verweigerte die geforderte Nachzahlung von 5 ℳ und wurde nun vom Telegraphenfiskus auf deren Erlegung verklagt.

3. Der Kaufmann Winterberger erscheint auf dem Bureau eines Rechtsanwaltes und trägt vor:

„Seit beinahe einem Jahre wohnt bei mir Dr. Neb zur Miete. Er will demnächst ausziehen, schuldet mir aber noch 350 ℳ rückständige Hausmiete und 30 ℳ baren Vorschuß. Zu einem Anzuge hat er für 40 ℳ Kammgarnstoff aus meinem Laden entnommen. Ferner hat er mir gegen ein ihm antiquarisch überlassenes Konversationslexikon ein ihm entbehrliches Brehms Tierleben versprochen, aber nicht geliefert. Endlich habe ich neulich bei ihm zufällig ein Mikroskop gesehen, das ich vor längerem dem Lehrer Lipp geliehen hatte; Lipp ist bankerott und seit mehreren Wochen flüchtig.

Ich bitte, den Dr. Neb zu verklagen."

Von welchen Ansprüchen ist hier die Rede; und welche technischen Benennungen führen diese im römischen Rechte?

4. An einer Privatlehranstalt, die bis zur Quarta des Gymnasiums vorbereitet, wurde zur Vertretung während eines halben Jahres ein Lehrer für Mathematik, Naturkunde und Geographie mit entsprechender Fakultät gesucht. Ein junger Philologe, namens Mell, stellte sich dem Dirigenten Creakle vor, und sie wurden unter der Bedingung von 100 ℳ monatlichen Honorars und freier Station einig.

Aber schon am ersten Abend kamen sie wegen politischer Meinungsverschiedenheiten in Streit, in dessen Verlauf Creakle dem Mell eröffnete, er könnte gehen, wohin er wollte, von Einhalten des Kontraktes wäre keine Rede.

Fragen:

a) Stand dem Mell gegen Creakle eine *actio* zu?

b) Wie verhält es sich damit bei dem nicht seltenen Kontraktbruche seitens der „Sachsengänger", landwirtschaftlicher Arbeiter, die zur Sommerszeit, von Osten herkommend, auf Gütern der Provinz Sachsen Arbeit nehmen, und zwar auch gegen freie Unterkunft und Verpflegung nebst bestimmtem Wochenlohn in Geld?

5. Vor kurzem reiste eine Dame nach Brasilien vom Lehrter Bahnhofe in Berlin ab und überreichte einem Dienstmanne, der ihr bei der Gepäckbesorgung behülflich gewesen war, zur Belohnung einen Papierschein, der anscheinend das Bildnis des Präsidenten der Vereinigten Staaten trug und die Zahl 500 zeigte. Der Dienstmann, in dem Glauben, eine 500 Dollar-Note in der Hand zu haben, eilte freudig in ein benachbartes Kaufmannsgeschäft, um den ausländischen Schein gegen heimische Münze umzuwechseln. Der Kaufmann, der mit dem Papier gleichfalls nicht recht Bescheid wußte, gab vorläufig 20 *M*. Später stellte sich heraus, daß das Papier über fünfhundert Reis lautete, brasilianischer Herkunft war und nach dem herrschenden schlechten Kurse des brasilianischen Geldes einen Wert von etwa 55 *Pf* hatte.

Es sind folgende Fragen zu beantworten:

a) Was für ein Rechtsgeschäft lag zwischen Dienstmann und Kaufmann vor?

b) Welche *actiones* entsprangen daraus?

c) In welcher rechtlichen Deduktion ist demnach die fragliche Angelegenheit zutreffend zu regeln?

---

6. Unter welche Arten juristischer Verteidigungsmöglichkeit fallen die nachstehenden Einwendungen des Beklagten?

a) V. fordert Kaufgeld von K. wegen eines veräußerten Schrankes, dessen Abnahme und Zahlung K. jetzt verweigert. Der Beklagte entgegnet, daß er bei dem Handel ausdrücklich hinzugesetzt habe: er wolle sich die Sache erst noch einmal überlegen; welche Sonderausmachung der Kläger in Abrede stellt.

b) M. verklagt den N. und dessen Ehefrau O., weil sie sich für ein Darlehen verbürgt hätten, das M. dem P., dem Bruder der mitbeklagten Ehefrau, gewährt hatte. Von seiten des N. wird erwidert, daß er bei der Unterschrift des Bürgscheines sinnlos betrunken gewesen sei; zudem stehe P. noch unter väterlicher Gewalt. Betreffs seiner Ehefrau berufe er sich auf die weiblichen Rechtswohlthaten.

c) S. wird von C. wegen einer Darlehenschuld belangt, die er vor längerer Zeit bei G. aufgenommen hatte. C. hatte diese Forderung nach dem Tode des G. von dessen Sohn und Erben H. gegen Barzahlung des Betrages erworben. S. bringt vor, daß er gegen H. wegen einer ihm von diesem schuldhaft zugefügten Sachbeschädigung selbst noch eine Gegenforderung in halber Höhe seiner Darlehenschuld habe; übrigens sei H. seines Wissens noch minderjährig und könne deshalb rechtsgültig nicht veräußern; endlich mache er darauf aufmerksam, daß das Darlehen schon 1870 gegeben und erst 1901 eingeklagt worden sei.

d) X. hat ein ihm gehöriges Fahrrad dem Y. leihweise überlassen, aber in ganz verdorbenem Zustande wieder erhalten. Er giebt nun an, daß die Beschädigung von Y. und dessen, ihm persönlich unbekannten, Freunde Z. durch unverantwortlich fahrlässige Behandlung herbeigeführt worden sei; während beide das Vorhandensein einer Schuld auf ihrer Seite entschieden in Abrede stellen.

e) Einem Reisenden wurde in einem Gasthofe seine Brieftasche mit Papiergeld aus dem ihm angewiesenen Zimmer entwendet. Er behauptet, daß dieses sicherlich durch einen Angestellten des Wirtes geschehen sei, wogegen dieser einwirft, daß der Reisende selbst Schuld trage, da er das Zimmer unverschlossen und die Tasche offen auf dem Tische liegen gelassen habe.

7. „Ein reicher Mann hatte eine beträchtliche Geldsumme, welche in ein Tuch eingenäht war, aus Unvorsichtigkeit verloren. Er bot öffentlich dem redlichen Finder eine Belohnung, und zwar von 100 Thalern an. Da kam bald ein ehrlicher Mann dahergegangen. ‚Dein Geld habe ich gefunden. Dies wird's wohl sein! So nimm dein Eigentum zurück!' Der andere zählte das Geld und dachte unterdessen geschwinde nach, wie er den treuen Finder um seine versprochene Belohnung bringen könnte. ‚Guter Freund,' sprach er hierauf, ‚es waren eigentlich 800 Thaler in dem Tuch eingenäht. Ich finde aber nur noch 700 Thaler. Ihr werdet also wohl eine Naht aufgetrennt und die 100 Thaler Belohnung herausgenommen haben.' Der ehrliche Finder versicherte, daß er das Päcklein so gefunden habe, wie er es bringe, und es so bringe, wie er's gefunden habe. Am Ende kamen sie vor den Richter."

(Aus Hebel, Schatzkästlein des rheinischen Hausfreundes.)

Wie ist das Verhalten des reichen Mannes als prozessuale Verteidigungsart zu bestimmen?

8. Wie steht es in den kommenden Rechtsfällen mit der Beweislast hinsichtlich der jeweils als bestritten anzunehmenden Thatsachen?

a) G. fordert von S. Rückzahlung eines Darlehens, das jener dem Vater des S. vor längeren Jahren gegeben haben will. S. entgegnet, daß er bezweifle, daß sein Vater das Darlehen erhalten habe; sollte er es empfangen haben, so würde er es gewiß auch schon zurückgezahlt haben; übrigens sei er gar nicht Erbe seines Vaters, da er auf den Nachlaß desselben verzichtet habe.

b) Der Dampfer „Olinda" war in der Nordsee dem Segelschiffe „Felix" begegnet und hatte dasselbe angerannt und zum Sinken gebracht. Auf Schadensersatz belangt, leugnete der Kapitän der „Olinda" jede Schuld bei der Führung seines Schiffes; um so mehr, als man bei dem damaligen dichten

Nebel nicht weit habe sehen können, und der „Felix“ die vorgeschriebenen Lichter nicht aufgesteckt gehabt habe.

Kaiserliche Verordnung zur Verhütung des Zusammenstoßens der Schiffe auf See, vom 23. Dezember 1871, Art. 15: „Wenn ein Dampfschiff und ein Segelschiff in solchen Richtungen fahren, daß für sie Gefahr des Zusammenstoßens entsteht, so muß das Dampfschiff dem Segelschiffe aus dem Wege gehen.“

c) M. hatte den N. ersucht, nach einem passenden Landgut, das M. käuflich erstehen könnte, sachverständig sich umzuthun, und N. hatte verschiedene Reisen in diesem Interesse unternommen. Als er nun die dabei gemachten Auslagen von M. verlangt, behauptet dieser, daß er den N. seiner Zeit mit genügenden Geldmitteln zur Ausführung solcher Fahrten ausgestattet habe.

d) X. hatte bei Y. drei Stühle zu je 12 ℳ bestellt und geliefert erhalten; giebt aber jetzt der Aufforderung zur Zahlung gegenüber an, daß er jene Bestellung ausdrücklich im Namen und für Rechnung des Z. gemacht habe.

VII

1. Die Verbindung Acutia hat in dem „Klosterbräu“ von dem dortigen Wirte Bergheim ein Zimmer als Vereinslokal auf ein Jahr gemietet und dieses mit Bildern und Fahnen dekoriert, sowie mit eigenen Möbeln ausgestattet. Nach einem halben Jahre verkauft Bergheim in Geschäftsbedrängnis seine Wirtschaft an den Restaurateur Hirnlos, der die Bewirtschaftung des „Klosterbräu“ in unveränderter Weise fortsetzt, die Acutia aber nicht darin dulden will.

a) Kann er ihr die Thür weisen, — sei es vor Ablauf des Mietjahres oder nach demselben?

b) Auf welchem Wege Rechtens kann die Acutia die von ihr eingebrachten Bilder, Möbel etc. wiedererlangen?

c) Wie steht es in dieser Hinsicht mit Sachen, die der Privatmann Rössell, ein früheres Vereinsmitglied, ihr anvertraut und in ihrem Lokale niedergelegt hatte?

d) Wenn das erwähnte Mietjahr von allen Seiten ausgehalten worden wäre: wie hat alsdann die Regelung der Mietgeldzahlung zu geschehen?

2. A. und B. sind Eigentümer zweier aneinander gebauter Villen, zwischen welchen und der Straße jeweils ein Vorgarten von 15 Meter Breite sich befindet. Sie schließen einen Vertrag dahin, daß sie diese Vorgärten stets in entsprechender Weise als Ziergärten halten wollen und bestärken ihr Versprechen durch Festsetzung einer Konventionalstrafe für den Kontraktbruch. A. vermietet bald darauf sein Haus an den C.; B. veräußert das seinige an den D., der es dem E. vermietet. E. verwüstet seinen Garten und legt einen Bleichplatz an.

Kann nicht A. oder C. hiergegen juristisch vorgehen?

3. Es wohnen in einem Hause acht Parteien, welche untereinander gleichberechtigt sind. Eine Partei züchtet im Kellergelaß, welches nur mit einer Lattenthür abgeschlossen ist, junge Hühner und Hunde, und es ist selbstverständlich, daß der von dieser Züchterei ausströmende Geruch in den Kellern der anderen Parteien äußerst wahrnehmbar, daß eine Verbreitung und Auswanderung des diesen Hühnern und Hunden anhangenden Ungeziefers nach den Gängen und den Kellern der anderen Parteien zu spüren ist, daß der Mist, das Ungeziefer dieser Tiere über die Treppen nach den Wohnräumen der einzelnen Parteien, welche von dieser Bereicherung nichts wissen wollen, verschleppt werden.

Müssen sich die übrigen sieben Parteien diese Zustände gefallen lassen oder ist ein begründeter Einspruch dagegen zu erheben?

4. A. kauft von B. eine Sache in brieflicher Verständigung; schickt auch dem B. das Kaufgeld, erhält aber die Sache nicht zugesandt. Als er näher nachforscht, erfährt er, daß B. inzwischen jenes Kaufobjekt dem C. weiter verkauft und tradiert, — oder: dem D. vermietet und ihm übergeben, — oder: dem E. für eine Schuld als Faustpfand überliefert hat. C., — D., — E., — waren guten Glaubens.

Wie haben die Beteiligten sich auseinander zu setzen; und wie kann vor allem A. zu seinem Rechte kommen?

5. Ein Pachter hatte bei Übernahme des Pachtgutes dem Gutseigentümer für ordentliche Erfüllung der Pachtpflichten Kaution stellen müssen. Der Verpachter überträgt das Gut an einen Käufer, der den Pachter ruhig weiter wirtschaften läßt und den fälligen Pachtzins von ihm einzieht.

An wen hält sich nun der Pachter für Rückzahlung der Kaution?

6. Ein Erzgauner von bodenloser Frechheit ist Ludwig Swietly, ein berüchtigter Einbrecher, der wegen eines schweren Diebstahles von Wertpapieren über 30000 ℳ, verübt an einem Kaufmann Hauser, zu acht Jahren Zuchthaus verurteilt wurde, ohne daß man des gestohlenen Geldes habhaft werden konnte. Mit helfenden Hehlern gelang es ihm, in Frauenkleidern mittels eines bereit gehaltenen Wagens nachts aus dem Zuchthause zu entkommen und die belgische Grenze zu erreichen; worauf er von Antwerpen aus an den Bürgermeister seines Heimatortes 1000 *M* in Gold als Spende für die Ortsarmen sandte „anläßlich seiner glücklich durchgeführten Flucht.“

Da das Geld zweifellos aus der dem Hauser gestohlenen Summe herrührt, so fragt es sich, ob dieser erfolgreich mit dem Bürgermeister um die 1000 *M* prozessieren kann, und wie darüber begründet zu befinden ist?

VIII

1. Wie sind folgende Vereinigungen nach Grundsätzen des römischen Privatrechtes juristisch zu bestimmen? Und wer ist dabei das berechtigte und verpflichtete Subjekt?

a) In dem Städtchen A. hat sich ein geselliger Verein „Concordia“ gebildet; hat Statuten errichtet, wonach die Mitglieder nach bestimmten Regeln ein- und austreten, die Vereinignng einen Vorstand wählt, der ihre Angelegenheiten verwaltet, die Mitglieder ein gewisses Eintrittsgeld und monatliche Beiträge zahlen. Zugleich ist in den Statuten bestimmt, daß zur Herstellung eines Gesellschaftshauses ein Garten angekauft und darin ein Gebäude errichtet, zur Beschaffung der Mittel aber von der „Concordia“, unter Verpfändung dieses Grundstückes, ein Kapital erborgt werden solle.

b) Eine Schulklasse macht einen mehrtägigen Ausflug in das Gebirge, mit gemeinsamer Kasse, die unter Aufsicht des Lehrers von einem bestimmten Schüler verwaltet wird.

c) Von einem Buchhändler wird ein Lesezirkel eingerichtet: Jeder der 24 Teilnehmer zahlt jährlich 10 *M* und erhält dafür wöchentlich zwei neuerschienene Bücher zur Lektüre; die durchgelaufenen Werke werden am Schlusse unter den Teilnehmern versteigert.

d) Zwei benachbarte Gutsbesitzer kaufen gemeinschaftlich eine Dreschmaschine, um sie in bestimmt verabredeter Weise in der Erntezeit auf ihren Gütern abwechselnd zu benutzen.

e) Es wird eine „Spar- und Hülfskasse“ gegründet. Ihr Zweck ist: ihren Mitgliedern mittels kleiner Einlagen ein Kapital zu sammeln, und ihnen durch gemeinschaftlichen Kredit zu ihrem Gewerbs- und Geschäftsbetriebe bare Geldmittel zu verschaffen. Zur Erreichung dieses Zweckes wird durch

Einlagen der Mitglieder ein Fonds gebildet, der durch der Kasse anvertraute Ersparnisse Dritter vermehrt werden soll; die Mitglieder haben zur Deckung der Verwaltungskosten fortlaufende Beiträge zu leisten und haften bis zur Höhe ihrer Einlagen für etwaige Verluste, zu deren Deckung jedoch zunächst ein Reservefonds gebildet wird.

Die Angelegenheiten der Spar- und Hülfskasse, welche unabhängig von dem Ein- und Austritte einzelner Mitglieder besteht, werden teils durch Beschlüsse der Mitglieder in Generalversammlungen, welche der Regel nach durch Stimmenmehrheit gefaßt werden und für alle Mitglieder verbindliche Kraft erlangen, teils durch das satzungsmäßige Organ des Vereins, dem aus fünf gewählten Mitgliedern bestehenden Vorstande, in der im Statute genau geregelten Weise geordnet.

f) Mehrere halten gemeinsam eine Zeitung, die von dem einen bei dem Postamte bestellt wird; — ein Schachklub abonniert auf die „Deutsche Schachzeitung“; — zwei Vereine solcher Art in derselben Stadt verbinden sich zur Gründung einer Schachbibliothek, deren Benutzung ihren Mitgliedern offen stehen soll.

2. Welche Personen sind in nachstehenden Prozessen im Streite?

a) Eisentraut hatte bei dem Amtsgerichte Halle a. S. Wertpapiere zwecks einer ihm auferlegten Sicherheitsleistung hinterlegt. Jetzt tritt Schmulau auf und behauptet, daß jene Papiere sein Eigentum und von ihm dem Eisentraut anvertraut gewesen seien. Da das Amtsgericht die Herausgabe weigert, so wird es von Schmulau verklagt.

b) Nach dem Reichs-Stempelgesetz vom 27. April 1894 muß beim Ankauf ausländischer Wertpapiere ein Stempelbetrag entrichtet werden. Ein Berliner Privatmann, von dem unter Berufung auf dieses Gesetz ein Betrag von 20 Pf eingezogen worden war, behauptete, daß dieses gesetzlich unzulässig gewesen sei, und forderte das Bezahlte im Prozeßwege zurück. Da nun die Einziehung der erwähnten Stempelabgaben nach dem angeführten Gesetze den Beamten der einzelnen Bundesstaaten auferlegt ist, so erhob jener Klage gegen den Königlich Preußischen Provinzial-Steuerdirektor in Berlin.

c) Eine Korporation hatte ihre Auflösung mit Stimmeneinheit beschlossen. Bei der Liquidierung und Abrechnung durch den seitherigen Vorstand zeigte sich, daß nur ein kleiner

Geldbetrag als Aktivvermögen übrig war, den man unter die seitherigen Mitglieder gleichmäßig zu verteilen beschloß; — l. 3 pr. D. de collegiis (47, 22). Da reklamiert die staatliche Steuerbehörde dieses Vermögen als erb- und herrenloses Gut; — l. 4 C. de bon. vac. (10, 10): Vacantia mortuorum bona tunc ad fiscum iubemus transferri, si nullum ex qualibet sanguinis linea vel iuris titulo legitimum reliquerit intestatus heredem.

3. Wie sind die hiernach aufgeführten Zuwendungen juristisch zu behandeln?

a) Einem städtischen Hospital- und Krankenhaus wird kodizillarisch ein Kapital von 12 000 ℳ zur Gründung zweier Freistellen ausgesetzt; sowie ferner ein Betrag von 1800 ℳ zu dem Behufe bestimmt, daß die jährlichen Zinsen davon den Inhabern dieser zwei Freistellen zu gleichen Teilen als ein kleines Taschengeld gezahlt werden sollen.

b) Die am 5. Dezember 1793 verstorbene Prinzessin Henriette Amalie von Anhalt, die jüngste Tochter des „Alten Dessauers", bestimmte in ihrem, am 17. März 1772 errichteten Testamente:

„Wir verordnen und wollen demnach, daß auf unseren in Gottes Händen stehenden Todesfall die Kranken und Armen im Fürstenthum Anhalt Deßauischen Antheils Unsre Erben seyn sollen, weshalb Wir selbige als *Universal* Erben Unseres sämmtlichen Vermögens hiermit *instituiren* und einsetzen, dergestalt, daß diese Unsre *Universal* Erben nach Unserer Vorschrifft und *Institution* Unser sämmtliches Vermögen, es bestehe in Baarschafft *Juwelen*, Gold Silber *Obligationes* Wechsel beweglichen und unbeweglichen Güthern, es habe Nahmen wie es wolle, nichts davon ausgenommen, als dasjenige, worüber Wir besonders *disponiren* werden, ererben sollen; Jedoch wollen und verordnen Wir daß das *Consistorium* zu Deßau für die von Uns als *Universal* Erben *instituirte* Krancken und Arme, die Verwaltung und *Administration* Unserer Nachlassenschafft übernehmen soll. Zu welchen Ende wir eine besondere Vorschrifft für Unsere *instituirten Universal* Erben . . in ein besonderes *Codicill* und *Legaten* Buch eingeschrieben haben, worinnen für die von Uns *instituirten Universal* Erben diejenigen Vorschrifften enthalten, nach welcher der Besitz und die Verwaltung Unserer Nachlaßenschafft besorget werden soll . . . Zu welchen Ende Wir folgende Personen als *Executoren* Unseres *Testaments* und zur Verwaltung Unserer Nachlaßenschafft hiermit ernennen, nehmlich den zeitigen und jedesmaligen Herrn *Superintendenten* zu Deßau, und den zeitigen und iedesmahligen Herrn Regierungs *Praesidenten* zu Deßau und den Herrn von R., *Capitular* . . . auch Herr Hofrath P. zu Deßau . . . Wenn der Herr *Capitular* von R. oder Herr Hofrath P. mit Tode abgehen, alsdann die übrigen *Executoren*, iederzeit an des einen oder des andern Stelle einen Rechts Gelehrten zum Vierten *Executor* wählen und Sr. des regierenden Fürsten *Confirmation* darüber nachsuchen sollen; . . außer denen auch zugleich die Juristen *Facultaet* auf der *Universitaet* zu Halle und die Juristen *Facnltaet* auf der *Universitaet* zu Leipzig iedesmahlige Mit *Executoren* Unserer letzten Willens Verordnung seyn sollen . . . Hiernächst Wollen und verordnen wir hierdurch, daß diese Unsere Stiftung den Nahmen Amalien-Stiftung haben, führen und beständig behalten soll . . ."

c) Der Landrichter C. in Wiesbaden erbte von seinem Oheim D. in Miltenberg eine wertvolle Besitzung mit einer nach Art mittelalterlicher Burgen gebauten Villa, die namentlich auch eine Sammlung kulturgeschichtlich interessanter Gegenstände barg. Ein Nachtrag zu dem Testamente des D. enthielt lediglich die kurze Bestimmung: „Mein Neffe und Erbe C. soll verpflichtet sein, an jedem Wochentage von 9—11 Uhr vormittags die Sammlungen des Schlosses und den Park allen anständigen Besuchern zu öffnen."

d) In Schilda hatte vor längeren Zeiten ein begüterter Einwohner letztwillig ein Kapital ausgesetzt, aus dessen Erträgnissen der jeweilige Schultheiß des Ortes allmorgendlich eine Anzahl frischer Semmeln geliefert erhielt. Erst nach vielen Jahren kam ein durchreisender Fremder dahinter, daß diese auffällige Stiftung zwar buchstäblich auf jenes Testament sich stützte, dessen Sinn aber freilich arg verfehlt hatte. Die guten Leute hatten „Schulz-Wecke" gelesen, wo es „Schul-Zwecke" hieß.

4. „Hat Sigismund dem Handwerke derer Wollen Zeug- und Raschmacher, zu einer Montur-Lieferung, welche dieses Handwerk unternommen tausend Thaler gegen einen Schuldschein dargeliehen, so folgendergestalt unterschrieben worden: *Das Handwerk der Zeug und Raschmacher, Johann, Gotfried, George, allerseits Ober- und Handwerksmeister*, in welcher Urkunde alle für einen und einer für alle *im Nahmen des Handwerks* gelobet an Sigismunden die obgedachte Summe auf Ostern 1756. zu bezahlen, indem aber das Handwerk immer um Nachsicht gebethen, so hat sogar neuerlich dasselbe dem Gläubiger zu wissen gethan: wo er nicht einen Erlaß thun und 66. für hundert nehmen würde, die Zunft sich nach dem Banquerutirer Mandate anzugeben sich genöthigt sähe, weil ihre gemeinschaftlichen Güther zu einen mehrern nicht hinreicheten, wannenhero: Ob das Handwerk der Raschmacher Sigismunden zu Annehmung eines Accords nöthigen könne, oder ob nicht vielmehr sämtliche noch lebende Meister einer für alle und alle für einen aus ihrem eigenen Vermögen die Schuld zu bezahlen verbunden? zu wissen begehrt wird.

Sind nun verschiedene von denen Meistern des Raschmacher Handwerks, so den Schuldbrief damals unterschrieben, nachhero mit Tode abgegangen, deren Erben zum Teil dem Handwerke nicht mehr beygethan, andere aber ganz neue Mitglieder in die Zunft eingetreten, wannenhero: Ob die Erben derer verstorbenen Meister, sie mögen das Handwerk selbst annoch treiben oder nicht, imgleichen die ganz neuen Mitglieder, die Schuld, und zwar einer für alle und alle für einen zu bezahlen schuldig? die Frage entstehet."

(Aus Hommel, Rhapsodia quaestionum in foro quotidie obvenientium neque tamen legibus decisarum.)

5. Eine Gemeinde war in einem Prozesse gegen den benachbarten Gutsbesitzer rechtskräftig verurteilt worden, einer angemaßten Weidegerechtigkeit auf Feldern des letzteren sich zu enthalten, bei Meidung von 100 ℳ Strafe für jeden Übertretungsfall.

Nun haben zwei Bauern, die Mitglieder jener Gemeinde sind, ihnen gehörige Schafe auf jenen Feldern weiden lassen.

Es fragt sich: ob diese beiden jeweilig oder sie zusammen die 100 ℳ Strafe bezahlen müssen; — oder ob die Gemeinde an ihrer Stelle hafte; — oder ob alle drei Personen in Anspruch genommen werden können?

6. In der Gemarkung der gegenwärtig aus 54 Mitgliedern bestehenden Gemeinde Förtha ist eine Waldung, welche den Namen des „Gemeindewaldes" hat, aus deren Ertrag seither gewisse Bedürfnisse und Ausgaben der Gemeinde bestritten worden sind, während der etwaige Überschuß in 29 Teile zerlegt und an 29 altangesessene Hauseigentümer verteilt wurde. Diese sogenannten Neunundzwanziger, die also immer durch das jeweilige Eigentum eines bestimmten Gehöftes bezeichnet wurden, hatten früher die Gemeinde im engeren Sinne gebildet und waren allein in Gemeindeangelegenheiten stimmberechtigt und wahlfähig gewesen. Durch die neuere Verwaltungsgesetzgebung des betreffenden Bundesstaates sind jene Vorrechte aufgehoben worden. Es genießen nunmehr alle Ortseingesessenen das volle Ortsbürgerrecht.

Seitdem bestehen Streitigkeiten zwischen den Neunundzwanzigern und den übrigen Gemeindegliedern, indem jene den Gemeindewald für ihr Privateigentum, letztere aber als Eigentum der Gemeinde ansprechen. Es soll nun auf Anerkennung dieses Gemeindeeigentums geklagt werden; und fragt es sich, wer sich bei diesem Streite eigentlich gegenübersteht?

Im einzelnen also:

a) Wer hat als berechtigtes Subjekt aufzutreten?
b) Gegen wen ist die Klage zu richten?
c) Von wem ist der Beschluß zur Erhebung des Prozesses zu fassen? Und wer hat einen hierfür anzunehmenden Rechtsanwalt zu bevollmächtigen?

IX

1. Fragen über Verwandtschaft und Schwägerschaft.

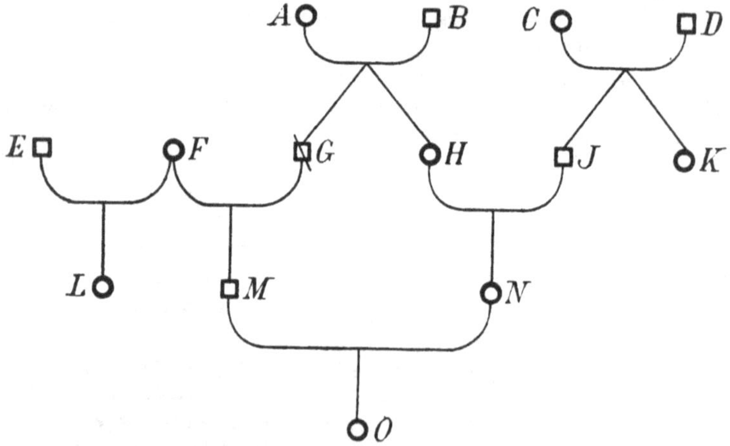

a) Wie sind obige Personen jeweilig miteinander verwandt oder verschwägert: — in welchem Grade — voll- oder halbbürtig — einfach oder mehrfach — agnatisch oder kognatisch?
b) Wie viele *familiae* sind vorhanden? — Welche Personen sind *sui iuris?*
c) Wie würde jeder einzelne im obigen Stammbaume nach nov. 118 *ab intestato* beerbt werden?

2. Wilhelm Norbert hat aus erster Ehe einen Sohn Karl. Lange Jahre nach dem Tode seiner Frau heiratet er zum zweitenmal ein Fräulein Emilie Kast; welcher Ehe eine Tochter Anna entstammt. Dagegen vermählt sich bald darauf Karl Norbert mit Klara Kast, der jüngeren Schwester von Frau Emilie Norbert; und erhält aus dieser Verbindung zwei Kinder, Helene und Walter.

Es ist ein Stammbaum dieser Familie zu entwerfen und anzugeben: in welcher Weise die einzelnen miteinander verwandt oder verschwägert sind?

3. Juristische Rätsel.

a) Dieses Menschen Vater ist meines Vaters einziger Sohn; wie ist er mit mir verwandt?

b) Dieses Kind ist von meiner Mutter geboren und doch nicht ihr Sohn, noch mein Bruder; wie ist es mit ihr und mir verwandt?

c) Auf einem alten Klostergemälde stehen zwei Weibspersonen; jede hat ein Kind auf dem Arme, darunter steht:

Diese Kind sind unsere Kind,
Ihre Väter unsere Brüder sind,
Und dieses doch in rechter Eh':
Nun rathe, wie die Sippschaft steh'!

d) Eine junge Dame fällt einem Herrn um den Hals und küßt ihn. Zur Rede gestellt, erwidert sie: Es ist ja seine Mutter meiner Mutter Schwiegermutter.
Wie ist die Verwandtschaft?

e) Es sind zwei leibliche Brüder, und doch ist der eine um zwei Grade näher mit mir verwandt, als der andere.
Wer ist es?

f) Zwei Männer begegneten zwei Frauen, die sprachen zusammen: da kommen unsere Männer, unsere Väter und unserer Mütter Männer.
Wie sind sie verwandt gewesen?

g) Meines Vaters Stiefmutter war auch meiner Schwiegermutter Stiefmutter.
Wie war das Verwandtschaftsverhältnis?

h) Grabschrift.

Hier ruhen sechs Personen,
Zwei Großmütter mit ihren zwei Enkelinnen,
Zwei Ehemänner mit ihren zwei Eheweibern,
Zwei Väter mit ihren zwei Töchtern,
Zwei Mütter mit ihren zwei Söhnen,

Zwei Jungfrauen mit ihren zwei Müttern.
Zwei Schwestern mit ihren zwei Brüdern,
Zwei Stiefsöhne mit ihren zwei Stiefvätern,
Zwei Stiefenkelinnen mit ihren zwei Stiefgroßvätern,
Zwei Schwiegermütter mit ihren zwei Schwiegertöchtern.

4. Der verwitwete A. heiratet die Witwe B. und erzeugt mit ihr ein Kind C. Der A. hat aus erster Ehe zwei Söhne D. und E., die B. ebenso eine Tochter F. Der E. nimmt die F. zur Ehe und erhält von ihr eine Tochter G.

Nach dem Tode von E. und F., sowie demjenigen ihrer Eltern, stirbt C., und es fragt sich: wie er *ab intestato* zu beerben ist?

5. „Es giebt eine Stadt mit Namen Prabhāvatī. Dort war ein König mit Namen Pradyumna. Dessen Königin hieß Prītikarī, seine Tochter Candraprabhā, und diese wurde von Vijayabala, dem Fürsten des Dekhan, geheiratet. Diesem wurde eine Tochter namens Lāvanyavatī geboren. Auf die Stadt dieses Vijayabala wurde von seinen Verwandten zur Nachtzeit ein Überfall gemacht. Vijayabala sprach zu seiner Frau: ‚Liebe, geh' mit der Tochter fort; ich werde nach Vernichtung der Feinde nachkommen.' Als sie dies gehört hatte, ging sie mit der Tochter fort. Dann fand ein Kampf mit dem Vijayabala statt; von den Feinden wurde Vijayabala im Kampfe getötet und starb. Mutter und Tochter kamen auf ihrer Wanderung zu einem schönen Teiche. Nachdem sie dort einen Augenblick geruht hatten, gingen sie bei Aufgang der Sonne weiter.

Damals ging aus Kusumapura ein König mit seinem Sohne auf die Jagd. Der Sohn sah eine mit guten Zeichen versehene Fußspur und sprach: ‚Vater, vorn geht eine Königin mit ihrer Tochter.' Da sprach der König, nachdem er hingesehen hatte: ‚Sohn, eine hat lange Füße, eine kurze Füße; die, die lange Füße hat, soll meine Frau werden, die mit kurzen Füßen deine.' Nachdem sie sich so entschieden hatten, gingen sie vorwärts. Die wurden von ihnen gefragt; aus Furcht erzählten sie ihnen die ganze Geschichte. Der König sprach: ‚Sie sind aus gleicher Kaste; das Geschick hat gesprochen.' Die kurzfüßige war die Mutter, die langfüßige die Tochter. Der König sprach: ‚Sohn, ich nehme die langfüßige.' Die kurzfüßige wurde vom Sohne genommen. Sie wurden von ihnen auf den Rücken der Pferde gehoben, in ihre Stadt geführt und im Frauengemach untergebracht. Im Laufe der Zeit bekamen Mutter und Tochter Kinder, die eine gebar einen Sohn, die andere eine Tochter; beide wurden miteinander verheiratet.

Nachdem der Vatāla diese Geschichte erzählt hatte, sprach er: ‚König, sage! Wie ist die gegenseitige Verwandtschaft?‘ Da gab der König Vikramasena keine Antwort.“

(Die Vetâlapañcavinçatikâ in den Recensionen des Çivadâsa und eines Ungenannten hrsg. v. Uhle, Erzählung XXIV.)

6. U. erzählt:

„Ich heiratete vor mehreren Jahren eine Witwe W., die eine erwachsene Tochter X. hatte. Mein Vater V., seit längerem verwitwet, besuchte uns oft; verliebte sich in X. und heiratete sie. So wurde mein Vater mein Schwiegersohn und meine Stieftochter meine Mutter. Nach einem Jahre bekam meine Frau W. einen Sohn Z. Dieser wurde somit meines Vaters Schwager und mein Onkel, denn er war der Bruder meiner Stiefmutter. Meines Vaters Frau X. bekam auch einen Sohn Z. Er war natürlich mein Bruder und gleichzeitig mein Enkel, denn er war der Sohn meiner Tochter. Meine Frau war nun meine Großmutter, denn sie war meiner Mutter (Stiefmutter) Mutter. Ich war also meiner Frau Mann und gleichzeitig ihr Enkelkind. Da nun der Mann der Großmutter — Großvater heißt, so war ich mein eigener Großvater.“

Ist diese Darlegung korrekt; — oder worin liegt ein Fehler verborgen?

X

1. Thomas Morus berichtet in seiner Schilderung der Insel „Utopien“×, daß die schmutzigen und niedrigen Arbeiten dortselbst vorzugsweise von Sklaven besorgt werden, und teilt über diese folgendes mit:

„Pro servis neque bello captos habent nisi ab ipsis gesto, neque servorum filios, neque denique quemquam, quem apud alias gentes servientem possent comparare, sed aut si cuius apud se flagitium in servitium vertitur, aut quos apud exteras urbes (quod genus multo frequentius est) admissum facinus destinavit supplicio. Eorum enim multos, interdum aestimatos vili, saepius etiam gratis impetratos, auferunt. Haec servorum genera non in opere solum perpetuo, verum etiam in vinculis habent, sed suos durius, quos eo deploratiores ac deteriora meritos exempla censent, quod tam

---

× Libellus vere aureus nec minus salutaris quam festivus de optime rei publicae statu deque nova insula Utopia autore clarissimo viro Thoma Moro (1516).

praeclara educatione ad virtutem egregie instructi contineri tamen ab scelere non potuerint. — Quodsi sic habiti rebellent atque recalcitrent, tum demum velut indomitae belluae, quos coercere carcer et catena non potest, trucidantur. At patientibus non adimitur omnis omnino spes; quippe longis domiti malis si eam poenitentiam prae se ferant, que peccatum testatur magis eis displicere quam poenam, principis interdum praerogativa interdum suffragiis populi aut mitigatur servitus aut remittitur. — Aliud servorum genus est, quum alterius populi mediastinus quispiam laboriosus ac pauper elegerit apud eos sua sponte servire. Hos honeste tractant, ac nisi quod laboris utpote consuetis imponitur plusculum, non multo minus clementer ac cives habent, volentem discedere (quod non saepe fit) neque retinent invitum neque inanem dimittunt."

Es ist augenfällig, daß der Dichter sich hierbei an das römische Recht angelehnt, dasselbe aber sehr frei benutzt hat. Es erhebt sich daher die Frage: Welche Rechtssätze über Entstehung und Endigung der Sklaverei finden sich im obigen aufgestellt? Und wie verhalten sie sich zu der entsprechenden Lehre des römischen Rechtes.

2. Ein Dispensator× des im Jahre 39 v. Chr. verstorbenen Calvisius Sabinus fiel bei einem an den Cycladen erlittenen Schiffbruche in die Hände dortiger Fischer, die ihn in ein Sklavenarbeitshaus verkauften, wo er gebrandmarkt wurde. Nachmals gelang es ihm, zu entfliehen und Rom wieder zu erreichen.

a) Welches war nunmehr seine rechtliche Lage?
b) Was für Rechtsfolgen würde es gehabt haben, falls Calvisius Sabinus selbst das oben erwähnte Schicksal erlitten hätte? Oder: wenn dieser nach seiner Aufgreifung durch die Räuber von diesen ermordet worden wäre?

3. Die ergreifende Schilderung, welche Harriet Beecher-Stowe in ihrem berühmten Buche „Onkel Toms Hütte" von dem Negerleben in den Sklavenstaaten von Amerika gegeben hat, vermag nicht nur für den Sozialpolitiker von einem weiten Interesse und von fruchtbarer Anregung in mannigfachster Richtung zu sein, sondern kann auch dem Rechtshistoriker, sofern er nur als technischer Jurist vorgeht, mancherlei Daten zu nachdenklicher Erörterung liefern.

× Cf. l. 166 D. de V. S. (50, 16). — S. auch den interessanten Rechtsfall in l. 62 D. de solutionibus (46, 3); in Verbindung mit l. 51 eod.

Man nehme beispielsweise folgende Einzelheiten aus jenem Buche:

Der Neger Tom, ein ruhiger, arbeitsamer und frommer Mann, genoß das Vertrauen seines Herrn so sehr, daß er ihn in entfernte Städte zum Abschlusse von Geschäften und auch zur Einkassierung von Geld sandte. — Allerdings bestand damals das amerikanische Gesetz, wonach auch aus nicht sklavenhaltenden Staaten jeder Sklave dem fordernden Eigentümer ausgeliefert werden mußte; — welches manche Eigentümer durch Einbrennen ihres Namenszuges in den Körper des Sklaven zu sichern suchten. — Tom lebte mit seiner Frau und mehreren Kindern jahrelang in einer Hütte auf der Farm seines Herrn, der auch nicht duldete, wie sonst vielfach geschah, daß die Sklaven ihre Weiber verließen und sich zu anderen gesellten; — aber sein Herr geriet in finanzielle Bedrängnis, so daß die Vermietung seiner Sklaven an benachbarte Fabriken nicht mehr genug einbrachte; — so verkaufte er Tom an einen Sklavenhändler, — durch schriftlichen Vertrag, zu dessen Gültigkeit noch die Unterschrift eines Zeugen nötig war, — und übergab ihn, von Frau und Kindern ihn wegreißend, dem Käufer. — Der Händler verkaufte ihn an einen reichen Franzosen in New Orleans, in dessen Hause die Sklaven in sehr verschiedenem Range lebten und gut behandelt wurden; — wobei der Herr Verletzungen seiner Sklaven durch Dritte als Beleidigung seiner selbst aufnahm; — er war auch im Begriffe, ihnen die Freiheit zu geben, hatte aber die gesetzlichen Förmlichkeiten (Errichtung einer Urkunde vor der Behörde) noch nicht gemacht, als er starb. — Tom wurde auf eine Plantage in Louisiana verkauft, an einen grausamen Herrn, in härteste Arbeit, nachdem man ihm alle seine Ersparnisse, sowie Kleider und Wäsche einfach weggenommen; — er wurde in willkürlicher Roheit mißhandelt, gemartert und zu Tode geschlagen. — Sein alter Herr, der ihn zurückkaufen wollte, kam zu spät; er nahm den Leichnam — jetzt natürlich unentgeltlich — und bereitete ein feierliches Begräbnis. — Die Südstaaten sahen damals den Schritten gegen den Sklavenhandel sehr ruhig zu, da sie erklärten, daß sie von ihren Sklavinnen — die sie zur Prostitution auch beliebig mißbrauchten — nach Art der Tierjungen ihre Sklaven selbst züchten könnten. —

Es fragt sich nun:

Wären diese einzelnen Vorkommnisse auch unter der Herrschaft des römischen Rechtes zulässig gewesen? Nahm dieses vielleicht bei den hier auftauchenden Fragen in den verschiedenen Perioden seiner Entwickelung eine wechselnde Stellung ein? Welche

Ähnlichkeiten oder Unterschiede weist es dabei von den angeführten amerikanischen Gesetzen auf?

---

4. Welches ist die Rechtsstellung nachstehender dritter Personen hinsichtlich der Geschäfte der jeweils endgültig Beteiligten.

a) Es verzieht jemand nach einem neuen Wohnort und bittet einen dortigen Bekannten, ihm eine Wohnung näher angegebener Beschaffenheit zu mieten.

b) Ein Handwerksmeister schickt einen Lehrling mit quittierter Rechnung zu einem Kunden, um von diesem Bezahlung zu erbitten; — oder: er sendet seinen Geschäftsführer mit offener Rechnung und der Befugnis, sie gegebenen Falls zu quittieren.

c) Jemand erteilt einem Rechtsanwalte Vollmacht zur Klagerhebung gegen einen säumigen Schuldner.

d) Bei einem gemeinsamen Ausfluge nimmt der eine Teilnehmer einstweilen alle Fahrkarten für die Eisenbahnfahrt.

e) Um einen Dienstboten zu mieten, wendet man sich an ein Gesindevermietungsbureau, welches sich meldende Bewerber der suchenden Herrschaft zur Vorstellung sendet.

f) Der Hausdiener des Gasthofes besorgt Gepäckstücke eines Reisenden an den Bahnhof.

g) Es stellt sich bei einem Privatmanne ein Weinreisender vor, der Aufträge für seinen Prinzipal in Empfang nehmen und vermitteln will.

h) Zwei Kontrahenten kommen dahin überein, daß die Höhe des Kaufpreises in dem zwischen ihnen schwebenden Handel von einen unparteiischen Dritten bestimmt werden soll.

i) Eine täglich erscheinende Zeitung wird gegen Zuschlag zum Bezugspreise von der Expedition den Abonnenten in das Haus durch Austräger zugestellt; — oder: die Zeitung wird durch die Post bezogen und von dieser mit den Briefschaften dem Abonnenten übermittelt.

k) Ein Dienstmädchen wird ausgeschickt, um eine Droschke zu holen, in der es in üblicher Weise nach der Wohnung der Herrschaft gleich mitfährt.

l) Bei einem Pferdemetzger läuft aus Stockholm eine briefliche Anfrage über etwaige Lieferung von Pferdefleisch ein. Er läßt sich von einem Sprachlehrer das Schreiben aus dem

Schwedischen übersetzen und zugleich eine, inhaltlich von ihm angegebene, Antwort in jener Sprache entwerfen.

m) Ein Rittergut liefert Milch nach der benachbarten Stadt. Die Milch wird in plombierten Kannen von Frauen ausgetragen, die für jedes verkaufte Liter eine Vergütung von 2 *Pf* beziehen.

5. Ein bei einer Bierbrauerei etwa drei Jahre beschäftigt gewesener Bierfahrer forderte nach seinem Abgange aus dem Dienste das von ihm als Kaution hinterlegte, über 372 *M* lautende Sparkassenbuch zurück, ferner noch einen Betrag von 60 *M* für Provision u. s. w. Er wurde damit aber von dem Brauereibesitzer unter der Ausführung abgewiesen, daß er noch Bierflaschen, die sich bei den von ihm bedienten Kunden befänden und einen Wert von 560 *M* darstellten, herbeischaffen müsse. Der Kutscher beschritt nun den Rechtsweg, indem er darauf hinwies, daß er außer stande sei, jetzt diese Flaschen herbeizuschaffen.

Fragen:

a) Welche Privatrechtsverhältnisse liegen hier vor?
b) Welche *actiones* stehen in Frage?
c) Wie ist der Streit nach dem Rechte des Corpus Juris Civilis zu entscheiden?
d) Würde es hiernach von Interesse sein, ob der Fahrer von den Käufern Haftscheine für die zurückzugebenden Flaschen erhalten, und ob er diese dem Prinzipal übergeben hatte oder nicht?
e) Welchen Einfluß würde es nach römischem Recht gehabt haben, wenn der Bierfahrer ein *servus* gewesen wäre?

6. Didius Secundus sendet dem Arrianus Severus, dem Rechtsgelehrten, seinen Gruß.

Im verwichenen Sommer habe ich meinem Freunde Mummius Lollianus Auftrag gegeben, für mich von dem Sklaven Onesiphorus, den Julius Fronto als Verwalter seines sizilianischen Landgutes eingesetzt hat, 600 Scheffel Weizen zu kaufen. Der Handel ist von ihnen abgeschlossen, und das Geld an den Onesiphorus gezahlt worden, das Getreide aber zur rechten Zeit nicht angekommen. Da nun Mummius Lollianus vor kurzem mit Tod abgegangen ist, so frage ich an: ob ich wegen des mir zugefügten Schadens, den ich noch nachzuweisen bereit bin, gegen irgend jemanden vorgehen kann, und wie ich das zu bewerkstelligen habe?

7. Licinius vermietete ein ihm gehöriges Schiff auf 15 Monate an Calpurnius. Dieser ließ das Schiff befrachtet in See gehen und setzte seinen Sklaven Stephanus zum *magister navis* ein. Am Ankunftsorte hatte Stephanus zum Zwecke der Ausbesserung des Schiffes Geld nötig; er erhielt solches gegen die üblichen Zinsen von Agerius vorgestreckt und verwendete einen größeren Teil davon namentlich zum Ankaufe neuer Segel von dem Kaufmanne Zoilus.

Es ist anzugeben:

An wen konnte sich Agerius wegen seines hingegebenen Kapitales mit Fug halten? Und welche *actiones* standen dabei zur Erwägung? Wem haftete umgekehrt Zoilus, wenn sich die verkauften Segel als schiffsuntüchtig und mangelhaft erwiesen?

XI

1. Apostelgeschichte XXII, 25—29:

„Als er ihn aber mit Riemen anband, sprach Paulus zu dem Unterhauptmann, der dabei stand: Ist es auch recht bei euch, einen römischen Menschen ohne Urteil und Recht zu geißeln?

Da das der Unterhauptmann hörte, ging er zu dem Oberhauptmann, und verkündigte ihm, und sprach: Was willst du machen? Dieser Mensch ist römisch.

Da kam zu ihm der Oberhauptmann, und sprach zu ihm: Sage mir, bist du römisch? Er aber sprach: Ja.

Und der Oberhauptmann antwortete: Ich habe dies Bürgerrecht mit großer Summe zuwege gebracht. Paulus aber sprach: Ich aber bin auch römisch geboren.

Da traten alsobald von ihm ab, die ihn erfragen sollten. Und der Oberhauptmann fürchtete sich, da er vernahm, daß er römisch war und er ihn gebunden hatte.“

Fragen:

a) Was ist hier ein „römischer Mensch“? Und was steht dazu im Gegensatze?

b) Wie unterscheidet sich die Rechtsstellung des Oberhauptmannes von der des Paulus?

c) Entstammte die Furcht der Beamten gewissen rechtlichen Bedenken?

2. Das Gleiche findet sich in jenem Buche XXIII, 27. Dagegen heißt es anders in XXV, 10—12; 21; 25:

„Paulus aber sprach: Ich stehe vor des Kaisers Gericht, da soll ich mich lassen richten; den Juden aber habe ich kein Leid gethan, wie auch du aufs beste weißt.

Habe ich aber jemand Leid gethan und des Todes wert gehandelt, so weigere ich mich nicht zu sterben; ist aber der keins nicht, des sie mich verklagen, so kann mich ihnen niemand ergeben. Ich berufe mich auf den Kaiser.

Da besprach sich Festus mit dem Rat, und antwortete: Auf den Kaiser hast du dich berufen, zum Kaiser sollst du ziehen."

Von welcher Rechtseinrichtung ist hier die Rede; und was ist rechtsgeschichtlich darüber des Näheren zu bemerken?

3. Der Dichter Ovidius Naso, ein Sohn eines römischen Ritters, zog sich bekanntlich die Ungnade des Kaisers Augustus derartig zu, daß seine *relegatio* nach Tomi an der thracischen Küste erfolgte.

War dieses mit einer *capitis deminutio* verbunden? Welche verwandten Institute kannte das römische Recht noch?

Zweites Buch.

Recht der Schuldverhältnisse.

XII

1. Ein lebenslänglicher Nießbraucher B. verpachtet ein Nießbrauchsgrundstück auf 12 Jahre an A. Nach anderthalb Jahren stirbt B. und wird von C. beerbt. Eigentümer ist E.

Fragen:

a) Wie steht es mit dem Pachtrechte des A.?

b) Kommt in unserem Falle etwas darauf an, ob B. dem A. mitgeteilt hatte, daß B. nur zeitweiliger Nießbraucher und nicht Eigentümer sei?

c) Wie würde sich die Entscheidung stellen, wenn B. nicht von C., sondern von E. beerbt worden wäre?

2. Wie würden die römischen Juristen folgende Leistungen technisch nennen? Von welchen Rechtsbegriffen ist außerdem Gebrauch gemacht?

a) Klage auf Herausgabe eines verpachteten Grundstückes nach Ablauf der Pachtzeit.

b) X. setzt den Y. zum Erben ein und legt ihm auf, der Stadt Z. ein dem Y. gehöriges Grundstück als Vermächtnis zu übertragen.

c) Forderung der Rückzahlung eines Darlehens.

d) Ein Bauunternehmer macht sich vertragsmäßig anheischig, ein Wohnhaus für 45 000 *M* in Generalentreprise auf dem Grundstück des Bauherrn aufzuführen.

e) Pflicht des Diebes, die gestohlene Sache zurückzubringen; — oder: die entwendete und verjubelte Geldsumme zu ersetzen.

f) Anspruch des Pachters gegen den verpachtenden Eigentümer auf Herausgabe von Früchten, die der letztere gegen den Pachtvertrag selbst gezogen hat.

g) M. hat dem N. ein Buch geliehen, welches durch Unachtsamkeit des N. wegkommt.

h) Aus den Statuten der *Aachener und Münchener Feuerversicherungsgesellschaft:*

„Die Gesellschaft versichert gegen den Schaden, welcher an den versicherten Gegenständen durch Brand oder Blitzschlag oder durch Explosion von Leuchtgas, sowie das durch solche Ereignisse veranlaßte Löschen, Niederreißen oder notwendige Ausräumen verursacht ist, soweit derselbe in der Beschädigung, Vernichtung oder dem Abhandenkommen versicherter Gegenstände besteht. . .

Die Versicherung soll nicht zu einem Gewinne führen; ihr alleiniger Zweck ist der Ersatz des nach dem wahren Werte der versicherten Gegenstände zur Zeit des Brandes unter Ausschluß des entgangenen Gewinnes festzustellenden Schadens. . .“

i) Verpflichtung eines Pferdehändlers, den verkauften Hengst dem Käufer richtig zuzuführen.

k) Ein Antiquitätenhändler schließt mit einem Privatmanne ein Übereinkommen, wonach jener einen silbernen Pokal des 17. Jahrhunderts gegen eine alte Bilderbibel seltenen Druckes liefern soll.

l) *Actio redhibitoria* des Käufers, weil das verkaufte und tradierte Pferd an Rotzkrankheit leide.

3. *Reichs-Abschied von Speyer von 1600* § 139:

„. . daß vor billich geachtet worden, wann der Schuldner *in mora restituendi pecuniam mutuam* ist, daß er seinem Gläubiger von denselben zeithero (der Vermuthung halben, daß der *Creditor* sein Geld von solcher Zeit an, anlegen, und zugelassener Weise zum wenigsten vom Hundert fünff, wol haben möge) das *interesse* zu entrichten und gut zu machen schuldig seye; So ordnen und wollen wir, daß solch *interesse a tempore morae* erstattet, und derentwegen den *Creditorn* fünff Gulden vom Hundert bezahlt werden, oder aber, da dem *Creditori* solch fünff Gulden nicht annemlich, sondern er vermeynen wolte, *tam ex lucro cessante quam damno emergente* ein mehreres zu fordern, daß ihme alsdann sein gantz *Interesse* zu *deducirn*, gebührlich zu *liquidirn* und zu bescheinigen, und der Richterlichen Erkenntnuß darüber zu gewarten unbenommen seyn soll."

Von welchen Rechtseinrichtungen und juristischen Begriffen ist in vorstehendem die Rede?

Wie verhält sich diese Gesetzesbestimmung zu den Sätzen des römischen Rechtes?

L. 32 § 2 D. de usuris (22, 1); — l. 17 § 4 eod.; l. 34 eod.
L. 22 D. de donationibus (39, 5).
L. 3 C. de usuris (4, 32); — l. 11 (12) eod; l. 23 eod.

---

4. In welcher Weise haften nach römischem Rechte nachstehende Verpflichtete ihren Gläubigern?

a) Zwei Brüder, die zusammenwohnen, kaufen gemeinsam eine englische Dogge und bleiben das Kaufgeld schuldig; — da sie auf das bissige Tier nicht ordentlich acht haben, fällt dieses den Briefträger an und verletzt ihn erheblich.

b) Während eines Erbteilungsverfahrens unter vier Miterben kommt ein wichtiges Aktenstück abhanden, das zum Nachlasse gehört. Es stellt sich heraus, daß ein entfernter Verwandter es entwendet hat und bei sich aufbewahrt.

c) Der sub b) erwähnte Verwandte hatte von dem Erblasser seiner Zeit ein jetzt noch ungetilgtes Darlehen von 2000 *M* erhalten.

d) Drei Freunde trinken des Abends in einem Restaurant zusammen drei Flaschen Wein, zuerst von einer leichten, dann von schwerer Sorte.

e) Wir Endesunterzeichnete bekennen, daß der Kaufmann Albert Pücken uns gemeinschaftlich die Summe von 1500 *M* auf sechsmonatliche Kündigung bar dargeliehen hat und versprechen, dieselbe mit $4^1/_2$ % jährlich zu verzinsen.
Karl Zeltinger. Joseph Mager.

f) Aus einem Testamente: . . dem A. oder B. vermache ich 500 *M*.

g) Meine zwei Söhne, die mich beerben werden, sollen dem L. 1000 *M* als Vermächtnis geben.

5. Wenige Tage nach dem Tode des M. erscheint bei den zwei Erben N. und O. der Handelsmann P., um den Rest einer Kaufschuld zu zahlen, die aus einem mit M. geschlossenen Handel noch rückständig sei. N. und O. quittieren zusammen hierüber. Später zeigt sich, daß P. im Irrtume gewesen und jene Schuld früher schon getilgt worden war.

Wie steht es nun mit dem Rückerstattungsanspruche des P.?

6. Nach beendetem Geldskatspiel im Gasthof zur „Sonne“ weigerte sich der Rechtsanwalt Michaelis, an den Wirt Saller den üblichen Skatgroschen zu entrichten. Während der Wirt behauptete, ein Recht zur Erhebung dieser Gebühr von jedem der Spieler zu haben, kehrte der Rechtsanwalt den juristischen Standpunkt heraus und suchte auch den Mitspielern darzulegen, daß ein rechtlicher Anspruch des Wirtes für Überlassung der Karte nicht bestehe, es vielmehr jedem Spieler, der die Karte nicht mitbestellt habe, überlassen sei, ein Entgelt zu zahlen oder nicht; der Wirt möge sich wegen des Kartengeldes an denjenigen halten, der die Karte verlangt habe.

Ist diese Auffassung begründet?

Wenn der eine Spieler ohne vorherige weitere Erörterung das gesamte Kartengeld an den Wirt bezahlt hätte, würde er sich dann an seine Spielgenossen halten können; und welche *actio* käme in Betracht?

XIII

1. *Bürgerliches Gesetzbuch für das Deutsche Reich.*

§ 1317. „Die Ehe wird dadurch geschlossen, daß die Verlobten vor einem Standesbeamten persönlich und bei gleichzeitiger Anwesenheit erklären, die Ehe miteinander eingehen zu wollen. Der Standesbeamte muß zur Entgegennahme der Erklärungen bereit sein.“

§ 1318. „Der Standesbeamte soll bei der Eheschließung in Gegenwart von zwei Zeugen an die Verlobten einzeln und nacheinander die Frage richten, ob sie die Ehe miteinander eingehen wollen, und, nachdem die Verlobten die Frage bejaht haben, aussprechen, daß sie kraft dieses Gesetzes nunmehr rechtmäßig verbundene Eheleute seien.“

Diese Vorschrift ist die einzige, die aus dem neuzeitlichen Rechte hinsichtlich der gesetzlichen Form von Privatwillenserklärungen den römischen Verbalkontrakten sich zur Seite stellen läßt. Es bestehen aber schon in der angegebenen Rücksicht bedeutsame Unterschiede zwischen beiden.

Welches sind diese Verschiedenheiten?

2. Würde nach römischem Rechte der Abschluß einer *stipulatio* durch den Fernsprecher zulässig und rechtsgültig gewesen sein? Wäre hier vielleicht zwischen dem klassischen und dem justinianischen Rechte zu unterscheiden?

3. Sind folgende *stipulationes* nach römischem Rechte gültig?

a) Dabisne mihi equum? — Dabo bovem.
b) Dabisne mihi viginti? — Dabo decem.
c) Dabisne mihi decem? — Dabo viginti.
d) *Stipulatio* mit einem Tauben, der die Worte des Fragenden von dessen Lippen abgelesen hat.

4. Ayn fürtrefflich *Exercitien*- und Hülffsbüchlin vor Rechtsbeflißne vnnd anfahende *Juris-Peritos*, p. II § II nr. IV.

„Walter Hagmann, *scholae magister*, aus Lorbach an den gelahrten *Procuratorem* Henrich Finzmar zu Riesen. Da der Artzt Fridrich Neidel hierselbst mit Tod abgangen, hat desselben *Neveu* vnnd *Universal*-Erbe Herman Spelt in Hessfeld mir Alle Hinterlassenschaft vor 1950 Thlr. verkaufft. Ich jedoch, vmb sicher zu gehn, legete ime die Frag vor, so Ihr mir damals im Rathe mitgegeben: *quanta pecunia ad te ex hereditate illa pervenerit, dolove malo tuo factum est, eritve, quominus perveniat, tantam praestabis?* — Worauff er jedoch die Antwurt schuldig bliebe. Mir dann aber im Brieff schrieb am nechst folgenden Tage, daß er sothanes zu Versprechen Geforderte nun ernstlich *promitti*re; mir es auch ehegestern 8 Tag nach deme Kaufschluß in mündlicher Anredung wieder gesagt hat. Wornach ich nun aber verwirret war vnnd mich gantz schweigend verhalten; also daß es mir nunmehro *dubios* geworden, ob er mir ietzt *ex stipulatu* nach denen Sätzen, so im Rechte des Julianus, Papinianus, Ulpianus oder auch denen Gesetzen des Kaysers Justinianus hafftbar vnnd verbindlich worden. Wollet mir, bitte ich, auf solch Frag vnnd Zweiffel, gewißlich vnnd balde *respondi*ren, was Rechtens seye?"

XIV

1. Sind in nachstehenden Fällen Ansprüche der Geschädigten rechtlich begründet? Worauf würden sie gehen, und wie müßten sie gerechtfertigt werden?

a) Ein Schlachter kauft von einem Bauern ein Schwein, von dem sich dann herausstellt, daß es an der Finnenkrankheit litt.

b) Ein Architekt hatte von einem ihm gehörigen Doppelhaus das eine an A., das zweite an B. verkauft. Im folgenden Winter zeigt sich an den Wänden des Erdgeschosses von A. periodisch Feuchtigkeit; während das Nachbarhaus sich von Wanzen infiziert erweist.

c) Eine verkaufte Kuh war mit einer ansteckenden Krankheit behaftet, durch welche auch der übrige Viehbestand des Käufers krank wurde und teilweise fiel.

d) Von dem Käufer eines Pferdes wurde Ersatz verlangt, weil das Tier schon zur Zeit des Kaufes gelahmt hätte, und dieses Lahmen durch das Zerreißen von äußerlich nicht sichtbaren Muskeln und Sehnen bewirkt gewesen sei.

e) Der Besteller einer Sendung Wein will diese dem Händler zur Verfügung stellen, weil der Wein den vorher gesandten Proben nicht entspreche.

f) Bei einem Drogisten hatte eine Frau schwarzen Kümmel geholt, war aber von dem daraus bereiteten Absud erkrankt, da dem Kümmel giftiger Stechapfelsamen beigemischt gewesen. Es konnte bewiesen werden, daß der Verkäufer mit dieser Beimischung bekannt gewesen war.

g) Ein Käufer von Merinoschafen entdeckte, daß sie zum größten Teile an Klauenfäule litten, die zur Zeit des Kaufes schon vorhanden gewesen sein mußte. Er gab sie in tierärztliche Behandlung, und die Tiere wurden wieder gesund.

2. A. verpfändet eine Partie ihm gehöriger Schaffelle, die er bei B. deponiert hat, dem C. für eine rückständige Schuld. B. verkauft und tradiert die Felle dem D. und wird flüchtig. Von D., der den B. für den Eigentümer gehalten hatte, kommen sie durch weiteren Verkauf an den ebenfalls gutgläubigen E.

Fragen:

a) Wer ist Eigentümer und Besitzer der Felle?

b) Kann sie jemand von E. herausverlangen?

c) Welche Rechtsverhältnisse und *actiones* sind unter den genannten Personen begründet? Und wie wird sich danach die Sache entwickeln und schließlich ordnen?

3. V. verkauft eine Wiese, die ihm durch Erbgang zugefallen war, dem W. Dann stellt sich heraus, was dem V. selbst unbekannt gewesen war, daß U. an derselben den lebenslänglichen Nießbrauch hat, sowie daß dem X. ein Fahrtrecht über sie zusteht.

Welche Rechtsfolgen knüpfen sich im einzelnen an diesen Thatbestand?

4. Z. trägt einem Rechtsanwalte folgendes vor:

„Vor etwa $^3/_4$ Jahren habe ich im Süden der Stadt eine Parzelle von Y. erworben, um sie, wie es in dem Kaufvertrage hieß, als „Bauterrain" zu verwerten. Vor kurzem ist aber der städtische Bebauungsplan jener Gegend geändert und dadurch das fragliche Grundstück von neu anzulegenden Straßen ganz entfernt und als Baugrund unbrauchbar geworden.

Ich erbitte ein juristisch begründetes Gutachten: ob mir gegen Y. ein Rechtsanspruch zusteht, und welche Gesetze des römischen Rechtes hierbei in Anwendung kommen?"

5. In Lübeck entstanden am Abend des 22. Juli, am Tage der damaligen Reichstagsstichwahl, Straßenunruhen, bei welchen vielfach Gegenstände beschädigt und namentlich Fenster eingeworfen wurden.

Wer hätte in den Fällen, da solches an Mietwohnungen geschehen, nach römischem Rechte den Schaden zu tragen?

6. Der Mühlenbesitzer Hesselmann erteilte dem Händler Entörfer Vollmacht, von dem Anwesen des ersteren einen Acker zu bestimmtem Preise zu verkaufen; wobei dem Entörfer zwar keine unmittelbare Bezahlung versprochen, wohl aber bei guter Ausführung des Geschäftes verschiedene Vorteile, namentlich Erlaß einiger rückständiger Schulden des Händlers an Hesselmann in Aussicht gestellt wurden.

Entörfer hatte verschiedene zweckentsprechende Aufwendungen durch Inserate und Reisen gemacht, als der Müller Gelegenheit fand, den Acker selbst vorteilhaft zu verkaufen; — dieses that und den Entörfer davon benachrichtigte, mit dem Bedeuten, daß er die Angelegenheit als erledigt ansehe.

Wie war die Rechtslage? Ist eine *actio* für oder wider begründet?

7. Wie sind folgende Thatbestände juristisch zu charakterisieren? Zu welcher Art von *obligationes ex contractu* würden sie nach der Einteilung der römischen Juristen gehören?

a) „Louages des abeilles" — eine eigentümliche Art einer Tierleihe im C. C. de Fribourg. Der Empfänger der Bienen hat den Ertrag derselben mit dem Eigentümer zu teilen. Die präsumtive Dauer des Vertragsverhältnisses geht auf 10 Jahre. Die Ernährung der Bienen im Winter fällt den beiden Parteien gemeinsam zur Last. (Nach Huber, System und Geschichte des Schweizerischen Privatrechts.)

b) Ein Maurermeister war von einem Kaufmann vertragsmäßig angewiesen worden, ein bestimmtes Grundstück für ihn zu kaufen und auf demselben gegen festgesetzte Vergütung ein näher angegebenes Gebäude zu errichten.

c) Ein großes Jagdgebiet wird von Zeit zu Zeit von der Berliner Stadtverwaltung ausgeboten; aber nicht an den Meistbietenden, wie dies gewöhnlich der Fall, sondern an den Mindestfordernden soll es vergeben werden. Das Jagdrevier umfaßt die vierzehn städtischen Markthallen und die dazu gehörigen Vordergebäude nebst Kellern und Maschinenräumen. Als jagdbare Tiere gelten für den neuen Pächter Ratten, Mäuse, Schaben und dergleichen anmutiges ungenießbares Wild.

8. Ein ebenso reicher als geiziger Bürger von Beirut, der an beiden Augen den Star hatte, entschloß sich zu einer Operation und unterhandelte mit einem Arzte, der sich bereit erklärte, ihn für 5000 Piaster wieder sehend zu machen. Ein Auge wurde auch mit ausgezeichnetem Erfolge operiert; aber als der Arzt sich anschickte, das andere Auge zu operieren, erklärte der Türke plötzlich, daß er mit einem Auge genug sehe. Er erbot sich daher, die Hälfte des oben genannten Preises zu zahlen, während der Arzt nach wie vor die ganze Summe forderte.

Fragen:

a) Unter welche rechtliche Kategorie würde ein klassischer römischer Jurist den vorstehenden Thatbestand gebracht haben?
b) Was für Formalitäten mußten danach bei dem Abschlusse der fraglichen Beredung gewahrt werden?
c) Wie hieß die daraus entspringende *actio?*
d) In welchem prozessualischen Verfahren war sie zu erledigen?
e) Welcher der streitenden Teile ist im Rechte, und aus welchen Gründen?

XV

1. A. leiht dem B. Geld, mit dem Bedinge, an Stelle jeder anderen Vergütung den zehnten Teil des mit jenem Kapital etwa erzielten Geschäftsgewinnes zu erhalten.

a) Was liegt rechtlich vor: Rechtsverhältnis, — *actio?*
b) Wer ist Eigentümer des Geldes? Und wer ist juristischer Besitzer?
c) Wie stände es, wenn der A. auch einen etwaigen Schaden, den B. bei dem beabsichtigten Geschäfte erleidet, zum zehnten Teile tragen soll?

d) Was ist die Folge, wenn das Geld dem B. auf dem Heimwege, gerade als er des A. Haus verlassen hatte, durch einen Unbekannten gewaltsam entrissen worden und seitdem verschwunden wäre?

2. *Code civil, art. 1892:*

„Le prêt de consommation est un contrat par lequel l'une des parties livre à l'autre une certaine quantité de choses qui se consomment par l'usage, à la charge par cette dernière de lui en rendre autant de même espèce et qualité."

Badisches Landrecht, Art. 1892:

„Die Darleihe ist ein Vertrag, dem zufolge einer dem andern von verbrauchbaren Sachen eine bestimmte Menge unter der Bedingung zu überliefern hat, daß letzterer ihm ebenso viel in der Gattung und Menge einst wiedergeben soll."

a) Die zweite Gesetzesbestimmung enthält eine bemerkenswerte Abweichung von der ersten. Worin ist sie gelegen?

b) Stimmt eine von ihnen mit dem römischen Rechte überein?
Pr. I. 3, 14; l. 2 D. de R. C. (12, 1); l. 17 pr. D. de pactis (2, 14).

3. Ein Müller hatte von einem Bauern Getreide geliehen. Der letztere lieferte krankes Korn, ohne dem Empfänger dies mitzuteilen; da der Müller die erhaltene Frucht unter die seinige mengte, verdarb alles.

Wie steht es mit seinem Ersatzanspruche? Welche *actio* kommt in Frage?

4. Ein bekannter Nationalökonom heutiger Zeit stellte bei einer Besprechung der Fabrikarbeiterverhältnisse den Satz auf: „Noch immer bringen unsere Juristen den Arbeitsvertrag unter die überkommene Kategorie des römischen Rechtes: *do ut facias.*"

a) Worin lag der Irrtum jenes Schriftstellers?

b) Gab es jedoch nicht vielleicht Fälle von Arbeitsverträgen, in denen ausnahmsweise jene Konstruktion zutreffend war?

5. A. erwirbt von B. dessen Grundstück gegen einen Preis von 50 ℳ für den Quadratmeter. Um darauf einen Bau aufführen zu können, will er den Platz dahin abrunden, daß er sich von seinem Nachbarn C. die Abtretung eines angrenzenden Streifens versprechen läßt, wogegen er im Briefwechsel dem C. ein anderes Stück Land zusichert. Er läßt sich sodann von dem Baumeister D. einen genauen Bauplan mit Voranschlag gegen übliches Honorar anfertigen; und kommt in freier mündlicher Beredung mit E. dahin überein, daß letzterer den Hausgarten des A. anlegt gegen Einräumung eines Fußweges nach dem

Grundstücke des E. Nach Fertigstellung des Baues nimmt A. den F. als Hausmann in der Weise an, daß F. im Kellergeschoß freie Wohnung erhält und verpflichtet wird, den Hauseingang zu überwachen, die Straße zu fegen, Kohlen zu tragen und den Garten zu begießen.

Was kann A. von seinen jeweiligen Partnern rechtlich beanspruchen, und zwar

a) nach altem *ius civile Romanum*?

b) nach dem Rechte des Corpus iuris civilis?

6. Der Landwirt Erb schloß mit dem Handelsmanne Wolf einen schriftlichen Vertrag, wonach letzterer ermächtigt sein sollte, das Anwesen des Erb zu veräußern, gleichviel ob im Wege des Kaufes, des Tausches oder der Zertrümmerung. Dabei wurde eine Mindestsumme bestimmt und dem Wolf im Falle des Gelingens der Veräußerung vier Prozent von der Gegenleistung des Gutserwerbers zugesagt.

Nachmals kam es zum Rechtsstreite zwischen Erb und Wolf, in dessen Verfolg es sich vor allem fragte, wie jenes Verhältnis juristisch zu bestimmen sei: *mandatum* — *locatio conductio* — Innominatkontrakt — oder wie sonst?

7. In der Zeit, da Frankfurt a. M. noch freie Reichsstadt war, lebte dortselbst ein kleiner Seilermeister, dessen höchster Ehrgeiz die Erlangung einer Ratsstelle in seiner vaterstädtischen Republik war. Nachdem er solches vielfach, besonders auch durch mancherlei Ehrenbezeugungen gegen den maßgebenden Senator an den Tag gelegt, wurde er von dem letzteren eines Morgens in amtlicher Angelegenheit beschieden. Als er jedoch in froher und gewisser Erwartung eintrat, sprach jener nur in dürren Worten: „Lieber Herr, heute über acht Tage beginnt die Wollmesse, und wird diese auf dem Platze an Eurem Hause gehalten; wollet doch erlauben, daß die dabei beschäftigten städtischen Behörden Euren an der Thüre gelegenen Abort während der Messe benutzen dürfen.“ — Verwirrt sagte der Seiler zu.

Unter welche Rechtsbegriffe würden die römischen Juristen diese Beredung gebracht haben? Welche Formalität wäre danach zu fordern gewesen? Welche *actio* würde begründet worden sein?

XVI

1. Der Geschäftsreisende A. hat verschiedene Briefe an seinen Prinzipal zu schreiben.

a) Er fordert in der Papierhandlung des B. Briefpapier und Umschläge.
b) In dem Gasthofe des C., wo er abgestiegen ist, befindet sich das zum Gebrauche der Reisenden hingestellte Schreibzeug in schlechtem Zustande; der Freund D. borgt deshalb dem A. eine goldene Füllfeder, und sagt schließlich, da diese dem A. gefällt: Du kannst sie für immer behalten.
c) A. läßt sich von dem Oberkellner E. eine Briefmarke geben, klebt sie auf den Brief und wirft diesen später in einen Postbriefkasten.
d) Er leiht sich von D. einen Hundertmarkschein, den er in einen zweiten Brief einlegen will.
e) Diesen bittet er seinen Freund für ihn am Schalter einschreiben zu lassen.
f) Statt dessen giebt ihn D. mit gleichem Ersuchen dem Dienstmanne F., dem er dafür 30 ₰ bezahlt.
g) Der F. verabredet mit einem ihm begegnenden Kollegen, daß dieser den Brief besorge, und F. dafür ein Paket, das jener trägt, zur Bahn bringe.
h) Der Prinzipal, mit dessen Tochter der A. verlobt ist, teilt ihm mit, daß er ihn als Teilnehmer aufnehmen wolle; zugleich verspricht er, ihm bei der Verheiratung eine näher bestimmte Mitgift zu bestellen.
i) Inzwischen hatte A. mit dem Kaufmanne G. abgerechnet und von diesem die schriftliche Anerkennung einer von jetzt ab mit 5 % zu verzinsenden Restschuld erhalten. Nur ein Posten war streitig geblieben; er soll der maßgeblichen Entscheidung eines Unparteiischen unterbreitet werden.

Fragen:

a) Welche *obligatio* und *actio* liegt in den einzelnen Fällen vor?
b) In welchen Formen waren die fraglichen Rechtsgeschäfte nach römischem Rechte abzuschließen?
c) Wie steht es jeweils mit der Haftung für *culpa*?
d) Wie mit den Besitz- und Eigentumsverhältnissen?

2. „Es geht mir recht übel in der Welt; ich habe einem gewissen Frauenzimmer, mit dem ich etwas zu vertraut wurde, in aller Geschwindigkeit die Ehe zugeflüstert, und nun bin ich deshalb gerichtlich belangt. Einem Herrn, der mich zu einer Mahlzeit begehret, habe ich 1000 Thaler zu leihen versprochen; und er droht mir mit einer Klage, falls ich nicht Wort halte. Noch habe ich jemandem zugesagt, daß ich ihm mein Haus vor einem andern vermieten wollte, sobald es ledig würde; und ich bin wirklich vom Richter verdammt, mein Wort zu halten. Ist das nicht grausam? und sollten die Gesetze dieses gestatten?

Die Römer, dieses kluge Volk, das die Welt kannte und wußte, was Komplimente waren, machten einen Unterschied unter bloßen Versprechungen und unter solchen, welche auf eine gewisse feierliche Art geschehen waren. Nur die letzteren waren unter ihnen bedachtsame und kräftige Versprechungen."

(Aus Justus Möser, Patriotische Phantasien.)

Fragen:

a) Von welchen Beredungen ist in obigen Beispielen gehandelt?
b) Ist es richtig, daß dieselben nach römischem Rechte formal eingegangen werden mußten? Und — bejahendenfalls — in welcher Form die einzelnen?
c) Wie stände es mit diesen Fragen, wenn als Exempel angeführt würden: Versprechen eines Bauern, seinen Hof dem Versprechensempfänger käuflich abzutreten; — oder ihn gegen ein städtisches Haus umzutauschen; — oder denselben seinem ältesten Sohne unter Vorbehalt lebenslänglicher Verpflegung des Vaters zu übergeben; — oder ihn gegen erhaltenes Darlehen zu verpfänden?
d) Die gleiche Frage kann auch für folgendes aufgeworfen werden: der geladene Gast hatte jenem Frauenzimmer im Falle der Ehe mit einem dritten eine Mitgift versprochen; — oder dieses dem Bräutigam gegenüber gethan? — Er hatte sich für ein vorgeschossenes Dahrlehen Zinsen versprechen lassen? — Mit dem Mieter war er in Vereinbarung vor einen privaten Schiedsrichter gegangen, der ihren Handel gut zu untersuchen und zu entscheiden versprach? — Eine nicht zweifelsfreie Legatsverpflichtung seinerseits hatte er in der Weinlaune als rechtlich verbindlich anerkannt und deren prompte Zahlung versprochen?

3. Kreittmayr, Anmerkungen über den *codicem iuris Bavarici iudiciarii*, XVII, 2a:

„Ob man sich *per nugum Pactum vel Stipulationem* zum Compromiß einverstehe, ist eins und macht allzeit wenigst *de Iure hodierno et Germanico* den nemlichen Effect."

Von welchem Vertrage und Rechtsverhältnisse ist hier die Rede? Wie verhält sich diese Angabe des bayerischen Gesetzgebers zu den entsprechenden Sätzen des römischen Rechtes?

XVII

1. Ev. Lucae, X, 30, 33—35:

„Es war ein Mensch, der ging von Jerusalem hinab gen Jericho, und fiel unter die Mörder, die zogen ihn aus, und schlugen ihn, und gingen davon, und ließen ihn halb tot liegen.

Ein Samariter aber reisete, und kam dahin; und da er ihn sahe, jammerte ihn sein;

Ging zu ihm, verband ihm seine Wunden und goß drein Öl und Wein; und hob ihn auf sein Tier, und führte ihn in die Herberge, und pflegte sein.

Des anderen Tages reisete er und zog heraus zwei Groschen, und gab sie dem Wirte und sprach zu ihm: Pflege sein; und so Du was mehr wirst darthun, will ich Dirs bezahlen, wenn ich wiederkomme."

Was sind aus der Handlungsweise des barmherzigen Samariters für Obligationen entstanden, und welche *actiones* sind unter den Beteiligten begründet?

2. Jemand eröffnet beim Betriebe des Bergbaues eine Quelle, durch deren Abfluß das benachbarte seither wasserarme Grundstück nun wertvoller wird. Er verlangt einen Beitrag zu den Kosten der Fassung der Quelle von dem Nachbarn.

Fragen:

a) Wie würde die darauf abzielende *actio* heißen? Ist sie begründet?

b) Ist die gleiche Entscheidung zu treffen, wenn jemand sein Grundstück entwässert und dadurch zugleich das benachbarte aus Versumpfung rettet?

3. Der preisgekrönte Stenograph Grünhut hatte sich einem Herrn Voyta gegenüber verpflichtet, ihm auf einer einzigen Postkarte in stenographischer Schrift Goethes „Wahlverwandtschaften" niederzuschreiben. Voyta versprach, dafür 200 ℳ zu bezahlen. Die Karte wollte er dann nach Amsterdam, wo er einen Liebhaber solcher Dinge kenne, weiter verkaufen. Grünhut brachte das Kunststück zuwege und sandte die Karte, welche den ganzen Goetheschen Roman enthielt, wie es vereinbart war, an Herrn Voyta. Mit diesem zusammen hatte ein Herr Zwettler eine Wohnung inne, und dieser war gerade allein zu Hause, als die sonderbare Postkarte, die er nicht entziffern konnte, ankam. Er steckte dieselbe ein, vergaß sie seinem Freunde Voyta zu geben, und — verlor sie. Voyta wollte natürlich für die Karte, die er nicht erhalten hatte, die 200 ℳ nicht bezahlen, aber auch Zwettler lehnte jede Ersatzpflicht ab.

Es sind folgende Fragen zu beantworten:

a) Welche Rechtsverhältnisse liegen zwischen den beteiligten Personen (Grünhut — Voyta — Liebhaber — Post — Briefträger — Zwettler) vor?

b) Worauf geht die Verpflichtung eines jeden von ihnen, dem andern gegenüber? Für welchen Grad der *culpa* wird dabei jeweils von den einzelnen gehaftet?

4. Die Steuerkasse zu X. wurde angewiesen, dem invaliden Unteroffizier Anton Wahle zu X. eine näher bestimmte Invalidenpension zu zahlen. Die Kasse zahlte sie an den Gerichtsdiener Anton Wahle zu X., auf den jene Charakterisierung auch paßte, während die Pension in der That für den bei der Post angestellten Wagenmeister Anton Wahle zu X. bestimmt war.

Kann hier etwas zurückgefordert werden? Welche *actio* des römischen Rechtes kommt in Betracht?

5. Jemand bezahlt mit fremdem, ihm anvertrauten Gelde Schulden, die er seinerseits hat.

Auf welchem Wege Rechtens kann der Eigentümer des veruntreuten Geldes vorgehen?

6. Ein Landpfarrer lud viele Freunde und Bekannte zu der demnächstigen Hochzeit seiner einzigen Tochter ein. Die Geladenen sandten, der Sitte gemäß, Hochzeitsgeschenke; erhielten aber zwei Tage vor dem angesetzten Termine die Nachricht, daß die Vermählung, wegen plötzlichen Trauerfalles in der Familie des Bräutigams, in aller Stille und ohne Festlichkeit begangen werden müsse.

Können die „Ausgeladenen“ nicht ihre Geschenke zurückfordern? An welche *actio* des römischen Rechtes hätte man da zu denken; — und was wäre für oder wider deren Erfolg begründetermaßen zu bemerken?

XVIII

1. Welche *obligatio* und *actio* stehen im folgenden in Frage?

a) R. beabsichtigt, eine Reise zu unternehmen. Er hatte sein Fernglas dem A. geliehen und fordert es nun zurück; der will es noch behalten. Sie kommen in Streit, wobei A. den R. auffordert, sein, des A., Haus zn verlassen. R. weigert sich.

b) Da R. auf diesem Wege sein Fernglas nicht erhalten hat, so dringt er später nochmals ein, erbricht die Zimmerthüre des A. und holt sich sein Glas.

c) Sein Freund B., der sich in der Wohnung des R. von diesem verabschiedet hat, merkt auf der Straße, daß R. zu Fuße die Bahn nicht rechtzeitig erreichen werde. Er schickt ihm eine Droschke (C.).

d) Am Bahnhofe bezahlt R. den C. Dieser war aber bereits von B. bezahlt worden.

e) Als R. am Droschkenpferd vorbeigeht, schlägt dieses plötzlich aus und verletzt und beschmutzt den R.; es war von X. mit einem Stocke geschlagen worden.

f) Im Wartesaale läßt R. seine Reisetasche stehen. D. eignet sie sich an.

g) Am Ankunftsorte steigt R. im Gasthofe des E. ab. F. schleicht in seiner Abwesenheit mit Nachschlüsseln ein und entwendet den Handkoffer des R. mit Inhalt.

h) In der Stadt entsteht durch Blitzschlag Feuer, wobei auch der Gasthof des E. und darin das Zimmer des R. mit dessen Sachen sehr beschädigt wird.

i) R. will ein silbernes Besteck kaufen und fragt in der ihm fremden Stadt den G. nach einem guten Geschäftshause. Dieser empfiehlt ihm einen notorischen Schwindler als reelle Firma.

k) R. besucht die Restauration des H. und hängt seinen Überzieher eine Strecke von sich an die Wand. Ein anderer Gast, J., zieht heimlich das Kleidungsstück an und entfernt sich.

l) Im Ärger darüber schilt R. den H. einen Dieb und Betrüger.

m) Auf dem Heimwege fällt ihm Asche und Schmutz auf die Kleider, welche die in Diensten des K. stehende L., glaubend, daß jetzt niemand vorbeigehe, aus dem Fenster geschüttet hatte.

n) R. droht mit dem Stocke hinauf, verfährt aber dabei so ungeschickt, daß er das Fenster des im Erdgeschosse wohnenden M. zerschlägt.

o) Bei der Abreise merkt R., daß der Gasthofskellner N. Wäsche des R. getragen und beschmutzt wieder hingelegt hat.

2. Wie ist die Handlung der „Betrüger“ in dem Märchen: Des Kaisers neue Kleider, von ANDERSEN, privatrechtlich zu charakterisieren? Und welche Rechtsfolgen würden sich hieran nach römischem Rechte anknüpfen?

3. „Eyn fürnehmer Kauffmann sendet eine Heerd Schaafe über Meer, in dem Schiff schläfft der Steuermann, und ein Widder darunter stösset ihn mit seinen Hörnern, daß er sich im Schlaff darüber erzürnet, und den Widder in das Wasser wirfft.

Als solches die Schaafe gesehen, seynd sie alle hernach gesprungen, und ersoffen; der Kauffmann will seine Schaafe bezahlt haben, der Steuermann will mehr nicht, als den Widder, gut machen, weil er die andern nicht verwahrloset.

Beede Theil gelangen vor Gericht.“

(Aus Abele, Mitglied der „fruchtbringenden Gesellschaft“, Seltzame Gerichtshändel. 1655.)

4. Der Kaufmann A. übersandte seinem Geschäftsfreunde B. sieben Centner Wolle mit der Bitte, sie für Rechnung des A. bestens zu verkaufen. Die Wolle ward jedoch bald darauf von dem Arbeitsmanne C. aus dem Magazin des B. gestohlen und von dem Diebe sodann für 1200 ℳ an den Kommissionär D. verkauft, welcher sich das Kaufgeld gegen Verpfändung der Wolle von dem Händler E. entlieh. D. und E. wußten, daß die Wolle gestohlen war und verkauften solche später an den Tuchmacher F., der sie gutgläubig verarbeitete.

Es fragt sich, ob A. oder B. gegen eine der anderen Personen einen Rechtsanspruch erheben können?

5. Welche *delicta privata* sind in nachstehenden Thatbeständen gegeben? Und was für Folgen knüpft das römische Recht an sie an?

a) Ein Dienstmädchen brennt gegen den Willen der Herrschaft des Nachts Gas in der Küche an, um Romane zu lesen.

b) Es verstößt jemand gegen die Ordnung des Seminars, indem er gegen sein Versprechen aus der Präsenzbibliothek Bücher mit sich nach Hause nimmt, in der (nachher auch ausgeführten) Absicht, sie später wiederzubringen.

c) Der in Immermanns „Münchhausen“ geschilderte „Patrioten-Kaspar“ nahm das dem Hofschulzen vom Oberhofe gehörige, angebliche Schwert Karls des Großen heimlich von seinem Aufbewahrungsorte und versteckte es in einer unauffindbaren Weise im Gebälke des Oberhofes, um dem Hofschulzen, seinem Todfeinde, eine für diesen nicht verwindliche Kränkung zuzufügen.

d) „Es hatte ein Spitzbube vernommen, daß Kayser Carl der fünffte verreisen wolte. So ging er dreist in das Kayserl. Gemach, indem er wußte, daß daselbst wegen der bevorstehende Reise sehr wenig Diener vorhanden. Er trat dannenhero erstlich hinzu, und machte mit gebogenen Knien, wie zu Hofe gebräuchlich war, dem Kayser eine Reverence; fing darauf an, die angeschlagenen Tapeten mit grosser Eylfertigkeit herab zu nehmen und gar sauber und hurtig in ein Bündlein zusammen zu wickeln, so, daß der Kayser, und die bey ihm waren, selbst zusahen. Biß er endlich alle Tapezereyen hinweg bekam, und dem ordentlichen Aufheber derselben, welcher eben damahls in anderen Verrichtungen begriffen war, aller Mühe gäntzlich überhebete."

(Aus Harsdörfer, Verfasser des „Nürnberger Trichter", Schauplatz lust- und lehrreicher Geschichten.)

e) „Edmund, der Angelsachse, fand im Palaste Königs Karl zu Aachen einen Goldring. Als er ihn näher betrachtete und die Runenschrift auf dem Golde sah, welche niemand zu lesen verstand, schrak er zusammen: es war der Ring der Königin Fastrada, der Gemahlin Karls, die ihn hier verloren hatte . . . Gefundenes Gut eine Weile aufheben, sprach er zu sich selbst, ist kein Vergehen; wäre es ein solches, so ist es so klein, daß weder das Recht noch die Moral, einen eigenen Namen dafür zu prägen, nötig fand. Ich will den Ring nur ein paar Tage aufheben und ihn dann wieder in die Hand der Königin legen. — Der Ring besaß eine geheime Zauberkraft: solange ihn Fastrada am Finger trug, war sie der glühendsten Liebe Karls gewiß, hätte aber ein anderer den Ring genommen, so würde des Königs Liebe auch dem neuen Träger des Ringes nachgezogen sein."

Riehl führt in seiner anmutigen Novelle „König Karl und Morolf" dann weiter an, wie Edmund den Ring in einem Baume verbarg; und ihn später der Gisela, Tochter des Rouding, schenkte, auf daß sie ihn der Königin zurückbringe und sich deren Wohlwollen erwerbe. Was dann auch geschehen.

6. Großes Aufsehen erregte 1785 die Halsbandgeschichte der Gräfin Lamothe in Paris.

Die Gräfin, unterrichtet, daß der Kardinal Prinz Rohan, der bei Hofe in Ungnade gefallen war, um jeden Preis die Gunst der Königin Marie Antoinette wieder zu erhalten suchte, stahl sich in sein Vertrauen und versicherte ihm, daß sie ihm die Gnade der Königin zurückverschaffen könne; dieselbe wünsche ein Halsband von Diamanten zu besitzen, das bei den Juwelieren Böhmer und Bassenge feil, aber für sie wegen des Preises von beinahe 2 Millionen Franken nicht käuflich sei. Der Kardinal kaufte das Halsband, übergab es der Gräfin, und eine gewisse Oliva, ein öffentliches Mädchen des Palais Royal, spielte im Garten zu Versailles die Königin, mit der sie einige Ähnlichkeit hatte. Die flüchtigen Worte, durch die sie den Kardinal ihrer Zufriedenheit versicherte, bestärkten diesen in dem Glauben, daß er der Königin Huld wiedergewonnen habe. Jetzt hatte die Gräfin nichts Eiligeres zu thun, als durch ihren Ehemann das Halsband verkaufen zu lassen. Als aber der in dem gefälschten Reverse der Königin, welchen der Kardinal den Juwelieren zur Sicherheit gegeben hatte, bestimmte Termin verstrich, ohne daß Zahlung erfolgte, so kam die Machination an den Tag, die Gräfin wurde gestäupt und des Landes verwiesen.

Welche Rechtsbegriffe sind aus der römischen Lehre von den Privatdelikten hier zur Anwendung zu bringen? Und welche Folgen würde das römische Recht mit den einzelnen deliktischen Handlungen verbunden haben?

XIX

1. Kann in nachstehenden Fällen gegen den Eigentümer des schädigenden Tieres ein Ersatzanspruch (und was für eine *actio*?) erhoben werden?

a) Eine bissige Bulldogge, welche ihr Eigentümer im Garten vor dem Hause frei umherlaufen läßt, fällt den in das Haus kommenden Briefträger an und verletzt ihn schwer.

b) Auf einer Gebirgswanderung wird ein Tourist, der an einer Herde vorbeigeht, von einer Kuh, die plötzlich auf ihn einspringt, umgerannt und beschädigt; das Tier war durch Insektenstiche unvermutet gereizt worden.

c) Als ein Geschäftsreisender über den Hof einer Holzhandlung nach deren Comptoir schritt, kam er — sei es aus Unvorsichtigkeit oder weil es ihm nicht möglich war, das Tier zu bemerken — der Hütte des Kettenhundes zu nahe und wurde von diesem gebissen.

d) Es begab sich einmal, daß ein Bauer auf seinem Esel Kartoffeln nach der Stadt brachte und solche dem Apotheker, dem er sie verkauft hatte, zuführte. Der Esel wurde an der Thüre festgebunden, während sein Herr die Erdäpfel nach dem Keller des Bestellers schaffte, dann aber von mutwilliger, unbekannter Hand gelöst. Er spazierte gemächlich in den Hof und trank ein am Kellereingange stehendes Gefäß mit Malvasier völlig leer.

e) Von einem abgefeimten Gauner wurde eine Dohle zum Stehlen von Goldsachen abgerichtet und vielfach wirklich dazu benutzt.

f) In Bern befindet sich an der Nydeckbrücke ein Bärenzwinger, worin in zwei durch eine Mauer getrennten Graben eine Anzahl von Bären seit alter Zeit ständig gehalten wird. Hier unternahm es ein Engländer, infolge einer Wette, auf jener schmalen Mauer hin und zurück zu gehen, ein Unterfangen, bei dem er denn auch richtig in den Zwinger hinabstürzte und von den Bären zerrissen wurde.

g) Der berühmte französische Satiriker Boileau-Despréaux wurde als Kind von einem fremden kalkuttischen Hahn angegriffen und an den Genitalien derartig verletzt, daß er zeitlebens an den Folgen zu leiden hatte.

2. Aus der in Oberhausen sich aufhaltenden Weidauerschen Menagerie entsprang ein Königstiger, welcher eine ganze Nacht sich im Freien herumtrieb, ein Schwein raubte und anderen Morgens bei der obrigkeitlich auf ihn eröffneten Jagd den Gendarmen Kalla schwer verwundete, während der Feuerwehrmann Darmstädter, auf einer Mauer stehend, durch einen ungeschickten Schuß erheblich verletzt wurde.

Von diesen beiden Personen wurde Weidauer, der Eigentümer der Menagerie, auf Schadensersatz belangt.

Er entgegnete: daß er keine Schuld an der Entweichung gehabt habe; — das Tier gehöre ihm auch gar nicht mehr, da es als wildes in die Freiheit gekommen wäre (§§ 12, 14—16 I. de R. D. 2, 1); — zudem sei der entsprungene Königstiger ganz unschädlich gewesen; er sei in jener Nacht an vielen Leuten so nahe und unschuldig vorbeigestrichen, daß man ihn allgemein für einen großen, gutmütigen Metzgerhund gehalten habe, und er habe so lange niemandem etwas zuleide gethan, bis man ihn verfolgte und thätlich angriff und ihn also in Notwehr versetzte; in jedem Falle würde er, Beklagter, die Bestie ohne Schaden wieder eingefangen haben, wenn Polizei und Feuerwehr nicht dazwischen gekommen wären. Übrigens sei er gütlich bereit, das erschossene Tier den Beschädigten einfach hinzugeben.

Replik der Kläger: In solchen Angelegenheiten sei gesteigerte Sorgfalt nötig, und müsse Beklagter unbedingt haften; — die natürliche Freiheit habe der Königstiger noch nicht erlangt gehabt; — aus dem letzten beklagtischen Einwande folge gerade, daß das Tier dann *contra naturam sui generis* gehandelt habe. Mit dem toten Tiere könnten sie, die Kläger, nichts anfangen.

Es ist der Rechtsfall zu begutachten und Urteil mit Gründen zu entwerfen.

3. Das Dienstmädchen eines Gastwirtes warf aus dem Fenster der im Erdgeschoß belegenen Wohnung einen Obstrest auf die Straße. Ein auf dem Bürgersteige des Weges daher kommender Tischlergeselle glitt über die Kerne aus und that einen Fall, bei dem er einen Beinbruch erlitt.

An wen kann er sich wegen der verausgabten Kurkosten im Betrage von 52 ℳ nach römischem Rechte halten?

XX

1. Regelung einer Erbschaft.

G. hat von X. und von Y. je 1000 ℳ und von Z. die Lieferung eines auf dem Grundstücke des G. zu erbauenden Pferdestalles zu fordern. G. stirbt am 26. Mai und hinterläßt zwei Brüder A. und B., welche am 3. Juni die Erbschaft antreten.

A. kommt am 14. Juni bei einem Eisenbahnunglück um, ohne Descendenten zu hinterlassen.

Nun nimmt B. die ganze Erbschaft an sich und überläßt sie um die runde Summe von 24000 ℳ dem C

Dieser kommt mit Z. überein, daß er ihn seiner Verpflichtung entlassen wolle, wenn Z. dem D., einem Schwager des C., sich vertragsmäßig verbindlich mache, einen gleichen Bau auf dem Gute des D. zu errichten. Welcher Vertrag auch zu stande kommt.

Die Forderung gegen Y. verschenkt C. an H. Dieser verkauft sie an J., welcher den Y. dem E. an Zahlungs Statt überweist. Zugleich verpfändet C. die von X. noch zu zahlende Schuld dem F.

Fragen:

a) Welche Gläubiger haben X., Y., Z. jetzt?
b) Welche Rechtsgeschäfte standen in obigen Thatbeständen in Frage? In was für Formalitäten mußten sie nach älterem, klassischem, justinianischem Rechte vorgenommen werden?
c) Welche *obligationes* und *actiones* waren jeweils begründet?
d) Wenn für die Schuldner X., Y., Z. je ein Bürge eingetreten war: haften diese Bürgen auch nach den angeführten rechtlichen Veränderungen noch?

2. Es hat G. gegen S. eine Darlehensforderung auf 300 ℳ, fällig in fünf Jahren. G. verkauft sie an C. Dieser überweist sie seinem Schwiegersohne B. als Mitgift; welcher dieselbe seinem Gläubiger A. als Pfand für eine Forderung bestellt, die er bei ihrer demnächstigen Fälligkeit nicht zu bezahlen im stande ist.

Nunmehr stirbt G. und wird von H. beerbt.

Wie würde ein römischer Jurist diese Verhältnisse rechtlich auseinander zu setzen haben, und zwar

a) im Zeitalter des Augustus;

b) nach Fertigstellung des Corpus iuris civilis?

3. A. ist dem B. 50 ℳ schuldig, und B. ebensoviel dem C. Sie kommen dahin überein, daß B. den A. seiner Schuld entläßt, dabei aber A. die Schuld des B. an C. zu zahlen übernimmt; womit C. einverstanden ist.

Dabei hatte A. nicht beachtet, daß ihm seinerseits eine Forderung von 25 ℳ gegen B. zustand, als die erwähnte Übereinkunft getroffen wurde.

Kann A. sich jetzt noch darauf berufen und die 25 ℳ auf die Forderung des C. aufrechnen?

4. Im 16. Jahrhundert lebte in der hessischen Stadt Alsfeld der Wollenweber Kulman Zan, ein wohlhabender und angesehener Mann. Er hatte von dem Schneider Konrad Sibold aus mehrjährigen Geschäften 460 Gulden 18 Albus zu fordern. Diese Forderung überließ er am 13. Mai 1557 dem Seilermeister Ulrich Bornfleck gegen Barzahlung einer Summe, die niemals genau bekannt geworden ist.

Bornfleck stand allgemein in dem Rufe, seine Kunden zu überteuern und in Geldgeschäften ein harter und rücksichtsloser Gläubiger zu sein. Als daher Sibold am Morgen des 14. Mai von einem Knechte des Kulman Zan zufällig von dem abgeschlossenen Handel erfuhr, verfügte er sich eilends zu diesem und flehte ihn an, ihn doch nicht völlig in die Hand des ihm auch persönlich verfeindeten Bornfleck fallen zu lassen; es sei ihm unmöglich, jetzt die ganze Summe zu beschaffen, aber er hoffe, in baldiger Zeit von einem Verwandten seiner Ehefrau etwas zu erben. Zan ließ sich erweichen und stellte dem Schuldner eine Urkunde aus, worin er ihm bescheinigte, 100 Gulden bar erhalten zu haben, mit 32 Gulden 9 Albus Gegenforderung des Sibold für gelieferte Waren aufzurechnen, 27 Gulden 9 Albus aber in freier Überlegung schenkungsweise zu erlassen. Mit Bornfleck, fügte er mündlich hinzu, wolle er sich schon auseinandersetzen.

Letzterer hatte aber ganz andere Absichten. Er meldete sich

am 18. Mai bei Konrad Sibold; zeigte ihm das Dokument über die geschehene Abtretung vom 13. Mai und forderte sein Geld, indem er das Abkommen vom 14. Mai in nichts gelten lassen wollte.

Sie konnten sich nicht einigen. Am 31. Mai fiel an Sibold die Erbschaft des ihm verschwägerten Henne Winckelmann, der sowohl von Kulman Zan 42 Gulden 10 Albus, als von Ulrich Bornfleck noch 67 Gulden 16 Albus zu fordern hatte. Auch entdeckte jetzt Sibold, daß er von seinem alten Gläubiger Zan aus Verkäufen noch 10 Gulden, versehentlich beiderseits übersehen, zu fordern habe.

Wie viel hatte nun Konrad Sibold an den Ulrich Bornfleck rechter Weise bar zu zahlen?

(1 Gulden = 30 Albus = 171 heutige Reichspfennige.)

XXI

1. Von welchen Endigungsgründen der Obligationen ist in folgenden Thatbeständen die Rede?

a) Ein Vater berichtigt die Schulden seines großjährigen Sohnes.

b) Von einem Schuldner wird Erfüllung angeboten, der Gläubiger verweigert die Annahme, indem er von einer noch zu tilgenden Verpflichtung gegen den anbietenden Schuldner befreit sein will.

c) Der A. hatte von N. an rückständigem Kaufgelde noch 240 ℳ am 1. Oktober zu fordern. Nun kommen sie brieflich überein, daß der in Nierstein wohnende Schuldner ein Hektoliter 1893er Niersteiner Ölberg liefern und die Zahlung in bar unterbleiben, vielmehr beide damit zufrieden sein sollen.

d) Ein Landwirt stand wegen eines Pferdes in Kaufunterhandlungen. Als er bei einer Besichtigung das Tier streichelte und klopfte, schlug es plötzlich aus und verwundete den Kauflustigen. Nachmals kauft dieser es doch.

e) Man sendet einem Gläubiger, der 4 ℳ zu forden hat, den Betrag in Briefmarken ein.

f) Ein Kaufmann geriet in Zahlungsverlegenheit. Er wendete sich an seine Gläubiger mit der Aufforderung, sie möchten gegen Berichtigung einer gleichmäßig bemessenen Quote ihrer Forderungen auf den Rest verzichten. Sämtliche Gläubiger unterzeichneten Schriftstücke eines jener Aufforderung entsprechenden Inhaltes.

g) X. hat von Y. noch Geld zu fordern. Y., der in zerrütteten Vermögensverhältnissen lebt, erklärt dem X., daß sein Verwandter Z. statt seiner die Schuld bezahlen werde. X. ist damit einverstanden, und es kommt eine dem entsprechende Einigung unter den Dreien zu stande.

h) Gegen eine Darlehensklage wandte der Beklagte ein, daß er dem Gläubiger Fuhren geleistet und nach Leistung derselben mit ihm mündlich verabredet habe, als Entgelt für die geleisteten Fuhren sollten die 600 ℳ Darlehen verrechnet werden.

2. In welcher Art und Weise findet nachstehend die Tilgung der betreffenden Obligation statt?

a) Es erhebt jemand Klage aus einem Schenkungsvertrage; er wird aber damit rechtskräftig abgewiesen.

b) Bei Eröffnung eines Testamentes findet sich die Verfügung, daß der jetzt Verstorbene letztwillig dem einen seiner Schuldner das vermacht hat, was dieser ihm schuldig war.

c) Ein Gläubiger verabredet mit seinem Schuldner, dessen Forderung an einen Dritten er berichtigen will, daß jener hierauf seine Schuld an ihn abrechne und diese insoweit durch gegenseitige Anrechnung zwischen ihnen beiden getilgt werde.

d) M. stellt dem N. folgende Quittung aus:

„Ich Endesunterzeichneter bekenne, daß mir mein Bruder N. alles, was ich an Erbteil von ihm zu fordern habe, richtig ausbezahlt hat, und verzichte hiermit auf jegliche Forderung.“

In der That war der fragliche Erbteil nicht bezahlt worden.

3. Welches ist die rechtliche Wirkung der kommenden Zahlungen?

a) Der Vormund bezahlt eine Schuld des Mündels.

b) Ein Schuldner des Mündels liefert diesem das schuldige Geld ab.

c) Man bezahlt eine rückständige Kaufschuld dem Darlehensgläubiger seines Gläubigers.

d) Es wird einem Weinreisenden, der sich durch Vollmacht legitimiert hat, der Betrag der letzterhaltenen Sendung ausgehändigt.

e) Eine Dame spielt in der Lotterie und sendet rechtzeitig die fällige Rate ihres Einsatzes an den Kollekteur durch Postanweisung, vergißt aber, ihren, der Absenderin, Namen dabei anzugeben.

f) Der A. zahlt die fällige Schuld seines abwesenden Freundes B., obgleich dieser ihm verboten hatte, die, an sich richtig stehende, Schuld zu berichtigen.

g) Laut Kodizill war C. verpflichtet, dem X. eine bestimmte Summe als Vermächtnis zu zahlen. Statt dessen bezahlt es der Miterbe D., in dem irrigen Glauben, seinerseits dazu verbunden zu sein.

4. Da Sancho Pansa — nach der Erzählung des Cervantes — Statthalter von Barateria geworden war, entstand vor ihm ein Rechtsstreit wegen eines Darlehens von 10 Thalern, das der Geber einklagte, indessen der Empfänger zu schwören bereit war, daß er jenem das Geld wiedergegeben und er ihn in der That und Wahrheit bezahlt habe. Und weil der Kläger mit der Eidesleistung einverstanden war, so schwur der andere: er habe die Thaler aus seiner Hand in die des Gläubigers zurückgegeben, der nur aus Unachtsamkeit sie hin und wieder nochmals von ihm verlangt habe.

Es hatte aber der Schwörende vor der Eidesleistung einen breiten Rohrstock, auf den er sich stützte, seinem Gegner, um ihn zu halten, in die Hand gegeben; und in diesem Stocke, den er nun wieder in Empfang nahm, waren 10 Goldthaler verborgen gewesen.

War eine juristisch wirksame *solutio* vorhanden gewesen; und warum oder warum nicht?

5. Der Kaufmann U. verkehrte bis Ende vorigen Jahres in dem X.'schen Restaurant, bei dessen Inhaber er im Dezember bei Zahlung der Zeche eines Tages einen Pfennig schuldig blieb. Infolge eines Streites zwischen Wirt und Gast blieb der letztere aus dem Lokal fort, und aus Ärger darüber sandte der Restaurateur am 1. Januar dem U. einen eingeschriebenen Brief, worin er um Zahlung des schuldig gebliebenen Pfennigs ersuchte. U. sandte sofort diesen Betrag durch Postanweisung an den Gläubiger. Der aber verweigerte die Annahme, weil U. das Bestellgeld mit 5 ₰ und 25 ₰ Porto für den eingeschriebenen Brief einzuzahlen unterlassen hatte.

Nunmehr hat X den Klageweg beschritten.

Wie wird dieser Rechtsstreit richtiger Weise zu enden haben?

Kommt vielleicht l. 4 D. de in integrum restitutionibus (4, 1) in Betracht? Oder l. 9 § 5 — l. 11 pr. D. de dolo malo (4, 3)? Oder l. 54 D. de C. E. (18, 1)?

6. Musaeus erzählt in seinen „Legenden vom Rübezahl", wie ein armer Bauer Namens Veit, durch seine Gläubiger hart bedrängt und von seinen Verwandten gänzlich im Stiche gelassen, die Hülfe Rübezahls angerufen und von diesem gegen einen Schuldbrief 100 Thaler als zinsbares Darlehen auf drei Jahre erhalten habe.

Am Zahlungstage stellte sich Veit pünktlich mit dem Gelde an der Höhle im Gebirge ein, wo er damals den Geist angetroffen. Doch dieser ließ sich weder hören noch sehen und erschien auf kein Rufen.

Betrübt trat Veit den Rückweg an. Da erhob sich vom Walde her ein wirbelnder Wind, der unter den Blättern, womit er spielte, auch ein Papier wehend vor sich hertrieb. Veits Knabe haschte es und brachte es dem Vater. Als dieser das zusammengerollte Papier aufschlug, um zu sehen, was es wäre, fand er, daß es der Schuldbrief war, den er an den Berggeist ausgestellt hatte, von oben herein zerrissen, und unten stand geschrieben: Zu Dank bezahlt.

Was für einen Rechtsakt hatte hier Rübezahl vorgenommen? In welcher Form hätte das nach römischem Rechte geschehen müssen? Welche rechtliche Wirkung knüpft sich daran?

Cf. l. 2 § 1 D. de pactis (2, 14); — l. 24 D. de probationibus et praesumptionibus (22, 3).

7. Ein Mieter wurde angeklagt, weil er heimlich seine Sachen aus dem Gewahrsam des Vermieters weggenommen, der sie wegen rückständigen Mietgeldes zurückbehalten hatte (St.G.B. § 289). Er wandte ein, daß er aus Darlehen eine Gegenforderung gegen den Vermieter habe, durch welche seine Mietschuld völlig gedeckt sei.

Wie hat das Gericht zu erkennen?

8. Welche Rechtsfolgen treten bei folgenden Thatbeständen ein?

a) Gläubiger und Schuldner sterben und werden der erstere von M., der zweite von M. und N. beerbt.

b) Für einen Schuldner S. hat sich B. dem Gläubiger G. gegenüber verbürgt. Es stirbt B. und wird von G. beerbt.

c) Es war für den S. außer dem B. noch C. als Bürge eingetreten; und dieser beerbt nun zusammen mit G. den B.

d) In dem gleichen Falle, wie unter c), traf der eine Bürge B. mit G. ein Abkommen, wonach G. dem B. gegen gewisse Leistungen seine Forderung an S. cedierte.

9. Wie steht es mit rechtlicher Natur und Wirksamkeit dieser Verabredungen?

a) Der Gläubiger A. durchstreicht die bisherige Unterschrift einer ihm zustehenden Schuldurkunde in Gegenwart des Ausstellers B. und eines Fremden namens C.; und letzterer setzt gemäß vorheriger Abrede seinen Namen an die Stelle des B.

b) Zwischen Gläubiger und Schuldner fand nach geleisteten Abschlagszahlungen eine Abrechnung statt, wobei sich ein Schuldrest ergab, auf den der Schuldner eine neue Schuldurkunde gegen Rückgabe und Vernichtung der alten ausstellte.

c) R. und S. vereinbaren, daß S. anstatt des aus einem Darlehen geschuldeten Geldes demnächst Feldarbeiten auf dem Gute des R. übernehmen und erledigen solle. Ehe das geschieht, beschließen sie auf das Neue, daß der eben erwähnte Vertrag wieder aufgehoben sein soll.

d) Durch Übereinkunft zwischen dem P. M. und der A. S. wurde das zwischen ihnen früher geschlossene Eheverlöbnis als ungültig wieder aufgehoben; dabei machte sich P. M. verbindlich, daß er der A. S. als Entschädigung 2500 ℳ bezahlen werde.

10. Die Kaufleute Ungerer und Rieckher standen bezüglich ihrer Handelsgeschäfte in laufender Rechnung. Bei Abschluß des Kontokorrentes ergab sich zu gunsten des Ungerer ein Saldo von 3600 ℳ, für welchen sich der Schwiegervater des Rieckher, der Schiffer Gervig, verbürgte.

Als Gervig später wegen Insolvenz seines Schwiegersohnes von Ungerer verklagt wurde, machte sein Anwalt geltend, daß Gervig nicht mehr hafte, weil nach der Verbürgung die beiden Kaufleute weiterhin in Geschäftsverbindung verblieben seien; dabei sei jener Saldo in die später laufende Rechnung übertragen worden und hierdurch die alte Verbindlichkeit aufgehoben und eine neue an die Stelle getreten.

Quid iuris?

XXII

1. Von welchen juristischen Begriffen ist im folgenden die Rede?

a) Man erzählt von Anselm Rothschild in Frankfurt a. M., daß er seinem nach Berlin zu einem Winteraufenthalt reisenden Sohne eine Anweisung an seinen dortigen Geschäftsfreund „auf unbegrenzten Kredit“ mitgegeben. Als aber der junge Rothschild stets gesteigerte, ungeheuere Summen zur Deckung von Spielverlusten gefordert, so habe das Berliner Haus ihn hingehalten und zuvor in Frankfurt angefragt. Worauf der alte Anselm persönlich in Berlin erschien, jenem Hause wegen der Nichtachtung der gegebenen Anweisung alle weitere Verbindung kündigte, seinen Sohn freilich unter den geflügelten Worten mit sich nahm: „Rothschild kann sich alles erlauben, zu spielen aber nicht.“

b) Ein Gutsverwalter war in mißliche Verhältnisse geraten. Sein Sohn machte sich dem Hauptgläubiger gegenüber verbindlich, den Schuldenrest, wie dieser in der Schlußrechnung des Gläubigers mit seinem Vater werde festgesetzt werden, zu berichtigen.

c) B. hatte unter einen Schuldschein geschrieben: Für die obige Schuld des S. an G. übernehme ich volle Garantie, jedoch nur auf die Dauer eines Jahres.

d) X. versprach dem Y.: Wofern Dir Z. die schuldigen 500 ℳ nicht pünktlich bezahlt, werde ich Dir mein Reitpferd geben.

e) Die M. kauft Waren von P. auf Borg, um sie ihrem Bruder Q. zu geben, welcher bei P. keinen Kredit genießt, jedoch verspricht, ihr, der M., am Zahltage das Geld zur Verfügung zu stellen.

f) Der G. cediert dem C. eine Forderung an den S. und garantiert dabei, daß S. pünktlich zahlen werde.

g) Ein Reisender wird von einem Geschäftshause engagiert. Sein Vater macht sich anheischig, für alle etwa dem Hause aus der Geschäftsthätigkeit seines Sohnes erwachsenden Ansprüche voll einzustehen.

2. S. möchte von G. Geld aufnehmen und erbietet sich, seinen Bruder A. als Bürgen zu stellen. Der G. will aber mit A. nichts zu thun haben und ist deshalb nur geneigt, dem S. den Kredit zu bewilligen, wenn B. für den S. Sicherheit übernimmt.

Darauf bereden A. und S. den B., solches zu thun, indem A. ihm Schadloshaltung im Falle der späteren Insolvenz des S. verspricht.

Hiernach kommen die vorgesehenen Geschäfte zu stande.

Welche Rechtsverhältnisse und *actiones* sind begründet?

3. Wie unterscheidet sich der in Schillers „Bürgschaft“ behandelte Thatbestand von den verschiedenen Arten der Verbürgung des römischen Obligationenrechtes?

4. Suetonius erzählt von der Fürsorge des Kaisers Claudius zur Zeit einer in Rom herrschenden Hungersnot und berichtet dabei von verschiedenen Mitteln, die er zur Hebung der Getreideeinfuhr ergriff; im besonderen wurden den Erbauern von Transportschiffen direkte Vorteile versprochen und mit Getreidehändlern besondere Verträge abgeschlossen, deren Inhalt der Historiker dahin wiedergiebt: „nam et negotiatoribus certa lucra proposuit, suscepto in se damno, si cui quid per tempestates accidisset.“

Welche begriffliche Abweichung ist in einer solchen *promissio indemnitatis* (cf. l. 8 § 1 D. ad S.C. Velleianum 16, 1) gegenüber der *fideiussio* und den anderen Arten der Verpflichtung eines Bürgen gegeben?

5. E. hat sich für eine Darlehensschuld seines Bruders F. bei G. verbürgt. Von G. auf Zahlung belangt, schützt E. vor, daß F. zur Zeit der Eingehung der Darlehensschuld sich noch in der Gewalt ihres gemeinsamen Vaters befunden habe. G. erwidert, daß F. nach erfolgtem Austritte aus der *patria potestas* die Darlehensschuld anerkannt habe.

Wie ist begründetermaßen zu entscheiden?

L. 9 § 3 D. de S.C. Macedoniano (14, 6); — § 5 I. 3, 20; — l. 19 D. de exceptionibus (44, 1).

6. Zwei Brüder kaufen zusammen eine Sache für 200 *M* und bleiben das Kaufgeld schuldig, indem sie sich einer für des andern Schuld verbürgen.

Fragen:

a) In welcher Art kommen hier die verschiedenen Rechtswohlwohlthaten der Bürgen in Betracht?
b) Wie wäre es, wenn in solcher Weise zwei Schwestern aufgetreten wären?
c) Oder, falls Bruder und Schwester, wie angegeben, verfahren hätten?
d) Oder, wenn es drei Brüder (— oder Schwestern, — oder gemischt) gewesen wären?

Drittes Buch.

Sachenrecht.

XXIII

1. Der Mieter M. pflanzt Rosen in dem zu seiner Wohnung gehörigen Garten des V. Da M. nach Ablauf des Mietvertrages die Stadt verlassen will, so schenkt er diese Rosen seinem Freunde O.

Wie steht es mit dem Eigentumsrechte an jenen Rosenstämmen? Und wie mit den obligatorischen Ansprüchen, die hier zur Erwägung gezogen werden können?

2. Ein Gutsbesitzer hat in formloser mündlicher Beredung einem Holzhändler eine Partie stehender Bäume verkauft, die der Erwerber selbst schlagen und abholen lassen soll.

Ist dieses als ein Vertrag über bewegliche oder über unbewegliche Sachen zu behandeln?

3. Nach der Erzählung des Dionysius Halicarnassensis sollen im Jahre 298 p. u. c. zwei Plebejer am Aventin in Rom zusammen ein Haus gebaut und dann nach Stockwerken unter sich verteilt haben.

Wie war dieses Rechtsverhältnis aufzufassen und durchzuführen?

---

4. Drei Fischer hatten am Stenderupper Strande in Holstein an der Ostseeküste drei Aalwehren seit Menschengedenken in Benutzung gehabt. Als nun ein vierter Fischer begann, ähnliche Aalwehren dort anzulegen, so klagten jene drei auf Untersagung der Ausführung dieses Planes, da sie für den Aalfang die ausschließliche Nutzungsbefugnis jenes Teiles des Meeres erworben hätten.

Wie ist hierüber zu befinden?

5. Der Küfer einer großen Weinhandlung hatte aus Rachsucht, wegen Dienstentlassung, mehrere große Fässer edlen Weines angebohrt, so daß der Wein auslief, den Keller überschwemmte und auf die Straße floß. Vorübergehende brachten von diesem *vinum profluens* sich einiges in Sicherheit.

Hatten sie sich fremdes Gut zugeeignet?

6. Ein Landpfarrer klagt einem befreundeten Juristen, daß die Bauern des Dorfes sich gern beikommen ließen, zu feldwirtschaftlichen Zwecken über den Kirchhof zu fahren. Er fragt: ob (unter Zugrundelegung der Bestimmungen des römischen Rechtes) diese freie Benutzung des befriedeten Ortes jedem gestattet sei, oder ob jemand, und wer, befugt sei, hiergegen Einsprache zu erheben?

7. X. hat von der Gemeinde G. ein Erbbegräbnis gekauft. Irrtümlich wird eine andere Person darin beerdigt.

Kann X. Wegnahme verlangen? Welche *actio* kommt in Frage?

8. In der Schweiz war es bisher an vielen Orten üblich, daß zu Gesangsvorträgen bei Sängerfesten die Kirche benutzt wurde, da in der Regel sie allein den nötigen Raum bietet. Die katholischen Kirchenbehörden haben jetzt diesen Gebrauch untersagt, und darüber ist es vielfach zu Zwistigkeiten gekommen. So auch in Reiden (Kanton Luzern), woselbst Pfarrer Thüring das Verbot damit rechtfertigte, daß er ausführte, die Kirche gehöre weder der Gemeinde noch der Regierung, sondern sei das alleinige Eigentum Gottes. Bei diesen Worten wurde hinten in der bewegten Versammlung die halb unterdrückte Stimme eines Bäuerleins vom Reidener Moos laut, welches meinte: „Chönnt mer ächt da die amtlich Fertigung au gseh?“ (Könnte man vielleicht die amtliche Beglaubigung auch sehen?)

Wie ist über diese Streitsache nach §§ 7, 8 I. 2, 1 zu urteilen?

XXIV

1. Wie steht es in folgenden Fällen mit Erwerb und Verlust des Eigentumes?

a) A. schließt mit B. brieflich einen Kaufvertrag über einen Rappen ab, den er früher bei B. gesehen. Da er Gelegenheit hat, denselben an C. weiterzuveräußern, so schreibt er, unter Übersendung des Kaufpreises, an B., daß er das Pferd an C. senden möge, der es zunächst zur Probe reiten und es dann zunächst an B. wieder zurückgeben solle. B. giebt dem C. Nachricht, daß er ihm das Tier schicken werde und läßt den Rappen darauf auf der Bahn verladen.

b) Von einer größeren Menge in Fässern lagernden Fettes hatte ein Kaufmann 200 Fässer an einen anderen Kaufmann auf Kredit verkauft und diesem geschrieben, daß er die 200 Fässer für ihn auf Lager nehme. Unmittelbar darauf brach über das Vermögen des Verkäufers der Konkurs aus.

c) Der Chef eines Handlungshauses, das an eine andere Firma 300 Säcke Reis verkauft hatte, ließ der Erwerberin die Schlüssel zum Magazin einhändigen, um sich die 300 Säcke, die in einem besonderen Raume ausgeschieden lagerten, selber zu holen, wann und wie es ihr passe. Die Käuferin ließ durch ihre Leute alsbald 50 Säcke abholen, nach drei Tagen weitere 100 Säcke; der Rest blieb einstweilen bis zur Zahlung des Kaufpreises liegen, nach welcher wieder 50 Säcke abgeholt wurden.

d) Die norwegische Barke „Elsa Anderson“ brachte vor kurzem das Wrack einer englischen Brigg ein, die vor langen Jahren untergegangen war. Ein unterseeisches Erdbeben bei den

Faröern hatte die Brigg wieder an die Oberfläche des Meeres gebracht. Der Rumpf des Schiffes war mit Seemuscheln bedeckt. In der Kapitänskajüte fand man mehrere eiserne Kisten. Die darin befindlichen Schriftstücke waren breiartig geworden bis auf einen ledernen Sack. Dieser war so hart, daß man ihn mit einer Axt aufschlagen mußte. In dem Sacke befanden sich etwa 1000 englische Sovereigns vom Jahre 1809. Auch waren mehrere Uhren darin, die vom Seewasser natürlich völlig wertlos gemacht worden waren. Man fand in dem Schiffe außerdem drei Menschenskelette.

2. N. hat den lebenslänglichen Nießbrauch an dem Grundstück *abcd*, einem mit Obstbäumen bepflanzten Grasgarten und kleinem Steinbruch (bei *d*). Es gehört dem E. — N. überläßt unentgeltlich dem Landwirte L. das Heu, mit dem Bedinge, daß L. es selbst mähen und sich holen müsse. Zugleich tritt N. dem Handelsmann K. die demnächstige Obsternte gegen eine runde Summe ab. — L. mäht das Gras zwischen *hbefi* und läßt es zum Trocknen liegen. In der Nacht stirbt N.; sein Erbe ist H. — Es entsteht Streit, und es stellt sich heraus, daß der Abschnitt *efg* während des Nießbrauches des N. vom Flusse angeschwemmt ist.

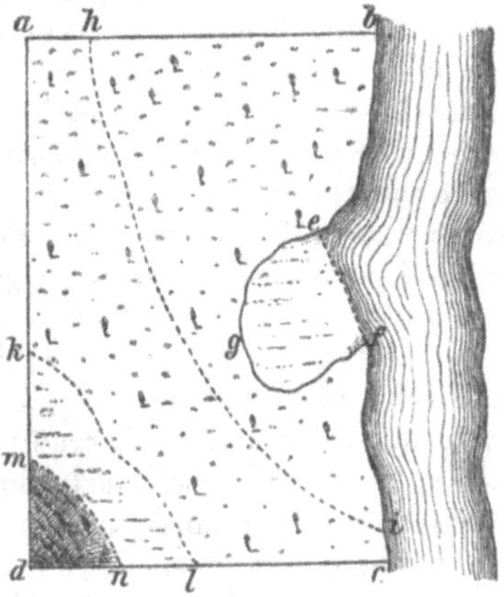

Fragen:

a) Wem gehört die Anschwemmung zu Eigentum?

b) Wer ist Eigentümer des Grases: *α*) des gemähten? *β*) des noch stehenden?

c) Wie steht es mit dem Obst: ist K. oder H. oder E. daran berechtigt?

d) Wie stände es, wenn bereits Obst durch den Wind gefallen wäre? oder von L. beim Mähen heimlich abgepflückt? oder von N. abgemacht worden wäre?

e) N. hat zwei Obstbäume gefällt; den einen auch in seine Wohnung schaffen lassen. Rechtsfolgen?

f) Der Steinbruch ist durch Benutzung des N. von *k l* auf *m n* zurückgegangen. E. beansprucht die Steine oder deren Wert. Mit Recht?

g) Bei *m* hatte der Arbeiter Y. in der Tiefe ein Metallkästchen entdeckt und seinen Genossen Z. darauf aufmerksam gemacht, der hinabkletterte und in jenem eine Menge alter in Kriegszeiten versteckter Münzen fand. Sie brachten es zu dem damals noch lebenden N., der es an sich nahm. Wer hat nun Anspruch auf den Fund?

3. „Hat *Titius* seine in Meissen gelegenen Weine, Kraft eines aufgerichteten *Instruments*, an *Cajum* käuflich überlassen, selbigem auch diese Weine abzuholen freygestellet; ist aber, ehe und bevor die Abholung geschehen mögen, von *Lucio* aus einem Wechsel-Brief belanget und bewogen worden, die annoch vorhandenen Weine dem *Lucio in solutum* abzutreten und desselben hierzu bestellten *mandatario* würcklich zu übergeben. Als aber nachgehends ein *Concursus creditorum* wider *Titium* entstanden, hat der ehemalige Käufer *Cajus arrest* auf die dem *Lucio in solutum* überlassenen Weine gesucht. Entstehet also die Frage, welchem unter diesen beyden letztern eigentlich die Weine zukommen?“

(Aus Leyser, Meditationes ad pandectas.)

4. Die Frau eines Herrn S. in Berlin war an der Lungenschwindsucht gestorben und sollte auf Wunsch des Arztes sofort nach der Leichenhalle übergeführt werden. Neben anderen Sarglieferanten meldete sich auch ein Tischler K., diesem zahlte S. im voraus 75 *M* für einen anzufertigenden Sarg. Pünktlich brachte K. den Sarg mit einem Gesellen auf einem Handwagen. Da trat der Gerichtsvollzieher M. auf offener Straße an das Fuhrwerk und pfändete den Sarg, obgleich K. angab, daß er ihm gar nicht mehr gehöre. S. nahm sofort den Sarg als sein Eigentum in Anspruch und zeigte dem M. die Quittung über den gekauften Sarg, wurde aber von M. mit dem Bemerken zurückgewiesen, daß der Sarg im Auftrage des Holzhändlers H. gepfändet werde und man des S. Eigentum nicht anerkennen könne.

Wer war nun Eigentümer des Sarges?

5. Ein in Bremen wohnender Kaufmann, der an der bremischen Grenze im Hannöverschen ein Gut besitzt, kommt mit seinen Nachbarn wegen einer Parzelle in Konflikt, für die im Grundbuche kein Eigentümer eingetragen war. Er beweist, daß er jenen Landstreifen vor etwa 14 Jahren gutgläubig gekauft habe, und daß das fragliche Terrain nur aus Irrtum von seinem Verwalter während der letzten 3 Jahre in den Händen der Nachbarn belassen worden sei. Die Nachbarn aber behaupten, daß das jetzt streitige Land immer ihnen, und nicht dem Verkäufer des Kaufmannes, gehört habe.

Wie verhält es sich nach römischem Rechte mit dem Eigentum an jenem Grundstücke?

Was wäre darüber zu bemerken, wenn in solcher Weise der preußische Fiskus jene Gutsnachbarn verklagt hätte?

6. Ein Papagei entkommt seinem Herrn, wird von diesem aufgegeben und fliegt in den Garten des Publius. Maevius, ein Freund des Publius, ist zufällig in dessen Garten und fängt den Papagei, und zwar in dem Garten des Nachbars Sallustius, jedoch auf einem Baume, dessen Stamm im Garten des Publius steht, dessen Zweige nur in den Garten des Sallustius hinüber hängen.

Wer hat den Papagei zu bekommen?

7. Vor einiger Zeit ereignete sich in Nordamerika ein Meteoritenfall. Der Meteorit fiel auf das Grundstück eines Farmers Namens Goddard nieder, ohne daß dieser jedoch etwas davon sah. Dagegen hatte ein Nachbar den Vorgang beobachtet und begab sich am nächsten Morgen an Ort und Stelle, um den Stein auszugraben. Dies gelang ihm, und er fand auch alsbald einen Käufer, der eine nicht geringe Summe dafür bezahlte. Als der Eigentümer des Feldes, auf dem der Meteorit niedergefallen war, von dem Verkaufe hörte, verlangte er die Herausgabe des Steines, den der Verkäufer gerade im Begriffe war, dem Käufer zuzuführen.

Wem kommt der Meteorit nach römischrechtlichen Grundsätzen als Eigentum zu?

Übrigens meldete sich auch der Fiskus und verlangte von dem glücklichen Eigentümer 40 % des Wertes, wegen Einführung fremden Eisens in das Gebiet der Vereinigten Staaten. Mit Fug?

8. *Vertrag wegen Ausführung von archäologischen Ausgrabungen auf dem Boden des alten Olympia. Vom 12./25. April 1874.*

„Die Kaiserlich deutsche und Königlich griechische Regierung haben, von dem Wunsche geleitet, auf dem Gebiete des alten Olympia in Griechenland gemeinschaftlich archäologische Ausgrabungen vorzunehmen, beschlossen, zu dem Behufe eine Konvention abzuschließen und sind über folgendes übereingekommen: . . .

Art. 5. Deutschland behält sich das Recht vor, in der Ebene von Olympia diejenigen Grundstücke zu bezeichnen, welche zu Ausgrabungen geeignet sind, die Arbeiter anzunehmen und zu entlassen, und alle Arbeiten sowohl im ganzen als im einzelnen zu leiten. (NB. Die fraglichen Grundstücke wurden teils von

Griechenland, teils von Deutschland erworben, zum Teil verblieben sie im Eigentum von Privatpersonen.)

Art. 6. Griechenland erwirbt das Eigentumsrecht an allen Erzeugnissen der alten Kunst und allen anderen Gegenständen, welche die Ausgrabungen zu Tage fördern werden. . .“

Wie würde — unter Zugrundelegung des römischen Rechtes — das Eigentumsrecht an den Ausgrabungen zu bestimmen gewesen sein, falls der angeführte Staatsvertrag hierüber nichts enthalten hätte?

9. Anfang des Jahres 1813, als Russen und Franzosen in der Mark hausten, vergrub der Bauer Lindenberg in Mehrow bei Alt-Landsberg sein Barvermögen, mehrere hundert Thaler, auf dem Hofe seines Grundstücks, um es den anrückenden Kosaken zu entziehen. Bald darauf erkrankte Lindenberg und starb infolge eines Schlaganfalls; er konnte seiner Witwe im Fieberdelirium nur noch die Mitteilung machen, daß er das Geld vergraben habe, ohne jedoch die Stelle anzugeben. So blieben die Nachforschungen, die zur Hebung des Schatzes angestellt wurden, vergeblich; wie oft auch Sohn und Enkel des Verstorbenen das Grundstück durchsuchten, sie vermochten das vergrabene Geld nicht wieder zu finden. Der letzte Lindenberg starb vor vier Jahren. Zwecks Erbschaftsteilung wurde das Bauerngut verkauft. Die Witwe machte damals den neuen Käufer darauf aufmerksam, daß der Schatz vergraben sei; auch er fand ihn nicht, bis jetzt, vor wenigen Wochen, der Backofen erneuert werden sollte. Beim Abtragen einer Mauer fand der neue Besitzer einen Topf, gefüllt mit mehreren hundert Thalern. Zwischen dem Besitzer des Grundstückes und den Lindenbergschen Erben ist nun ein Prozeß wegen Eigentumsrechtes des gefundenen Schatzes, der beim Amtsvorsteher deponiert ist, entstanden.

Welche Entscheidung ist zu treffen?

10. Ein äußerst seltenes und wertvolles Tier, ein Goldschwein, hatte vor kurzem ein Bauer in einem Dorfe bei Dessau erworben. Als der Käufer das wohlgenährte Tier eben nach Hause gebracht hatte und sich gerade damit beschäftigte, ihm Futter in den Trog zu schütten, sah er mit einem Male vor sich auf dem Boden und dicht hinter dem Schweine ein Zwanzigmarkstück glänzen. Der Bauer wollte seinen Augen nicht trauen. Er hob das Goldstück auf, untersuchte es genau, und siehe, es war wirklich echt. Am nächsten Morgen begab sich der glückliche Besitzer des Schweines schon in aller Frühe zu ihm und diesmal fand er auf der nämlichen Stelle wie der gestrigen zwei weitere

Goldstücke, alle mit der gleichen Jahreszahl 1872 versehen. Jetzt war der Mann außer sich vor Freude und Aufregung. Keine Minute wich er mehr von dem Wundertiere, welches ihn mit noch drei weiteren Goldstücken beschenkte; er erzählte das Wunder seinen Nachbarn, und bald hatte sich im ganzen Dorfe die Kunde hiervon verbreitet. Da aber nahm die Sache plötzlich eine weniger frohe Wendung. Der Verkäufer des Schweines stellte sich nämlich ein und forderte die gefundenen Goldstücke als sein Eigentum, indem er behauptete, daß die letzteren sowie noch vier andere Goldstücke, welche sich nebst einem Portemonnaie in dem — Magen des Tieres befinden müßten, den Preis einer von ihm verkauften Kuh darstellten.

Was war in diesem Falle Rechtens?

11. An der Saale hatten oberhalb der Rudelsburg in den letzten Jahren beim Gute Hohenau bedeutende Anschwemmungen stattgefunden. Dies Gut wurde verkauft und dem Käufer zu Eigentum übertragen.

Um jenen sog. Sandheger streiten sich nun: der Verkäufer als Erwerber jener Anschwemmung; der Käufer auf Grund des Eigentumes am Gute; ein Schiffsmann, der von der Anschwemmung Besitz ergriffen und dortselbst für sein Gewerbe Vorrichtungen getroffen hat; der weimarische Fiskus wegen der ihm über den Fluß zukommenden Hoheit.

Wer ist im Rechte?

12. Ist in nachstehenden Thatbeständen eine Änderung in den Eigentumsverhältnissen durch die fragliche bearbeitende Thätigkeit (§ 34 I. 2, 1) eingetreten?

a) Nach einer verbreiteten Erzählung soll Raphael zu dem Entwurfe seiner Madonna della Sedia durch eine auf einem Spaziergange beobachtete Gruppe eines ländlichen Familienlebens begeistert worden sein; er habe das Geschaute alsbald festhalten wollen und in Ermangelung anderen Materiales das allbekannte Bild auf dem Deckel eines dem dortigen Winzer gehörigen Fasses ohne weiteres in Angriff genommen und auf diesem das Gemälde dann ausgeführt.

b) Man setze den Fall, daß ein beliebiger Dritter auf einem solchen Faßdeckel eines andern eine grobe Karrikatur hingezeichnet habe.

c) Von einer Fabrik werden die zur Versendung gelangenden Fässer mit einer näher ausgeführten Marke der Firma mittels Schablonen gezeichnet. Aus Irrtum kommt das Bild dieser Fabrikmarke auf einige, dritten Personen gehörige Fässer.

d) Apelles suchte auf einer Reise die Bekanntschaft des Malers Protogenes auf Rhodus zu machen, traf diesen aber nicht zu Hause an. Auf die Frage der Sklavin nach seinem Namen ergriff Apelles einen Pinsel und zog mit diesem auf eine zum Bemalen bereit stehende Tafel eine Linie von äußerster Feinheit, als Angabe davon, wer dagewesen. Der heimkehrende Protogenes erkannte sofort die Meisterhand des Apelles; und zog mit einer anderen Farbe über jene Linie eine zweite noch feinere, also daß die Farbe der ersten über der seinigen zu beiden Seiten heraustrat. Da nun Apelles zum andernmal ihn vergeblich aufsuchte und die zweite Linie gewahrte, so zog er mit einer dritten Farbe einen weiteren Strich über die anderen, in einer Feinheit, daß die dritte Linie nun nicht mehr zu spalten war.

(Die große Tafel, die nichts anderes, als jene Linien enthielt, wurde im Altertume noch lange als Probe äußersten Geschickes in der Malkunst gezeigt; bis sie bei einem Brande vernichtet worden sein muß. — Plinius, Hist. nat. XXXV, 81—83.)

e) Von dem berühmten niederländischen Porträtmaler Hals wird erzählt, daß er, um über seine schlechten Vermögensverhältnisse den Vermieter, bei dem er wohnte, zu täuschen, die getünchten Wände des Schlafzimmers mit Bildern kostbarer Gewänder so naturgetreu bedeckt habe, daß jener lange Zeit den Maler im Besitze einer wertvollen Garderobe glaubte. Als die Sinnestäuschung an den Tag kam und Hals ausziehen mußte, so nahm er einen Tisch des Vermieters mit sich, da er das Möbelstück inzwischen mit fein ausgeführten Skizzen bemalt hatte.

XXV

1. X. übergiebt dem Y. ein Gemälde:

a) da Y. es als Geschenk erhalten soll;
b) um es dem X. während einer Reise desselben aufzuheben;
c) nachdem Y. sich als Bote des Käufers dieses Bildes legitimiert hat;
d) auf daß Y. eine Kopie davon anfertige;
e) weil Y. andere Bilder dagegen zu liefern versprochen hat;
f) damit Y. es gegen entsprechende Bezahlung einrahme;

g) indem X. der Direktor und Y. der Diener des städtischen Museums ist, und letzterer im Auftrage jenes das Gemälde verpacken und dem Spediteur zum Transporte für die in einer anderen Stadt veranstaltete Gemäldeausstellung übergeben soll;

h) mit der Beredung, daß Y. es als Pfand, zur Sicherheit für eine ihm gegen X. zustehende Geldforderung haben möge.

Fragen:

a) Welche Rechtsverhältnisse liegen vor?

b) Wie steht es in jedem einzelnen Falle mit dem Besitze des Gemäldes?

c) Wie mit dem Eigentume?

2. A. besucht seinen Freund B. Da es trübes Wetter ist, so leiht B. dem A. einen Überzieher und einen Regenschirm. A. läßt den Schirm an einem Postschalter, wo er Briefmarken gekauft, aus Vergeßlichkeit stehen. C. findet ihn und liefert ihn auf dem Polizeibureau (D.) ab. Dort wird der Schirm von E. gestohlen und dem Gastwirte F. für eine kleine Zechschuld in Versatz gegeben. F. verkauft ihn, nach fruchtloser Mahnung des E. auf Zahlung, an den G., bei dem der Schirm drei Jahre lang verbleibt.

Währenddessen hat A. jenen Überzieher durch den Dienstmann H. an B. zurückgeschickt. H. aber schenkt ihn aus Mitleid einem armen frierenden Menschen J. Da dieser nach einigen Tagen stirbt, nimmt sein alleiniger Bruder K. als Erbe mit ein paar Habseligkeiten auch den Überzieher an sich und verkauft ihn an L.

Was ist bei jedem Neueintreten einer der hier angenommenen Personen über Besitz und Eigentum an den fraglichen Gegenständen zu bemerken?

3. Von einem berüchtigten Pferdediebe erzählt Henneberg in seiner „preußischen Chronicke“: daß jener, da er einem Pfarrer sein Pferd stehlen wollte, sich als lahmer Bettler verkleidet und an der Straße, die der Pfarrer auf seiner Reise passieren mußte, im Graben niedergesetzt hatte; zwei Krücken, die er bei sich geführt, hatte er zuvor auf den Baum geworfen, unter dem er saß. „Da nun der Prediger ankam, so rief der listige Vogel: Ach lieber Herr! ich kann nicht fortkommen, denn zween böse Buben, so hier waren, haben aus Mutwillen mir meine beyden Krücken genommen und auf diesen Baum geworffen. Nun muß ich allhier verderben, denn ohne Krücken kann ich nicht gehen. Diese Klage machte den guten Prediger so treuhertzig, daß er von seinem Pferde stieg, dem vermeynten lahmen Manne die Zügel davon in die Hand gab, daß er es halten solte; er legete seinen Reit-Rock darauf und stieg auf den Baum, die Krücken herunter zu schmeissen. Da nun derselbe hinan gestiegen war, schwung sich der Dieb eiligst auf das Pferd, ritte schnell davon, und muste der Prediger betrübt zu Fusse gehen."

Welches Vergehens hatte sich jener Gauner nach unserem Rechte schuldig gemacht?

Diebstahl — St.G.B. § 242: „Wer eine fremde bewegliche Sache einem andern in der Absicht wegnimmt, dieselbe sich rechtswidrig zuzueignen . . ."

Unterschlagung — St.G.B. § 246: „Wer eine fremde bewegliche Sache, die er in Besitz oder Gewahrsam hat, sich rechtswidrig zueignet . . ."

4. Nach welchem Strafgesetze (s. die Citate in der vorigen Aufgabe) sind nachstehende Personen zu bestrafen?

a) Aus einem Handschuhladen hat die dort angestellte Verkäuferin Handschuhe beiseite geschafft und für sich verwendet.

b) Ein Bankier hat bei ihm deponierte Wertpapiere, die einzeln im besonderen Eigentume des Kunden verbleiben sollten, versilbert und den Erlös veruntreut.

c) Ein Privatmann in Halle a. S. erhält um die Weihnachtszeit von der Post Nachricht, daß für ihn eine Paket aus Paris angekommen sei, das er von der Zollbehörde, der es vorschriftsmäßig übergeben worden, gegen Erlegung der Zollgebühren sich abholen möge. Als er dort sich einfindet, wird ihm eröffnet, daß ein Zollbeamter mit anderen Wertstücken auch jenes angeführte entwendet und weggebracht habe.

d) Ein Ehemann hat das ihm von seiner Frau anvertraute Sondervermögen der letzteren gegen deren ausdrückliche Anordnung veräußert und es zur Bezahlung seiner persönlichen Schulden verwendet.

e) Gegen einen Förster wird Anklage erhoben, weil er aus dem ihm unterstellten Waldrevier unbefugterweise Holz geschlagen und in seinem Interesse verkauft hat.

5. Bei einem Picknick im Walde fing einer der Teilnehmer in seinem Übermute eine herumlaufende Henne, welche aus einem nahen Gehöfte entwichen war. Die Beute wurde geschlachtet, gebraten und frohgemut verzehrt.

War dieses wirklich eine ganz harmlose Sache; oder haben sich die Beteiligten nicht einer strafbaren Handlung schuldig gemacht?

6. Wie stand es mit Besitz und Eigentum an dem Ring des Polykrates: da der Tyrann das Kleinod den Erinnyen weihte und in das Meer warf; — dasselbe von einem Fische verschlungen wurde; — diesen ein Fischer fing; — der dem Fürsten den Fang zum Geschenk darbrachte; — worauf der Fisch der Küche übergeben wurde; — allwo der Koch (entweder ein Sklave oder ein freier Diener) in des Fisches Magen den Ring entdeckte; — und diesen seinem Herrn eiligst ablieferte?

XXVI

1. Welche juristischen Begriffe finden bei nachstehenden Berechtigungen Anwendung?

a) N. nimmt von seinem Nachbarn O. das „Hammerschlagsrecht" in Anspruch, vermöge dessen er die Befugnis habe, zum Zwecke von Ausbesserungen seiner an der Grenze errichteten Baulichkeiten das Grundstück des O. nach Bedarf zu betreten und von dort die erforderlichen Vorrichtungen vorzunehmen.

b) Bei einem Hausbau erlaubt der Nachbar, daß der Bauende Backsteine und Sand auf dem Hofe des ersteren niederlege, und die Maurer, soweit durch den Bau erfordert werde, jenen Hof betreten.

c) Den 20 Bauernhöfen eines Dorfes steht das Recht zu, aus der benachbarten standesherrlichen Waldung Brenn- und Bauholz in bestimmter Quantität zu beziehen. In einem strengen Winter erteilt die Fürstliche Kammer jenen Bezugsberechtigten die Erlaubnis, über jenes Quantum hinaus Holz von der Försterei sich anweisen zu lassen und abzufahren.

d) Ein Gutsbesitzer kommt mit einem Mühlenbesitzer in Streit, weil dieser das „Recht des Schaufelschlages" dahin in Anspruch nimmt, daß er den in seinem Mühlgraben von Zeit zu Zeit sich anhäufenden Sand und Schlamm auf des Gutsbesitzers, dem Mühlgraben entlang liegendes, Wiesengrundstück auswerfen dürfe.

e) A. bewilligt dem Besitzer des benachbarten Hofes B. die freie Durchfahrt durch seinen, des A., Hof käuflich dergestalt, daß „der Käufer samt seinen Erben und Erbnehmern" diese Befugnis frei nnd ungehindert zu genießen haben solle; — zugleich erlaubt er dem C., während der diesjährigen Heuernte mit seinen Wagen über das Grundstück des A. zu fahren; — und räumt dem D., einem in der Nähe wohnenden Müller. das Recht, über des A. Hof zu gehen, in der Weise ein, daß nicht bloß der Müller und seine Familie, sondern auch die Mahlgäste des D. den Fußpfad benützen dürfen.

f) Eine Gemeinde verpachtet die auf ihrer Flur ihr zustehende Jagd an Private. Darauf meldet sich der Besitzer des benachbarten Gutes und nimmt für dieses das Jagdrecht in der Gemeindewaldung in Anspruch.

2. Der Maurermeister Klaus trägt einen Rechtsanwalt folgendes vor:

Vor einigen Monaten kaufte ich von dem Kaufmanne Mehner einen Garten vor dem Steinthore, neben dem Grundstücke des Gärtners Irmig. Die beiden letztgenannten haben vor längeren Jahren für gemeinsame Kosten auf dem Grund und Boden des Irmig einen Brunnen gebaut, der nach vertragsmäßiger Bestimmung zum alleinigen und ausschließlichen Gebrauche für Mehner, namentlich zwecks Gartenbewässerung, bestimmt sein sollte; Mehner verzichtete dagegen auf eine ihm gegen Irmig zukommende Forderung.

Jetzt will Irmig nicht dulden, daß ich diesen Brunnen ebenso wie mein Vorgänger benutze, obgleich für den nach dem Brunnenbau erst angelegten Garten sonst woher aus der Nähe Wasser nicht beschafft werden kann.

Kann ich den Irmig wohl mit Erfolg verklagen?

3. Es bestellt jemand seinem Gutsnachbarn ein Triftrecht; dann will er aber selbst sein Vieh noch auf den betreffenden Wiesen weiden lassen.

Darf er das?

4. Der Architekt W. ist Eigentümer zweier nahe bei einander gebauter Häuser in Hamburg, von denen er das eine an den Agenten V. und gleichzeitig das andere an den Prokuristen U. verkauft. Das letztere Grundstück reicht bis zur Hausmauer des V. heran. Nun will U. nicht dulden, daß die nach dortigem Brauche auswärts zu öffnenden Fenster fernerhin in seine Luftsäule aufgestellt werden, sowie daß das Traufwasser vom Dache des V. so, wie seither, auf des U. Grundstück herabfalle; indessen sich V. darauf beruft, daß in ihren beiden mit W. abgeschlossenen Kaufverträgen sich die Klausel finde, daß er das betreffende Haus „im augenscheinlichen Zustande“ veräußere.

Welche juristischen Erwägungen sind hier maßgeblich? Und welcher der beiden Streitteile befindet sich nach der Lehre des Corpus Juris Civilis im Rechte?

5. Die Grundstücke des Blume und des Ließ stoßen aneinander; auf der Grenze liegt ein Brunnen in der Weise, daß die Grenzlinie in ihrer Verlängerung den größeren Teil des die Wassersäule einschließenden Mauerwerks dem Grundstücke des Blume, den kleineren Teil aber dem Besitztume des Ließ zuweist. Beide Nachbarn haben das für ihre Grundstücke nötige Wasser stets aus dem Brunnen geschöpft.

Fragen:

a) Wie ist dieser Sachverhalt juristisch zu bestimmen?
b) Welche Rechtsfolgen würden eintreten, wenn Blume sein Grundstück an einen Dritten veräußerte?
c) Würde es von rechtlichem Einflusse sein, wenn er es an zwei verschiedene Personen verkaufte?
d) Oder: falls er sich selbst einen, nicht an den Brunnen anstoßenden, Teil des Grundstückes zurückbehielte, zugleich mit dem Rechte, aus dem Brunnen weiter wie seither Wasser zu beziehen?

---

6. V. verkauft seinen schönen Park an K. und bedingt sich dabei aus:

a) Die Benutzung eines Fahrweges durch den Park nach seinem dahinter gelegenen Gute, das sonst von der Landstraße nur auf großem Umweg zu erreichen ist.
b) Die Befugnis, Rosen und andere Blumen zu Bouquets u. s. w. gelegentlich pflücken zu dürfen.
c) V. behält das Eigentum an der im künftigen Herbst zu erwartenden Obsternte.
d) Auf einem näher bestimmten Raume soll V. Bäume pflanzen und das von ihnen zu gewinnende Holz zum Bedarf seiner angrenzenden Liegenschaften beziehen dürfen.
e) An der Seite nach dem Hofe des V. zu dürfen keine Gebäude mit Fenstern nach jenem aufgeführt werden.
f) Dem V. wird das Recht eingeräumt, an bestimmter Stelle des Parks eine Laube zu seinem Gebrauche anzulegen.
g) An dem oberen Stockwerke des Aussicht bietenden Gartenpavillons soll dem V. das Eigentumsrecht verbleiben.

Es fragt sich;

a) Was liegt in den verschiedenen Fällen rechtlich vor?

b) Wie würde X., an den K. später den Park verkauft, jeweilig zu der Sache stehen?

c) Wie der Y., an welchen V. sein Gut nachmalig abtritt?

d) Wie deren Erben?

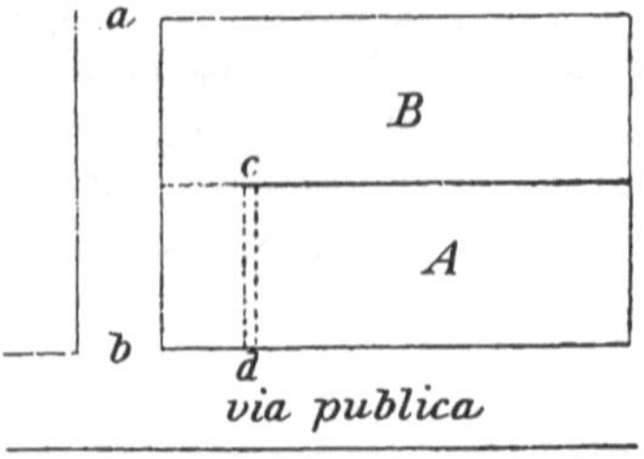

7. Die Gemeinde A. will den ihr gehörigen Feldweg *a—b* einziehen und gewährt deshalb dem damit einverstandenen B. ein Fahrtrecht über das ihr gehörige Grundstück von *c—d*.

A. verkauft später ihr Grundstück an C. Der B. stirbt und wird von D. beerbt, der den fraglichen Acker mit einer Hypothek belastet, bei deren zwangsweiser Durchführung derselbe versteigert und von E. erstanden wird.

Rechtsfolgen betreffs des Fahrtrechtes?

8. Wie würde in Nr. 7 die rechtliche Lage sich gestalten, wenn:

a) das hintere Grundstück in der Zwangsversteigerung von C. gekauft würde?

b) oder: E. nach dem Erwerbe des hinteren Grundstückes das vordere von C. pachtete?

c) oder umgekehrt: C. durch Pachtvertrag mit E. die Bewirtschaftung und Nutzung von dessen Grundstück erhielte?

9. Der Landwirt Vierhof hat seit etwa 12 Jahren einen über des Nachbars Boltz führenden Pfad als Reitweg benutzt und dies in dem Glauben, daß dieses dem Rechte entspreche, offen stets ausgeübt; da sie jetzt in Streit hierüber kommen, so meint er, daß ihm nach l. 10 pr. D. si servitus vindicetur (8, 5) das Recht nun zweifellos begründet sei.

Boltz dagegen macht geltend, daß eine solche Servitut überhaupt nicht möglich sei, da sich ein Reitrecht unter den vier ländlichen Grunddienstbarkeiten des römischen Rechtes nicht finde; und das mit Fug, weil eine derartige Befugnis nur eine persönliche Annehmlichkeit verleihen würde.

Wie ist begründet zu entscheiden?

XXVII

1. Die Kirche zu Ravenna bewilligte dem Präfekten Theodor Calliopa, der von 648—666 Exarch von Italien war, eine Emphyteusis an verschiedenen Grundstücken. Darüber wurden zwei Urkunden, eine von der Bestellerin, die zweite von dem Empfänger, ausgestellt, in welchen die Rechte und Pflichten beider Teile, soweit man aus den erhaltenen Resten der Instrumente schließen kann, genau ausgeführt waren.

(Cf. Spangenberg, Iuris Romani tabulae negotiorum sollemnium.)

Was für Festsetzungen mußten hiernach in jenen Urkunden enthalten sein?

2. Von einem in Emphyteusis hingegebenen Acker wird ein großes Stück von dem vorbeifließenden Strome abgerissen.

Wer trägt den Schaden?

Wie stände es, wenn das ganze fragliche Grundstück unterwühlt und fortgeschwemmt worden wäre?

3. Der A. hat das Eigentumsrecht an den Grundstücken *m* und *n*; an *n* ist von dem Großvater des A. dem B. eine Emphyteusis bestellt worden. Jetzt behauptet A. über *n* eine Fahrtgerechtigkeit zu gunsten von *m* durch Ersitzung erworben zu haben; — l. 10. pr. D. si serv. vind. (8, 5); l. 25 D. quemad. serv. am. (8, 6).

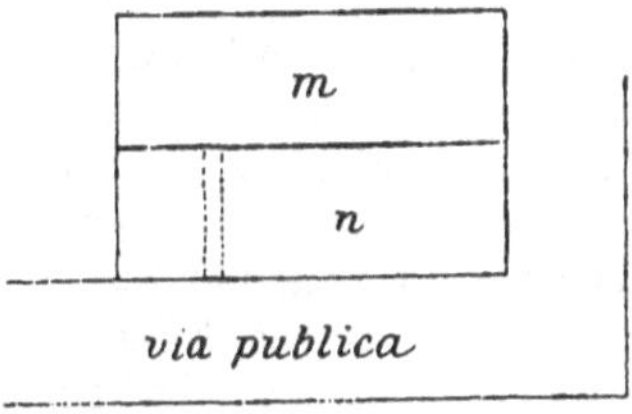

Der Erbe des B. bestreitet die rechtliche Zulässigkeit dieses Servituterwerbes wegen l. 26 D. de S. P. U. (8, 2).

Wer ist im Rechte?

4. Wie sind folgende Thatbestände nach römischem Rechte juristisch zu bestimmen?

a) Zwei Brüder, die einen Oheim gemeinsam beerbt haben, verabreden, daß sie das ihnen zugefallene Haus zusammen bewohnen wollen — der ältere das Erdgeschoß, der jüngere das erste Stockwerk.

b) Ein alter Bauer übergiebt seinem Sohne den Hof und behält sich lebenslänglich ein Einsitzrecht im Hause mit Stube, Kammer und Küche im Obergeschoß vor.

c) Im Erdgeschosse eines Kaufmannshauses befindet sich, dessen halbe Breite einnehmend, ein Gewölbe, welches in Geschäftsräume des anstoßenden Hauses ausmündet und von dessen Eigentümern seit Menschengedenken besessen und benutzt wurde.

d) Von einem Fuhrmanne wird die Benutzung eines benachbarten Pferdestalles gegen jährliches Entgelt ausbedungen; dabei verabredet, daß jeder Teil immer zum ersten eines Monates vier Wochen vorher soll kündigen dürfen.

e) Nach einem anderen Vertrage war die Verpachtung eines Gartens zum Betriebe der Handelsgärtnerei des Pachters auf 25 Jahre geschehen; und hatte der Verpachter seinen Mitkontrahenten verstattet, in dem Pachtgrundstücke auf seine, des Pachters, Kosten ein Gewächshaus, einen Treibkasten und ein Warmhaus zu erbauen.

5. Das Hotel „Zur Tulpe" in Halle a. S. stößt mit seinen Baulichkeiten an die Nordseite des zum dortigen Universitätsgebäude gehörigen Terrains. Mittels Vertrages vom 18. August 1871 gestattete die Universität dem Eigentümer der „Tulpe", den an die letztere angrenzenden Landstreifen in einer Breite von 15 Fuß mit einer geschlossenen Glashalle zu überbauen; der Universität wurde vorbehalten, das dem Nachbarn eingeräumte Bebauungsrecht jederzeit zu widerrufen und auf Beseitigung der fraglichen Anlage zu dringen.

Der Tulpenwirt machte sich verbindlich: a) In der zu erbauenden Glashalle keinerlei lärmende Vergnügungen zu veranstalten; auch von derselben keinen Ausgang nach dem Universitätsterrain anzulegen. b) Auf die Dauer des Verhältnisses der Universität einen Freitisch für einen bedürftigen Studierenden zur Disposition zu stellen und in der Weise und in dem Umfange zu gewähren, wie Universitäts-Freitische in den dazu bestellten Restaurants in Halle a. S. gewährt zu werden pflegen.

Fragen:

a) Wie ist das durch den mitgeteilten Vertrag zwischen den Kontrahenten begründete Rechtsverhältnis zu charakterisieren?

b) Wie steht es mit Eigentum und sonstigen dinglichen Rechten an der gemäß des Vertrages nun erbauten Glashalle?

c) Wie wäre nach römischem Rechte zu befinden, wenn ein Dritter die Glashalle beschädigen sollte?

d) Welches ist im besonderen die Rechtslage in Ansehung des Freitisches?

XXVIII

1. Von welchen Rechtseinrichtungen im Sinne des römischen Rechtes ist nachstehend Gebrauch gemacht?

a) Eine Witwe borgt Geld und giebt als Sicherheit dem Gläubiger einen Schmuck.
b) Der Maurermeister Hübschmann übernimmt es, dem Direktor Alban auf einem diesem gehörigen Grundstücke eine Villa zu erbauen und nach genauem Voranschlage von 33 000 ℳ an einem bestimmten Tage abzuliefern. Alban verspricht, ihm alsdann zur Sicherheit für das genannte, zu 4 $^0/_0$ verzinsliche Kapital ein Pfandrecht auf dem Hause zu bestellen.
c) A. erhält von S. ein Pfandrecht an verschiedenen Waren, die mit anderen im Magazine des M. lagern. Dann verpfändet S. dem B. den gesamten Warenbestand in jenem Magazin; und B. erhält die Schlüssel dazu.
d) Von einem Bauern wird einem Geldverleiher als Sicherheit für aufgelaufene Schulden eine Kuh zu Eigentum übergeben, mit der Beredung, daß sie dem Bauern gegen Entgelt vermietet sein solle und bei Zahlung der Schuld an den Schuldner zurückzufallen habe.
e) Ein Student versetzt für ein Darlehen seine Legitimationskarte oder sein Anmeldebuch.
f) Bei einer Weinsendung von 50 Litern bringt der Verkäufer das Faß mit 4 ℳ in Anrechnung; bei pünktlicher Rücksendung desselben in gutem Zustande und geschwefelt vergütet er die 4 ℳ zurück.
g) Von fünf Geschwistern, welche das geerbte väterliche Haus gemeinsam bewohnen, verpfändet der eine seinen Anteil.

2. Der Pfandschuldner S. verkauft die Sache, an der er dem G. eine Hypothek bestellt hatte, dem K., dieser ebenso nach einiger Zeit dem N. Bei Fälligkeit der Schuld sind S. und N. nicht bei Kasse.

Wie kann G. zu seinem Rechte kommen?

3. Wenn ein Hypothekengläubiger die Pfandsache zwangsweise zum Verkaufe bringen will, muß er
a) die über die Sache abgeschlossenen Miet- und Pachtverträge,
b) eine daran bestehende Servitut,
c) ein anderes an ihr begründetes Pfandrecht
respektieren und hinter diesen zurücktreten?

4. Als der Jurist Roffredus Beneventanus im Jahre 1215 einen „arbor actionum" herausgab, warf er in dem Abschnitte: De forma libelli in actione hypothecaria — die Frage auf, an contra possessorem alternative ut vel debitum solvat vel pignus tradat recte instituatur?

Die Frage ist in Litteratur und Praxis niemals ganz einhellig entschieden worden.

Welches ist im Sinne des römischen Rechtes die begründete Auskunft?

5. Die Athener besaßen eine offizielle Handschrift der bei ihnen aufzuführenden Tragödien. Diese staatliche Handschrift ließ sich ein Ptolemäer nach Egypten kommen, wobei er eine Garantiesumme hinterlegte. Er ließ eine Abschrift von jener fertigen, sandte diese Kopie nach Athen zurück, behielt das Original und verzichtete auf die Garantiesumme.

(Galenus, Comment. ad Hippocrat. XVII p. 607 [ed. Kühn].)

Wie sind die hier fraglichen Rechtsverhältnisse juristisch zu konstruieren? Ist es dabei von Belang, ob der Ptolemäer eine Summe Geldes oder etwa einen wertvollen Sklaven zur Sicherheit hingegeben hätte?

Viertes Buch.

Familienrecht.

XXIX

1. Einem Juristen geht nachstehende Anfrage zu:

„Kann ich eine Dame, die mir ein Eheversprechen (Jawort) gegeben hat (durch Zeugen nachweisbar), und in ihren Briefen unter anderen folgende Sätze geschrieben hat: ‚Ich bleibe Dir treu, so lange Du es wünschest‘; — ‚Ich werde mein Wort nie widerrufen‘; — ‚Wenn ich es durchaus wünsche, wird die Mutter ihr Jawort nicht verweigern‘; — auf gerichtlichem Wege bei Wort oder zur Entschädigung anhalten? Die Dame ist 19 Jahre alt und steht unter dem Schutze eines Vormundes, dessen Jawort ich auch erhalten habe; aber die Zustimmung der Mutter ist mir verweigert worden, und darum hat die junge Dame ihr Wort jetzt auch zurückgenommen.“

Von welcher Art der römischen *sponsalia* ist hier die Rede? Wie würde ein römischer Jurist der republikanischen, klassischen oder justinianischen Zeit den Liebenden haben bescheiden müssen?

2. Aus Huber, Geschichte des Schweizerischen Privatrechtes:

„Das frühere Mittelalter zeigt uns die Frau in der Hausgewalt ihres Ehemannes. Die Ehe hatte einen Wechsel der Mundialgewalt über die Tochter zur Folge, sie trat als Ehefrau aus der Hausgewalt des Vaters in diejenige des Ehemannes über. . . Nur in einem Falle muß [bei den Burgundern und Alemannen] nach den Urkunden ein Eheschluß stattgefunden haben, ohne daß das Mundium über die Frau durch den Gatten erworben wurde, nämlich wenn die Sohnsfrau in das Haus des Vaters des Ehemannes, oder der Ehemann in das Haus des Vaters der Frau eintrat. — In der Regel erwarb der Ehemann das Mundium über die Frau durch ein Kaufgeschäft. . . Von einem Konsense der Frau ist freilich keine Rede. . . Die Kinder der solcher Weise verkauften Tochter wurden die ehelichen Kinder des Ehemannes, fielen in dessen Mundgewalt und erhielten in dessen Hause ein gesichertes Erbrecht. — Sobald der Preis bezahlt war, galt auch die Ehe als geschlossen. Das war die *desponsatio,* die Verlobung, und wer eine verlobte Tochter einem andern gab, oder die Braut eines andern raubte, brach dem Käufer die Ehe. Sollte die Braut aber wirkliche Ehefrau des Mannes werden, so mußte auf diese *desponsatio* noch die Übergabe der Frau, die *traditio puellae*, die Investitur erfolgen, und diese, als die Trauung, die sicher stets mit gewissen Gebräuchen feierlich ausgestattet war, machte den Ehemann erst zum wirklichen Gewaltherrn seiner Frau und diese selbst zur Angehörigen des ehemännlichen Hauses."

Wie verhalten sich diese Grundsätze germanischen Rechtes zu denjenigen des römischen Familienrechtes innerhalb seiner Entwickelung?

3. Unter welche Begriffe des römischen Rechtes würde man die folgenden Thatbestände zu bringen haben? Und würden die angeführten Handlungen und Verhältnisse auf den verschiedenen Stufen der römischen Geschichte rechtlich gestattet und wirksam gewesen sein?

a) Der Graf Leicester entführte 1576 Miß Emma Robsart, die achtzehnjährige Tochter eines Cornwalliser Edelmannes, der sie mit Edmund Tressilian verlobt hatte, — ließ sich heimlich mit ihr trauen und verbrachte sie nach dem ihm gehörigen Herrensitze bei Cunmor, woselbst er sie vor aller Welt verborgen hielt.

(Nach Walter Scott, Kenilworth.)

b) Der letzte Kurfürst von Mainz hatte bei seiner Residenzstadt einen prächtigen Lustgarten, die *Favorite*, angelegt, auf den er sehr stolz war. „Haben Sie schon meine *Favorite* gesehen?" fragte er einige französische Adlige, die vor der Revolution geflüchtet waren, bei deren Vorstellung. „Wir waren heute bei ihr zum Frühstück geladen," antwortete einer von ihnen.

(Aus König, Die Klubisten in Mainz.)

c) Thatbestand aus Goethes Stella: Fernando, vermählt mit Cäcilie, die ihm eine Tochter geboren hat, knüpft ein Liebesverhältnis mit Stella an, die von seiner Ehe nichts weiß. Er verläßt seine Familie insgeheim und wohnt mit Stella jahrelang zusammen.

d) Der Graf Ernst von Gleichen, welcher mit Ottilie von Orlamünde verheiratet war, zog 1228 mit Ludwig dem Heiligen im Kreuzzuge in das gelobte Land. Er geriet in Gefangenschaft des Paschas von Egypten, bis dessen Tochter Melechsala ihn befreite und als seine Gemahlin mit in seine Heimat zog. Seine erste Gattin empfing ihn und seine Retterin mit Freuden, und beide Frauen lebten mit dem Ritter friedlich bei einander.

e) Heinrich VIII. von England (1509—1547) war mit Katharina von Arragonien vermählt, als er ein Verhältnis mit Anna Boleyn einging, jene Ehe, trotz des Widerspruches des Papstes, durch das Parlament für geschieden erklärte und seine Geliebte heiratete. Sie wurde Mutter der Königin Elisabeth (1558—1603). Aber ihr folgten noch vier Frauen in Heinrichs Ehe, wozu ihm teils Scheidung — einseitige oder vereinbarte — teils Hinrichtung den Weg bahnte.

f) Kaiser Maximilian (1493—1519) war 1490 insgeheim und durch Prokuratur mit Anna von Bretagne ehelich getraut worden. Maximilian wollte sich der Unauflöslichkeit dieser ehelichen Verbindung versichern und den Mangel der leiblichen Konsummation während seiner Abwesenheit durch eine besondere Feierlichkeit ersetzen. „On mit la jeune mariée au lit, et l'ambassadeur autrichien, tenant à la main la procuration de son maitre, introduisit sa jambe nue jusqu'au genou dans la couche nuptiale." Anna nannte sich nunmehr Römische Königin. Aber am 6. Dezember 1491 reichte sie ihre Hand Karl VIII., König von Frankreich.

(Göschel, Zerstreute Blätter aus den Hand- und Hülfsakten eines Juristen.)

4. „Sind Sie verheiratet?" fragte ein Amtsrichter einen Zeugen. „Ich nicht, aber meine Frau ist es," antwortete dieser. — Er hatte thatsächlich nicht Unrecht. Aber wie war das näher gemeint? Von welchen Institutionen des römischen, kanonischen und heutigen Civilrechtes war dabei Gebrauch gemacht worden;

— unter welchen sachlichen Voraussetzungen war jener Thatbestand nach den genannten Rechtssystemen realisierbar, — und welche Formalitäten waren nach ihnen jeweilig zu wahren?

5. Ein junger Ehemann klagt einem juristischen Freunde seine Not. Er sei so unvorsichtig gewesen, seine Schwiegermutter zum Besuche seiner jungen Häuslichkeit einzuladen; diese habe ihm aber sein Heim so unglücklich gemacht, daß es schließlich zu einer Szene gekommen sei, in der er sie des Hauses verwiesen; nun habe aber seine Frau erklärt, daß sie dann bis zum Schlusse des Vierteljahres, auf welches die Einladung gelautet, ihre Mutter begleiten werde.

Welche juristischen Erwägungen und rechtlichen Folgen lassen sich an diesen Thatbestand anknüpfen?

XXX

1. Der Bruder (B.) einer Braut (A.) hat dem Bräutigam (C.) unter dessen Annahme, aber ohne Wahrung von Formalitäten versprochen, ihm ein dem B. gehöriges Landgut als Mitgift zu bestellen.

Ist dieses Versprechen nach römischem Rechte verbindlich?

2. Wenn das Landgut der A. gehört, und diese es dem C. als Brautgabe mitbringt, ist dieses gültig? Macht es einen Unterschied, ob die Zuwendung an den C. unter Brautleuten oder *inter virum et uxorem* geschah — l. 1 D. de donat. i. v. e. u. (24, 1)?

3. Wer ist, wenn das Gut nach der Eheschließung dem C. übergeben wird, der Eigentümer, und wer ist der Nutznießer? Wer hat die Befugnis, das Landgut zu verkaufen? oder eine Hypothek darauf zu legen?

4. An wen ist im Falle 1. beim Tode der Ehefrau (A.) das Landgut herauszugeben? An wen im Falle 2.? Wie ist es, wenn der Ehemann stirbt?

5. Die Ehe ist durch Scheidung gelöst worden. Kann die Frau das Gut für sich fordern? *Quanam actione?*

6. Vor einiger Zeit wurde im Hannöverschen in einem Garten, der nach dem damals dort geltenden römischen Rechte als Mitgift bestellt worden war, durch einen Arbeiter ein bedeutender Münzenfund gemacht. Es waren 2300 Stück Brakteaten aus dem 12. und 13. Jahrhundert, darunter solche von Wilhelm von Lüneburg, dem Sohne Heinrichs des Löwen und Vater Ottos des Kindes, welcher 1184 geboren und 1213 gestorben, von Bernhard von

Anhalt, welcher 1180 die nordischen Sachsenlande des Löwen als Lehn erhielt, und mehrerer märkischer Dynastien. Der Fund war etwa um 1220 begraben worden.

Wer hatte nun ein Anrecht auf diesen Fund?

7. Ein Ehemann hat während seiner Verwaltung mit großen Kosten einen Damm aufwerfen lassen, um das als *dos* gegebene Gut vor einer unmittelbar drohenden Überschwemmung zu sichern.

Kann er die Kosten ersetzt verlangen, wann und mit welchen Rechtsmitteln?

8. Er hat Verbesserungen an den Bewässerungsanstalten der Wiesen getroffen; sowie den Garten am Hause durch Blumenanpflanzungen verschönert.

Wie steht es mit seinen Ersatzansprüchen?

9. „. . Als Thornhill sah, daß er nach allen Seiten verloren, und nichts mehr von Schmeichelei oder Verstellung zu erhoffen war, hielt er es für den besten Ausweg, sich gegen seine Feinde zu wenden und ihnen die Spitze zu bieten. Ich sehe wohl, sagte er, daß ich hier keine Gerechtigkeit erwarten darf, aber werden soll sie mir doch. Nichts kann mir das Vermögen meiner seitherigen Braut entziehen, welches, dank der Sorglichkeit ihres Vaters, ziemlich groß ist. Der Ehekontrakt und die Verschreibung über das Vermögen des Fräulein Wilmot sind unterzeichnet und in meinem sicheren Besitz. Ihr Vermögen, nicht ihre Person, bewog mich, die Heirat zu wünschen; und da ich das eine habe, mag das andere nehmen, wer da will . . . Jetzt trat Herr Wilmot herein und schien nicht wenig erfreut, daß seine Tochter noch eben der Gefahr entgangen war. Er gab bereitwillig seine Einwilligung zur Aufhebung der beabsichtigten Heirat, geriet aber in die größte Bestürzung, als er erfuhr, daß Herr Thornhill das ihm urkundlich verschriebene Vermögen nicht herausgeben wollte."

(Aus Goldsmith, Der Landprediger von Wakefield.)

Fragen:

a) Würde die erwähnte Bestellung der Mitgift nach römischem Rechte gültig vorgenommen sein?

b) War es juristisch begründet, daß der Squire das ihm als Mitgift verschriebene Vermögen als das seinige behalten durfte?

c) Wie stand es, wenn die Ehe wirklich geschlossen gewesen und dann gerichtlich geschieden worden wäre; und zwar: wenn die Braut aus eigenem mütterlichen Vermögen die Mitgift bestellt hätte, — oder wenn ihr Vater solche aus dem seinigen hergegeben?

10. Als die Frau des Glossators BULGARUS, der um die Mitte des 12. Jahrhunderts zu Bologna lebte, mit Hinterlassung dreier Kinder gestorben war, fragte sein Schwiegervater den MARTINUS, einen litterarischen Gegner des BULGARUS, um Rat darüber, ob er die seiner Tochter mitgegebene Dos herausfordern könnte. MARTINUS antwortete: Wäre ich der Ehemann, so würde ich nach den von mir gelehrten Grundsätzen die Dos behalten; aber BULGARUS muß sie herausgeben, denn er hat diese Lehre stets verteidigt, und wenn er es nicht thut, so werde ich ihn übel an den Pranger stellen. — BULGARUS gab jedoch die Dos sofort freiwillig heraus.

Es sind folgende Fragen zu beantworten:

a) Wie beschaffen war die hier erwähnte Kontroverse?

b) In welchem Sinne war sie richtiger Weise nach klassischem römischen Rechte zu schlichten; — und zwar einmal unter der Voraussetzung, daß der Besteller der Dos die väterliche Gewalt über die Frau des BULGARUS gehabt hatte, — sodann unter der Annahme, daß es sich um einen Stiefvater derselben gehandelt?

c) Was für eine Entscheidung ist nach justinianischem Rechte zu treffen; — und zwar wieder unter Berücksichtigung der doppelten eben angegebenen Möglichkeit?

XXXI

1. Sind folgende Kinder als eheliche zu erachten?

a) Die Ehe ist am 10. März geschlossen; am 16. September hat die Ehefrau einen Sohn geboren.

b) Oder: Das Kind ist am 16. August zur Welt gekommen.

c) Die Frau eines Seemannes, welcher drei Jahre lang im Auslande weilte, ist im Laufe des zweiten Jahres mit einem Kinde niedergekommen.

d) Ein Ehemann behauptet, mit seiner jetzt entbundenen Gattin seit Jahresfrist keinen Umgang gepflogen zu haben; was er zu beschwören bereit ist.

e) Oder: Er wirft der Ehefrau vor, daß sie mit einem anderen Manne Ehebruch getrieben habe.

f) Von einem im siebenten Monate nach Eingehung der Ehe geborenen Kinde glaubt der Mann, daß es nicht von ihm herrühre, weil es ein vollständig ausgetragenes und nach dem Reifegrade als ein neun Monate altes Kind anzunehmen sei.

2. Unsere Standesämter bedienen sich folgenden Formulars (Bekanntmachung v. 25. März 1899):

„Vor dem unterzeichneten Standesamte erschien heute ... (der ...) und zeigte an, daß von der ... (seiner Ehefrau) wohnhaft (bei ihm) zu ... (in seiner Wohnung) am ... ein ... geboren worden sei ...“

(Die eingeklammerten Worte gehören zu konkreter Ausfüllung.)

Wird hierdurch die Ehelichkeit des angemeldeten Kindes bewiesen oder festgestellt oder anerkannt?

3. Wie sind nachstehende Fälle römischrechtlich zu behandeln?

a) Ein nahe an der deutschen Grenze wohnender reicher russischer Gutsbesitzer hatte sich trotz seines griechisch-katholischen Glaubens mit einer römisch-katholischen Polin verheiratet. Der Ehe entsprossen drei Töchter, welche auf Verlangen der Mutter römisch-katholisch getauft und erzogen wurden. Auf Grund eines kürzlich erlassenen kaiserlichen Ukas, nach welchem dic Kinder in dem Glauben des Vaters zu erziehen sind, forderten die Behörden, daß die drei Töchter zur orthodoxen Religion übertreten sollten. Wahrscheinlich auf Betreiben des dortigen römisch-katholischen Geistlichen ergriffen darauf die jungen Damen, die inzwischen sämtlich großjährig geworden waren, die Flucht, und es gelang ihnen, ohne angehalten zu werden, über Eydtkuhnen deutsches Gebiet zu erreichen. Der Vater wünscht ihre Rückkehr.

b) Bei der Ehescheidung des Königs Milan von Serbien und der Königin Natalie wurde ihr einziges Kind dem Vater zugesprochen. Die Mutter flüchtete mit dem Prinzen, nahm in Wiesbaden mit ihm Wohnsitz und weigerte sich, ihn herauszugeben.

c) Während eines Scheidungsprozesses, in dem die erste Instanz das aus der betreffenden Ehe stammende Kind der Mutter zugesprochen hatte, starb das Kind, ehe über die vom Vater eingelegte Berufung entschieden war. Nun beanspruchten beide Gatten das Recht für sich, das Kind in der eigenen Familiengruft zu beerdigen.

4. Wie steht es in den kommenden Thatbeständen nach römischem Recht mit der Verpflichtung zur Reichung des Lebensunterhaltes?

a) Eine Ehe ist gerichtlich geschieden worden, und die Kinder sind der Mutter, als dem unschuldigen Teile, zugesprochen worden.

b) Es hinterläßt jemand bei seinem Tode eine Witwe und drei Kinder, von denen das älteste ein selbständiger und wohlhabender Kaufmann ist, die zweite Tochter auskömmlich verheiratet lebt, während der Witwe mit dem jüngsten Mädchen, einem Kinde von 8 Jahren, Subsistenzmittel nicht zu Gebote stehen.

c) In Hamburg starb im August 1892 ein Ehepaar an der Cholera, mit Hinterlassung von fünf bedürftigen Kindern. Es lebten die Großmutter väterlicherseits und die beiden Eltern der Mutter.

5. Ein reicher Bauer, welcher mit seiner Frau einen Ehescheidungsprozeß führte, kam auch mit seinem 23jährigen Sohne, der seither bei dem Vater in dessen Beruf thätig gewesen, in Streit. Der Vater verlangte nun, daß der Sohn das Haus verlasse, weil er ungehorsam und widerspenstig sei und er sich als gesunder Mensch sehr wohl verdingen und seinen eigenen Unterhalt verdienen könne. Der Sohn bestritt die Verpflichtung zum Verlassen des elterlichen Hauses und behauptete, er müsse zum Schutze seiner, Mißhandlungen ausgesetzten, Mutter im Hause verbleiben.

Wie war zu erkennen?

XXXII

1. Welche Rechtsakte liegen in folgenden Fällen vor? Welche Rechtsformen sind nach römischem Recht für diese Akte erforderlich? Was für rechtliche Wirkungen sind mit ihnen verknüpft?

a) Ein kinderloses Ehepaar nimmt eine verwandte Waise an Kindes Statt an.

b) Oder: ein Kind armer Leute bei deren Lebzeiten.

c) Sie nehmen es in ihr Haus, damit es dort aufwachse und für seine Erziehung gesorgt werde.

d) Der auswandernde Vater giebt sein Kind seinem Vater in *patria potestas.*

e) Der Vater entläßt die sich verheiratende Tochter oder den großjährigen, sich selbständig niederlassenden Sohn aus der Gewalt.

f) Rechtsbuch nach Distinctionen I, 24 § 3: Had eyn man unde wip kinder, dy unrecht zcusammene komen sin, unde had daz wip sinth zcu der ee genomen, dy kinder, dy sy vor hatten, dy nemen keyn erbeteyl, und bliben unelich; zcu landrechte unde zcu wichbilde. Abir zcu bebistlichen gesecczc zcweyget sich daz unde ouch noch Keyserrechte, also vor beschreben steth in deme capittele von der geborth.

2. Wie sind nachstehende Thatbestände rechtlich zu beurteilen? Was ist über deren Zulässigkeit und Rechtsfolgen zu bemerken?

a) Ein römischer Bürger verheiratete seine Tochter. Der Ehe entstammten zwei Töchter und ein Sohn.

b) Eine freigelassene Sklavin kaufte ihr noch in Sklaverei befindliches Kind. Dann ließ sie es frei.

c) Es will jemand sein uneheliches Kind als sein rechtes Kind adoptieren.

d) Sogenannte *adoptio per testamentum*: „Mein Neffe (Sohn meiner Schwester) soll mich beerben, wenn er von nun ab als mein Kind gelten und meinen Namen annehmen will.“

3. Ein in väterlicher Gewalt stehender deutscher Reisender fällt in Ostafrika in die Hände arabischer Sklavenhändler und wird als Sklave verkauft.

An welche Bestimmungen des römischen Rechtes würde die Beurteilung dieses Falles sich analog anlehnen können? Und wie ist über ihn richtiger Weise zu entscheiden?

4. *Die Konstitutionen des Kurfürsten August von Sachsen von 1572, P. II c. 10:* „. . Bey diesem Gebrauche lassen wir es auch nochmals bleiben, und wollen, daß solcher Gewohnheit nach, auch Kraft dieser *Constitution* in unseren Gerichten erkannt werden soll, nemlich, da sich Kinder, so zu ihren mündigen Jahren kommen, von dem Vater mit Anstellung ihrer eigenen Haushaltung und Nahrung scheiden, daß alsdann solches für eine *Emancipation* zu achten, und derselben Würckung haben soll, ungeachtet, obgleich solche *Emancipation* anderer Gestalt, und für Gerichte nicht geschehen und fürgenommen würde.“

Dazu erläuternde *Consultationes*: „. . daß die väterliche Gewalt auch nach sächsischen Rechten statt habe, es befände sich denn gewißlich, daß die Väter ihre Kinder solcher Gewalt insonderheit erlassen und lösgezählt, welches geschieht etwa *in iudicio*, oder aber *in personis filiarum* durch die eheliche Ausstattung.“

Das hier sanktionierte deutsche Gewohnheitsrecht bedeutete eine bekannte Abänderung der einschlägigen Sätze des römischen Rechtes. Es fragt sich, ob danach die väterliche Gewalt in folgenden Fällen endigte?

a) Eine unverheiratete Tochter errichtet ein Putzgeschäft.

b) Ein junger Kaufmann über 21 Jahre übernimmt eine mit Gehalt verbundene Stelle als Kommis in einem Handlungshause.

c) Sohn oder Tochter verheiraten sich, bleiben aber im väterlichen Hause wohnen und in der dortigen Wirtschaft thätig,
d) Ein Bauernsohn wandert mit 25 Jahren ohne Bewilligung seiner Eltern nach Amerika aus.
e) Nach bestandener Prüfung erfolgt die Ernennung jemandes zum Referendar oder zum Gerichtsassessor.

5. Der Sohn eines mecklenburgischen Gutsbesitzers war zum Leutnant im Königlich Preußischen in Potsdam garnisonierenden Garde-Husaren-Regiment ernannt worden. Bald darauf hatte er, im Alter von 22 Jahren, einen Schuldschein über 5000 *M* für ein von ihm aufgenommenes Darlehen ausgestellt. Nun berief er sich auf ein bekanntes römisches Gesetz über Unverbindlichkeit gewisser Darlehen.

Welches war gemeint? War der Einwand begründet?

6. Ein Privatmann hatte durch landesherrliches Reskript ein Mädchen, dessen beide Eltern gestorben waren, an Kindes Statt aufgenommen. Dasselbe verheiratete sich späterhin und verstarb mit Hinterlassung eines Kindes. Bald darauf ging auch der Privatmann mit Tod ab; und es meldeten sich nun jenes Kind und ein entfernter Seitenverwandter des Erblassers als gesetzliche Erben.

Wer ist nach römischrechtlichen Grundsätzen von den Prätendenten im Rechte?

---

7. Egeus:

Verdrusses voll erschein' ich, und verklage
Mein Kind hier, meine Tochter Hermia....
Verspricht sie hier vor Eurer Hoheit nicht
Sich dem Demetrius zur Eh', so fordr' ich
Das alte Bürgerrecht von Athen,
Mit ihr, wie sie mein eigen ist, zu schalten.
Dann übergeb' ich diesem Manne sie,
Wo nicht, dem Tode, welchen unverzüglich
In diesem Falle das Gesetz verhängt.

(Shakespeare, Ein Sommernachtstraum I, 1.)

Steht das hier erwähnte Recht dem Vater (— oder der Mutter?) auch nach älterem römischem Rechte oder nach den Sätzen des Corpus iuris civilis zu?

8. Wie ist „der Wechsel", den ein Student von Hause gesendet bekommt, juristisch zu charakterisieren?

Ist dabei die rechtliche Struktur die gleiche, wenn der Vater aus Zinsen des mütterlichen Erbteiles des Studierenden diesem

Geld sendet; — oder umgekehrt: die Mutter aus dem von ihr verwalteten väterlichen Erbe des Sohnes; — oder endlich: der Vormund des jungen Mannes aus der Erbschaft von dessen Eltern?

9. Ein bejahrter Gutsbesitzer schloß mit seinen beiden erwachsenen Söhnen, die bei ihm im Hause lebten, einen Vertrag ab, wonach er ihnen sein Gut schon jetzt gegen die Auflage seiner vollen Verpflegung überließ und auch auf Verwaltung und Nutzung des in seinen Händen befindlichen mütterlichen Vermögens der Kinder verzichtete.

Nachmals will er den Vertrag wegen der zwischen beiden Teilen noch bestandenen rechtlichen Personeneinheit nicht gelten lassen.

Wie ist darüber nach römischen Rechte zu urteilen?

10. Würde es nicht einen bedeutsamen Unterschied ausmachen, wenn im vorigen Rechtsfalle nicht der Gutsbesitzer, sondern dessen Witwe den Vertrag mit ihren Söhnen abgeschlossen hätte?

Im besonderen: wenn die beiden Söhne noch minderjährig gewesen wären und unter der Vormundschaft eines älteren Freundes gestanden hätten, welcher zu dem Vertrage nicht zugezogen worden war?

11. Ende August 1870 fand ein deutscher Grenadier beim Aufwerfen einer Schanze vor Straßburg verschiedene Geldrollen, in denen sechs Pfund Silbermünzen mit guter Prägung und der Jahreszahl 1639 sich befanden; außerdem einen gut erhaltenen goldenen Trauring, der außer den Anfangsbuchstaben zweier Namen (T. und A.) deutlich die Jahreszahl 1630 auswies.

Nun erhob der Großvater, in dessen Familiengewalt der Grenadier damals stand, Anspruch auf das Gefundene oder dessen Wert; und verlangte namentlich, daß die X., welcher der Soldat den Ring inzwischen geschenkt hatte, ihn wegen Ungültigkeit dieser Schenkung herausgebe.

Wie hätte ein römischer Jurist hierüber geurteilt?

12. Ein Mädchen, das noch unter väterlicher Gewalt steht, wird außerehelich geschwängert und kommt mit einem Kinde nieder. Sie belangt ihren Verführer auf die nach heutigem Rechte von ihm geschuldete Alimentation des Kindes. Der uneheliche Vater hinterlegt in Erfüllung jenes Anspruches bei der Sparkasse des Ortes auf den Namen des Kindes eine Summe, die in üblicher Weise verzinst wird.

Es fragt sich nun:

a) Wie ist auf diesen Thatbestand die römische Pekulienlehre anzuwenden? In wessen Vermögen befindet sich also jenes

Guthaben der Substanz nach? Und wem steht der Genuß und die Zinsenziehung zu?

Cf. § 1 I. 2, 9.

b) Wer hat Anspruch auf die erwähnte Summe, wenn das Kind später stirbt, die drei im Thatbestande erwähnten Personen aber noch leben; — und zwar einmal, falls es sich um gesetzliche Erbfolge handelt, oder aber, wenn der Verstorbene in gültigem Testamente jemanden zu seinem Universalerben eingesetzt hat?

XXXIII

1. Es hatte ein *civis Romanus* einen Sohn, der noch in seiner Gewalt stand und selbst zwei Kinder hatte; außerdem zwei Enkel, wovon der eine der Sohn eines emanzipierten, inzwischen verstorbenen Sohnes war, der andere dagegen das Kind eines in der *patria potestas* verstorbenen Sohnes.

Wem konnte jener römische Bürger testamentarisch einen *tutor* bestellen?

2. Der Jurist Stryk berichtet von einem Rechtsfalle, in dem ein Graf von Löwenstein seine Söhne im Alter von 15 und 11 Jahren emanzipierte.

Was hatte nun nach römischem Vormundschaftrecht zu geschehen?

Wie würde sich dies stellen, wenn jener Graf nach zehn Jahren mit Tod abgegangen wäre?

3. Konnte ein Knabe von 13 Jahren nach römischem Rechte in gültiger Weise ohne Mitwirkung des Vormundes

a) eine *stipulatio* abschließen;

b) eine Sache verschenken;

c) eine Erbschaft antreten;

d) eine Forderung cedieren oder einen Erlaßvertrag mit seinem Gläubiger eingehen;

e) für eine ihm zustehende Forderung von seinem Schuldner ein Pfand annehmen?

4. Ein elfjähriges Mädchen hat jemandem eine Sache gestohlen und diese dann beiseite gebracht. Der Tutor weigert sich, diese Handlung durch seine *auctoritas* zu stützen.

Welche *actio* steht in Frage? Wie verhält es sich mit der Möglichkeit ihrer Geltendmachung?

5. Jemand verlangt nach Erlangung der *pubertas*, daß sein Vormund ihm Rechnung ablege; *quanam actione?*

6. Der Vormund eines kleinen Mädchens hat den Schmuck, den es von seiner Mutter ererbt hat, verkauft und das Geld sich zugeeignet; — Rechtsfolge? *Quae sit actio?*

7. Ein Gutsbesitzer hatte einen Inspektor, der das Gut verwaltete, testamentarisch zum *tutor* eines *filius impubes* des Testators eingesetzt. Der Inspektor verwaltete das Gut weiter und widmete dem seine ganze Arbeitszeit und Kraft. Wie steht es mit dem erzielten Gewinn und den beiderseitigen Ansprüchen bei der Abrechnung?

8. V. hat Geld seines Mündels M. an S. verzinslich ausgeliehen und dafür den B. zum Bürgen angenommen. S. wird flüchtig, B. ist insolvent. V. wird in Anspruch genommen wegen schuldhafter Geschäftsführung; er behauptet, daß man jenes damals nicht habe voraussehen können.

Actio? — Beweislast?

9. Ein Vormund hat Grundstücke des Mündels auf acht Jahre verpachtet, obgleich die Vormundschaft schon nach fünf Jahren gesetzlich ihr Ende erreichte.

Welche Rechtsfolgen knüpfen sich nach dem Corpus iuris civilis unter den beteiligten Personen hieran?

10. Während der Krankheit eines Vormundes über einen unmündigen Knaben hat ein dem elterlichen Hause des letzteren befreundeter Geschäftsmann fällige Schulden des Mündels bezahlt. An wen kann er sich nun halten, und welche *actio* würde ihm zustehen?

XXXIV

1. Ein Vater hinterläßt bei seinem Tode ein wahnsinniges Kind von acht Jahren.

Was gilt hier über die Vormundschaft nach römischem Rechte? Würde es von unterscheidendem Einflusse sein, wenn jenes Kind erst nach des Vaters Tode geisteskrank geworden wäre?

2. Es giebt im römischen Rechte einen Fall, in welchem ein *filius familias* einen *curator* erhalten kann. Er ist nov. 117 c. 1 zu entnehmen und in Verbindung mit dem in unserem § 32 Gelehrten klar zu stellen.

3. Ein zehnjähriges Kind wird von X. zum Erben eingesetzt. Der Vormund des Kindes ist Gläubiger des X.

In welcher Weise wird dieser Fall nach römischem Rechte erledigt?

Wie stände es, wenn erst jetzt ein Gläubiger jenes X. zum Vormunde über den Erben des X. berufen werden sollte?

4. Das einem Zwanzigjährigen gehörige Haus war durch den Blitz angezündet worden. Der Vormund hat zwecks Aufbaues Geld aus seinem Vermögen vorgeschossen.

Welche *actio* verlieh hier das römische Recht?

5. Ein *pubes minor* hat mit Zustimmung des Vormundes einem Käufer das Kaufgeld gestundet, obgleich die dringendsten Anzeichen von dessen Kreditunwürdigkeit vorlagen. Der Schuldner fällt bald darauf in Konkurs.

Wie steht es hier mit der Haftung des *curator*?

6. *Reichs-Polizei-Ordnung von 1547, XXXII Titel:* „Von der *Pupillen,* und minderjährigen Kindern *Tutorn,* und Vormündern.

§ 1. Wiewol in gemeinen beschriebenen Rechten ernstlich *disponi*rt, und versehen ist, daß den *Pupillen,* und minderjährigen Kindern von ihren Vormündern, mit allem Fleiß und Ernst fürgestanden, und derselben Nutz und Wolfahrt gesucht und gefürdert werden solle: So befind sich doch vielmals, daß in solchen Sachen von den Vormündern betrüglich, versäumlich, und nicht mit dem Fleiß, wie sie zu thun schuldig, gehandelt würdet, den *Pupillen* und minderjährigen Kindern zu mercklichem Nachtheil und Schaden. Wann aber nun den Obrigkeiten zustehet, in dem gebürlich und billich Einsehens haben, damit die *Pupillen* und minderjährigen Kinder unbetrogen, und unvernachtheilt bleiben: So wollen wir allen und jeden Churfürsten, Fürsten, Prälaten, Grafen, Herrn, von Adel, und *Communen,* hiemit ernstlich aufferlegt, und befohlen haben, in ihren Fürstenthumen, Herrschafften, Obrigkeiten und Gebieten, dermassen Versehung zu thun, und zu verordnen, daß den *Pupillen* und minderjährigen Kindern, jederzeit, biß sie zu ihren Vogtbaren Jahren kommen, Vormünder und Vorsteher, da die ihnen von ihren Eltern in Testamenten, oder letzten Willen, mit verordnet, oder ihre angeborne Freund und Verwandten sich der Vormundschafft, aus rechtmäßigen Ursachen mit unterziehen oder darzu tüglich und geschickt wären, gegeben werden.

§ 2. Daß ein jeglicher Vormünder, er sey gleich in Testaments weiß verordnet, oder durch das Recht, oder Richter gegeben, sich der Vormundschafft nicht unterziehen soll, die Verwaltung sey ihme dann zuvor durch die Obrigkeit *decerni*rt und befohlen.

§ 3. Item, daß nach befohlener Verwaltung, von allen Gütern, liegend und fahrend, Schulden-Brieff, und Registern, ein *Inventarium* aufrichte, und rechtmäßige gnugsame *Caution* und Versicherung thue, auch mit Gelübden und Eyden beladen werde, daß er seinen Pflegkindern, und ihren Gütern, getreulich und erbarlich vorseyn, ihre Personen und Güter versehen, und verwahren, die Güter nicht in seinen eigenen Nutzen kehren oder wenden, noch dieselbigen ohn Vorwissen Erkantnuß und *Decret* der Obrigkeit, veräussern, verpfänden, oder beschwehren, und jährlich nit allein auf Erforderung der Obrigkeit, sonder auch selbst, vermög seines anbefolnen Ampts, auch geleister Pflicht und Eyds, gebührlich Rechenschafft anbieten und thun. um sein Verwaltung Rede und Antwort geben, und alles anders handlen, das einem getreuen Vormünder eignet, und zustehet, alles bey Vermeydung der Straff gemeiner Recht, indem dann alle und jede Obrigkeiten, vermög göttlicher und unserer Kayserlichen Gebott, sonders fleißiges Auffsehen zu thun, austragenden Ampt, sich schuldig erkennen, und darumb keines Vormünders Fahrläßigkeit, noch weniger Vervortheilung bey seinem Pflegkind, oder dessen Güter ungestrafft hingehen lassen sollen."

Welche Neuerungen sind in diesem Gesetze gegenüber den Sätzen des reinen römischen Rechtes über Vormundschaft eingeführt worden?

Fünftes Buch.

Erbrecht.

XXXV

1. Der Schauspieler A. war von dem Theaterdirektor B. für den Spielabschnitt des kommenden Winters engagiert worden. Er stirbt am 2. November und hinterläßt seinen Bruder C. als Erben. Von D. hatte er eine Wohnung vom 1. Oktober an auf ein Jahr und nach dem mit vierteljähriger Kündigungsmöglichkeit gemietet. An dem halben Vermögen seiner verstorbenen Schwester E. hatte ihm der Nießbrauch zugestanden; während er für deren zwei Kinder die andere Hälfte unentgeltlich zu verwalten übernommen hatte, auch für das eine, das noch minderjährig war, von dem Gerichte als Vormund bestellt worden war. Als sein Freund F. bei G. ein Darlehen aufgenommen, hatte er sich für den F. verbürgt. Er selbst war dem Krämer H. aus Kaufverträgen noch

Geld schuldig, wogegen er freilich im Testamente der ihn überlebenden Sängerin J., mit der er vor kurzem ein Verlöbnis eingegangen war, eine beträchtliche Summe als Legat zu erwarten hatte.

Was übt nun auf alles dieses sein Tod für einen Einfluß aus?

2. Bei der genauen Ordnung des Nachlasses des im Falle 1. erwähnten A. fand sich ein von dem Herzoge von K. verliehener Verdienstorden. Auch waren mehrere Mobilien und Pretiosen da, über deren Erwerb sich nichts ermitteln ließ, die aber der Verstorbene, wie Zeugen versicherten, stets als die seinigen behandelt hatte. Mit dem Journalisten L. war A. in persönlichen Streit geraten, jener hatte ihn hämisch und in der Form beleidigend kritisiert, so daß der Rechtsbeistand des A. versichert hatte, daß der Beleidiger auf Strafe und Leistung einer Geldbuße mit Erfolg verklagt werden könnte. A. war bei einer Lebensversicherungsgesellschaft mit 12000 ℳ versichert und hatte von einer Rentenanstalt eine Leibrente von jährlich 135 ℳ zu beziehen. Endlich hatte ihm M. schenkungsweise bewilligt, daß sich A. nach seiner freien Wahl eines von den drei Reitpferden des M. aussuchen dürfe.

Auch hier ist anzugeben: wie es sich nach der Lehre des römischen Rechtes mit diesen Rechtszuständigkeiten des A. nunmehr verhalte?

3. Nach der kurhessischen Judenordnung von 1749 § 27 durften Juden keine Feldgüter erwerben. Dieses Gesetz blieb für solche Juden, die nicht kurhessische Staatsangehörigkeit besaßen, bestehen, bis das Bundesgesetz über die Freizügigkeit vom 1. November 1867 § 1 bestimmte, daß „keinem Bundesangehörigen um des Glaubensbekenntnisses willen . . der Erwerb von Grundeigentum verweigert werden darf.“

Am 1. Oktober 1865 starb in einem Dorfe des Schwalmgrundes ein Bauer, dessen einzige Tochter einen jüdischen Kaufmann in Eisenach geheiratet hatte, aber schon vor dem Vater verstorben war. Letzterer hatte testamentarisch seinen Schwiegersohn zu seinem alleinigen Erben eingesetzt.

Konnte dieser die Ackergrundstücke in Anspruch nehmen?

4. K. kauft *bona fide* von V. eine dem E. gehörige Sache für 10 ℳ. Nach $2^3/_4$ Jahren stirbt K. Sein Erbe H. erklärt nach einigen Monaten brieflich, daß er die Erbschaft antrete.

Wer ist nach römischen Grundsätzen Eigentümer? Wer ist juristischer Besitzer?

5. Zwei Söhne und eine Tochter beerben ihren Vater, einen Grundeigentümer. Der älteste Sohn beansprucht als solcher das väterliche Gut und will die Geschwister mit Geld abfinden, der jüngere Sohn aber beruft sich auf die Parömie „Gleiche Brüder, gleiche Kappen“ und möchte zur Hälfte Miteigentümer bleiben.

Was hat nach römischem Erbrechte zu geschehen?

Wie wäre es, wenn keines der drei Kinder Grundeigentum, sondern alle Auszahlung in Geld haben möchten — („so viel Mund, so viel Pfund“)?

6. Die Recks Eheleute schlossen mit ihrer Enkelin Katharina Hofmann einen Vertrag folgenden wesentlichen Inhaltes: Da sich ihr einziges Kind Anna Marie, verehelichte Hofmann, der sie schon einen Teil ihres Vermögens abgetreten hätten, gar nicht um sie kümmere, wollten sie deren Tochter Katharina ihr noch übriges sämtliches Vermögen vermachen und sofort übergeben, erwarteten aber dagegen, daß diese sie wie bisher verpflege, auch etwa vorfindliche Schulden entrichte.

Fragen:

a) Wie ist dieses rechtlich aufzufassen und im einzelnen durchzuführen?

b) Wie verhält sich ein solcher Vertrag zu dem in l. 15 C. de pactis (2, 3): *Pactum, quod dotali instrumento comprehensum est, ut, si pater vita fungeretur, ex aequa portione ea quae nubebat cum fratre heres patri suo esset, neque ullam obligationem contrahere nec libertatem testamenti faciendi mulieris patri potuit auferre?*

c) Was ist, im gleichen Sinne gefragt, zu l. 61 D. de V. O, (45, 1) zu bemerken: *Stipulatio hoc modo concepta: si heredem me non feceris, tantum dare spondes? inutilis est, quia contra bonos mores est haec stipulatio.*

d) Wie steht es in dieser Richtung mit dem noch vor 200 Jahren vorherrschend gelehrten, von Thomasius erst als lächerlich dargestellten Pakte, wonach Adam nach dem Sündenfalle unter Zustimmung seiner Söhne letztwillig bestimmt hätte, daß seine Rittersitze, Äcker und Wiesen nebst anderen liegenden Gründen dem Kain, das bare Geld aber und die kostbaren Möbel dem Abel zufallen sollten?

e) Welche Rechtsfolge tritt ein, wenn die Enkelin vor ihren Großeltern stirbt?

7. In Pötnitz im Herzogtum Anhalt kam vor kurzem der seltene Fall vor, daß bei Ausschüttung einer Konkursmasse nicht nur alle Gläubiger voll befriedigt wurden, daß Gerichts- und Anwaltskosten bezahlt wurden, sondern daß auch noch ein nicht unerheblicher Betrag übrig blieb. Der Konkurs wurde seiner Zeit über die Hinterlassenschaft eines Verstorbenen eröffnet, die nächsten Erben hatten wenig Vertrauen zu der Erbschaft und wollten sie nicht antreten.

Wer war hier eigentlich der Konkursschuldner?

Und was wird nun, nachdem die Sache sich günstiger gestellt hat, aus dem Überschuß der Konkursmasse?

XXXVI

1. Nach dem Tode des A. erfuhren dessen Kinder B. und C. von einem gerichtlichen letzten Willen des Verstorbenen. Die Urkunde lautete:

„Testament. Aus meinem Nachlasse soll mein Freund D. 5000 ℳ erhalten und mein alter Diener E. eine lebenslängliche jährliche Rente von 150 ℳ beziehen."

Was liegt römischrechtlich vor?

2. Der Besitzer eines Bauerngutes hatte am Schlusse seines Testamentes bestimmt:

„Ich behalte mir hiermit ausdrücklich das Recht vor, dies Testament durch außergerichtliche Nachzettel zu ergänzen und abzuändern. Solche Nachträge sollen mit diesem Testamente ganz gleiche Kraft haben. . ."

Nach seinem Ableben fand sich in seinem Nachlasse ein derartiger Nachzettel vor, aufgesetzt vor fünf Zeugen und ordnungsgemäß unterschrieben und versiegelt. In diesem Nachzettel hatte der Erblasser die im Testamente bestimmte gleichmäßige Verteilung des Nachlasses unter die beiden Erben dahin abgeändert, daß der eine von ihnen zwei Drittel, der andere den Rest bekommen solle. Auch hatte er dem einen Erben, der noch minderjährig war, einen Vormund ernannt.

Was ist nach dem Corpus iuris civilis über Begriff und rechtliche Bedeutung dieser Willenserklärungen zu bemerken?

3. Einem jungen Juristen wird von einer verwandten Dame nachstehende Frage brieflich vorgelegt:

„Ich besitze eine alte treue Freundin, welche unverheiratet ist. Sie hat den Wunsch, daß nach ihrem Tode ihre Hinterlassenschaft, bestehend in Garderobe, Leinwand, einigen Haushaltungsgegenständen und etwa 500 ℳ in bar, wie auch etlichen Büchern und sonstigen Kleinigkeiten, in meinen Besitz übergeht. Obgleich meine Freundin fünf Geschwister besitzt, so ist es doch ihr Wille, daß nur in meine Hände diese Hinterlassenschaft fällt. Nun hat sie diesen letzten Willen in einem Briefe an mich niedergeschrieben, welcher nach ihrem Tode geöffnet werden soll, als etwaiger Ausweis ihren Geschwistern gegenüber. Ich bin nun im Zweifel, ob dieses eine genügende rechtliche Sicherheit bietet. . . Könnte ich vielleicht den Brief bei Gericht abgeben? Ich habe auch schon daran gedacht, vor Zeugen feststellen zu lassen, daß der Brief wirklich von meiner Freundin herrührt und mir zu dem genannten Zwecke übergeben worden ist; bin aber in Unkenntnis, wie man sich da etwa zu verhalten hätte."

Wie ist diese Anfrage nach römischem Erbrechte zu beantworten?

4. Im Jahre 1767 wurde Graf Wiston zu Löwenburg, Hofmarschall des Markgrafen von Bayreuth, auf der Rückreise in seine Heimat im Vogtlande von Räubern überfallen und schwer verwundet. Man brachte ihn in das nächste Dorf; und rief auf seinen Wunsch den Ortsschulzen, worauf der Graf vor diesem, vor seinen drei Dienern, dem Postillon, dem Gastwirte und einem Stallknechte seinen letzten Willen erklärte und in Ermangelung von Leibeserben seine Gemahlin zu seiner Erbin einsetzte, auch verschiedene Vermächtnisse bestimmte. In der folgenden Nacht verschied er.

Fragen:

a) Wäre das nach römischem Rechte — auf dessen verschiedenen Entwickelungsstufen — ein rechtsgültiges Testament gewesen?
b) Wie hätte es sich verhalten, wenn die Diener es übernommen hätten, das schriftlich aufgesetzte Testament dem Markgrafen zu überbringen, und dieses dann auch geschehen wäre?
c) Würde es genügt haben, wenn der Sterbende vor dem Ortsschulzen und dem Gemeindeschreiber seinen letzten Willen zu Protokoll erklärt hätte?
d) Was würde zu antworten sein, wenn der Graf als Befehlshaber eines militärischen Detachements verwundet worden wäre und nun seine testamentarische Erklärung vor der Front seiner Abteilung abgegeben hätte?

5. „Ich Van der Kabel testiere 1799 den 7. Mai hier in meinem Hause in Haslau in der Hundsgasse ohne viele Millionen Worte. . . Die milden Gestifte mache ich so, daß ich für 3000 hiesige Stadtarme jeder Stände ebenso viele leichte Gulden aussetze, wofür sie an meinem Todestage im künftigen Jahre auf der Gemeinhut, wenn nicht gerade das Revuelager da steht, ihres aufschlagen und beziehen, das Geld froh verspeisen und dann in die

Zelte sich kleiden können. Auch vermache ich allen Schulmeistern unseres Fürstentums, dem Manne einen Augustdor, sowie hiesiger Judenschaft meinen Kirchenstand in der Hofkirche. . . Meinen sieben weitläufigen Anverwandten vermache ich nichts, ausgenommen gegenwärtiges Haus in der Hundsgasse, als welches ganz so wie es steht und geht, demjenigen von meinen sieben genannten Herrn Anverwandten anfallen und zugehören soll, welcher in einer halben Stunde (von der Vorlesung der Klausel an gerechnet) früher als die übrigen sechs Nebenbuhler eine oder ein paar Thränen über mich, seinen dahingegangenen Onkel, vergießen kann vor einem löblichen Magistrate, der es protokolliert. Bleibt aber alles trocken, so muß das Haus gleichfalls dem Universalerben verfallen. . . . Dieser Universalerbe ist der Schulzensohn in Elterlein, Namens Gottwalt Peter Harnisch. . . Ritte der Teufel meinen Universalerben, so daß er die Ehe bräche, so verlöre er die Viertelserbschaft, — sie fiele den sieben Anverwandten heim; ein Sechstel aber nur, wenn er ein Mädchen verführte. Stirbt der junge Harnisch innerhalb 20 Jahren, so verfällt die Erbschaft den hiesigen *corporibus piis*. Schlägt aber Harnisch die ganze Erbschaft aus, so ist es so viel, als hätte er zugleich die Ehe gebrochen und wäre Todes verfahren. . . Ein jeder Wille darf toll und halb, und weder gehauen noch gestochen sein, nur aber der letzte nicht, sondern dieser muß, um sich zum zweiten-, dritten- und viertenmal zu ründen, also konzentrisch, wie überall bei den Juristen, zur *clausula salutaris*, zur *donatio mortis causa* und zur *reservatio ambulatoriae voluntatis* greifen. So will ich denn hiermit dazu gegriffen haben, mit kurzen und vorigen Worten."

(Aus Jean Paul, Flegeljahre.)

Von welchen Rechtseinrichtungen ist hier Gebrauch gemacht, und welche juristischen Begriffe haben Anwendung gefunden?

6. A. hatte D. und E. als seine Erben testamentarisch genannt; und zwar sollen sie zu gleichen Teilen erben und den anderen Verwandten verschiedene Vermächtnisse auszahlen. D. stirbt vor Eröffnung des Testamentes?

Welches ist nun das rechtliche Schicksal dieser Erbschaft?

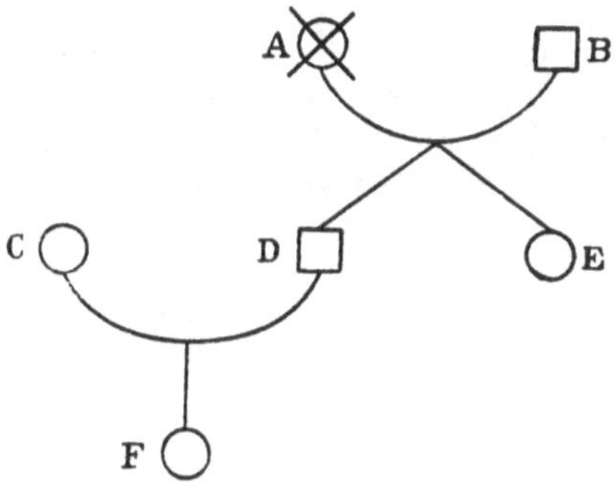

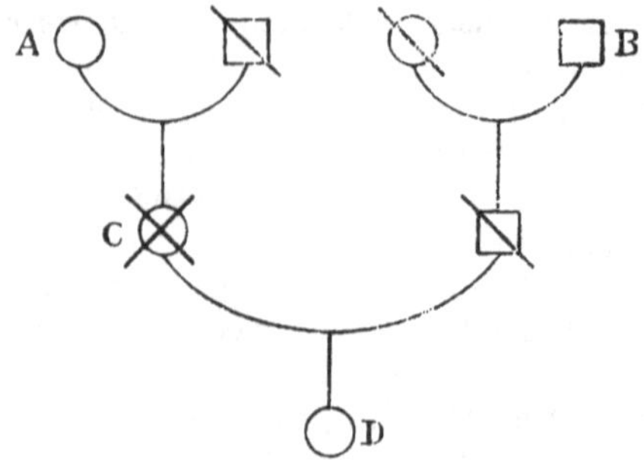

7. C. ernennt den A. und den D. zu seinen gleichberechtigten Erben. D. schlägt nach der Testamentseröffnung aus.

An wen fällt nunmehr nach den erbrechtlichen Bestimmungen des Corpus iuris civilis die dem D. ausgesetzte Erbportion?

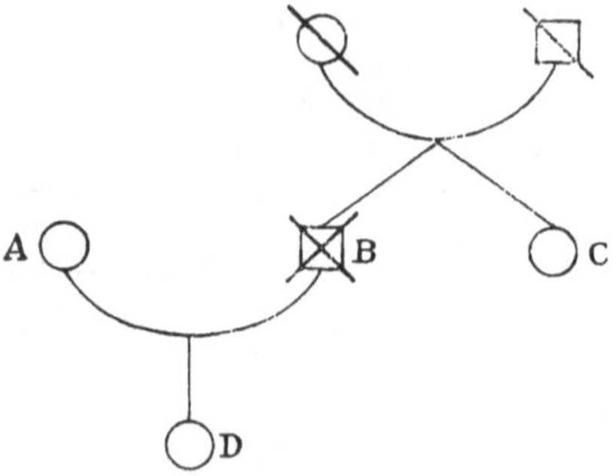

8. Testament der B.: D. soll mein Erbe sein. Falls D. vor mir stirbt, so substituiere ich den C.; wenn nach mir, so soll die Erbschaft fideikommissarisch an den C. herausgegeben werden.

Wie ist es nach römischem Erbrechte, wenn D. nach der B., aber vor angetretener Erbschaft stirbt?

9. N. hat zwei ihm fremde Personen X. und Y. zu Erben eingesetzt und dem Y. den Z. substituiert. X. tritt nach dem Tode des N. die Erbschaft an, Y. schlägt sie aus.

Wem würde ein römischer Jurist den Anteil des Y. zugesprochen haben?

Cf. l. 2 § 8 D. de bonorum possessione secundum tabulas (37, 11): Si duo sint heredes instituti Primus et Secundus, Secundo Tertius substitutus, omittente Secundo bonorum possessionem Tertius succedit: quod si Tertius noluerit hereditatem adire vel bonorum possessionem accipere, reccidit bonorum possessio ad Primum. nec erit ei necesse petere bonorum possessionem, sed ipso iure ei adcrescet: heredi enim scripto sicut portio hereditatis, ita et bonorum possessio adcrescit.

XXXVII

Descendens omnis succedit in ordine primo.
Ascendens proprior, germanus, filius eius.
Tunc latere ex uno iunctus, quoque filius eius.
Denique proximior reliquorum quisque superstes.

1. Wie sind folgende Personen nach römischem Intestaterbrecht berechtigt, — und zwar: nach den zwölf Tafeln, nach dem prätorischen Edikt, nach dem Rechte der klassischen Juristenzeit, nach nov. 118?

a) Mutter und Bruder des Verstorbenen.
b) Vater und Mutter.
c) Ehefrau und Schwiegersohn.
d) Der älteste Sohn und zwei Töchter.
e) Zwei Kinder des verstorbenen ältesten Sohnes und eine Tochter des Erblassers.
f) Die Ehefrau und ein Vetter im zehnten Grade.
g) Stiefeltern und Stiefkinder gegen einander.
h) Das Kind eines verstorbenen Stiefbruders und ein Vetter mütterlicherseits.

2. Wie wird X. nach nov. 118 beerbt, wenn bei seinem Tode als nächste Verwandte folgende Personen leben?

a) Sein Sohn und dessen zwei Söhne, seine älteste Tochter und deren drei Enkel, der Sohn seiner verstorbenen jüngeren Tochter.
b) Ein Sohn erster Ehe, eine Tochter zweiter Ehe und deren Kind, zwei seiner Söhne und der Sohn einer verstorbenen Tochter aus dritter Ehe.
c) Seine Mutter und deren Eltern, sowie die Großeltern väterlicher Seite und ein Kind seines verstorbenen Bruders.
d) Die Mutter, die ihn außerehelich geboren hat, ein weiteres uneheliches Kind dieser und der Erzeuger der beiden Kinder.
e) Drei Urgroßeltern väterlicher und zwei mütterlicher Seite.
f) Ein Bruder und ein Halbbruder mütterlicher Seite, der von des Erblassers Vater, nach der Heirat mit dessen Mutter, arrogiert worden war.

3. Spanischer Erbfolgekrieg.

Karl II. von Spanien war der Sohn Philipps IV. († 1665), dessen eine Schwester Anna († 1666) mit Ludwig XIII. von Frankreich († 1643) vermählt war, während die jüngere Marie Anna († 1646) den Kaiser Ferdinand III. († 1657) heiratete.

Jener Ehe entstammte Ludwig XIV. († 1715), der die spanische Prinzessin Marie Theresia († 1683), die Tochter Philipps IV. zur Gemahlin nahm. Ihr Enkel war Philipp V. von Anjou († 1746), der Sohn des 1711 als Dauphin verstorbenen Ludwig. Der Sohn Ferdinands III. war Leopold I. († 1705), der in erster Ehe mit Margarethe Theresia († 1673), der Schwester der Gemahlin Ludwigs XIV., in zweiter Ehe mit Eleonore Magdalene von Pfalz-Neuburg vermählt war. Der ersten Ehe war Marie Antonia († 1692) entsprossen, die Max Emanuel von Bayern († 1726) heiratete, und deren Sohn Joseph Ferdinand von Karl II. zu seinem Nachfolger testamentarisch bestimmt war, jedoch schon 1699 verstarb. Aus zweiter Ehe hatte Leopold I. zwei Söhne, Joseph I. († 1711) und Karl, deren jüngsten, Karl VI. († 1740), er als Thronprätendenten dem von Frankreich auf den spanischen Thron gebrachten Philipp V. entgegenstellte, als Karl II. am 1. November 1700 mit Tod abgegangen war.

Es ist hierüber ein Stammbaum zu entwerfen; und anzugeben: wie nach römischem Intestaterbrecht über die Hinterlassenschaft Karls II. zu befinden gewesen wäre?

4. Aus zufällig erhaltenen Handakten eines Hofgerichts-Advokaten aus dem 18. Jahrhundert:

„Es ist im Februar 1774 Margaretha Kühnin, geborene Rötherin, zu Kitzingen in Francken ohne Hinterlassung ehelicher Leibes-Erben verstorben. Weil aber daselbst keine weitere Anverwandte von ihr vorhanden sind, sondern ihr Bruder Michael Röther, da er von seinem Vater Ernst Röther auf die Wanderschaft geschickt, sich in Ordruf niedergelassen; so ist solches be meldeten Michael Röthers zu Ordruf hinterbliebenen Anverwandten gemeldet worden.

In Ordruf sind deren auch keine mehr vorhanden gewesen; indem der älteste Sohn, der Pfarrer Röther, zu Bramstädt, bereits im Jahre 1768 mit Hinterlassung eines Sohnes, Caspar Röther, verstorben, der andere Sohn aber, Jacob Röther, als Schneidermeister in Halle a. S. wohnt.

Nun wird gefragt, ob des verstorbenen Pfarrers zu Bramstädt Friedrich Röthers Sohn, Caspar Röther, mit seines verstorbenen Vaters Bruder, Jacob Röther, zur Succession gelangen könne?"

5. *Kedinger Landrecht* (Aufzeichnung des Gewohnheitsrechtes für das Kedinger Land am westlichen Ufer der Elbe, zuerst gedruckt 1664), tit. 16 § 1:

„Hier sagt das alte Kedinger Recht: Es stirbet kein Gut zurück, sondern vorwärts, darum, wenn Kinder oder Kindeskinder verstorben, und ihr Vater und Mutter im Leben wären, haben dieselben ihren Nachlaß nicht erben können, sondern ist in *linea collaterali* in der Seitenlinie auf die nächsten Blutsfreunde vererbt. Solcher Gebrauch ist ebenmäßig abgeschafft und einhellig bewilligt, daß nach beschriebenen kaiserlichen Rechten verfahren werden solle."

Inwiefern weicht der angegebene erbrechtliche Grundsatz von den Bestimmungen des römischen Rechtes in seiner geschichtlichen Entwickelung jeweilig ab?

6. In einem Intestaterbfalle wurde nachstehender Stammbaum aufgestellt:

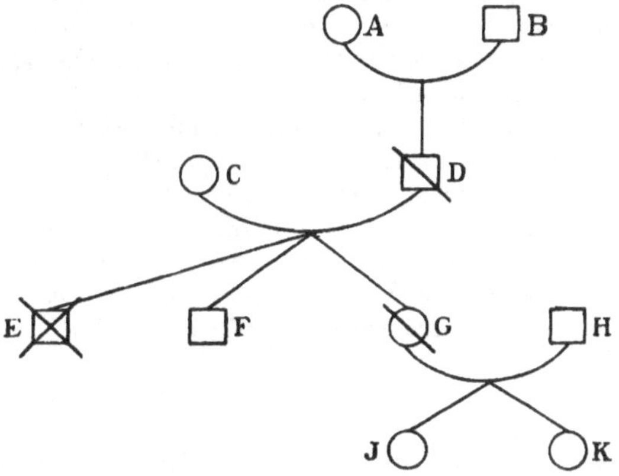

Es fragt sich:

a) Wie ist die Erbschaft der E. zu verteilen?

b) Wie steht es, wenn C. vor der Antretung der Erbschaft verstirbt?

c) Wie wäre es, wenn G. nicht vor, sondern nach der E. verstorben wäre?

XXXVIII

Quatuor aut infra natis dant iura trientem,
Sed dant semissem liberis, si quinque vel ultra.

1. Genügen nachstehende Verfügungen den Vorschriften des römischen Noterbenrechtes auf den verschiedenen Stufen seiner Entwickelung?

a) „Ich setze die Universität H., in ihrer Eigenschaft als moralische Person, zu meiner alleinigen und Universalerbin ein. Mein einziger Sohn (— oder: meine fünf Töchter; — oder: meine drei Söhne; — oder: meine Enkel und Enkelinnen; — oder: meine beiden Eltern; — oder: mein Bruder) soll weiter nichts als den Pflichtteil haben. Andere nahe Verwandte (— als die jeweils aufgeführten) habe ich nicht.“

b) Der X. hat seine Ehefrau zu seiner Erbin eingesetzt und seiner noch lebenden Mutter die Hälfte ihres gesetzlichen Erbteiles als Vermächtnis zugewendet.

c) Jemand hinterläßt sein gesamtes Vermögen testamentarisch zwei unehelichen Kindern von ihm, während einer seiner Brüder ihn überlebt.

d) Es hat jemand eine anrüchige Person als Erbin eingesetzt; er hinterläßt bei seinem Tode einen jüngeren Bruder und den Sohn einer schon verstorbenen älteren Schwester.

e) „Zu Erben berufe ich die fünf Kinder meines verstorbenen ältesten Sohnes, sowie das einzige Töchterchen meines jüngsten Sohnes, den ich deshalb von meinem Nachlasse ausschließe, weil er sich in sehr guten Vermögensverhältnissen befindet.“

f) „Da mein ältester Sohn vor 6 Jahren nach Australien ausgewandert und seitdem verschollen ist, und ich annehmen muß, daß er sich nicht mehr am Leben befindet, so wende ich mein zu hinterlassendes Vermögen ausschließlich meinem jüngsten Kinde zu.“

2. Welche rechtliche Bedeutung kommt für ein römisches Testament folgenden Thatbeständen zu?

a) A. hat in seinem Testamente seinen Haussohn B. und seine verheiratete Tochter C. als Erben eingesetzt, ohne weitere Verwandte zu nennen oder zu bedenken. Sowohl B. wie C. sterben aber vor A., jedes mit Hinterlassung eines ehelichen Knaben.

b) Es setzt jemand seine Ehefrau, mit der er in kinderloser Ehe lebt, zur Erbin ein. Später adoptiert er das von seiner Frau vor ihrer Bekanntschaft geborene uneheliche Kind, damals im Alter von vier Jahren.

c) Ein Testator hatte noch eine Mutter am Leben, als er seinen Sohn und mit diesem einen ganz entfernten Verwandten zum Erben einsetzte. Der Sohn starb vor dem Vater.

3. Wie groß ist der Pflichtteil nach nov. 18 c. 1, wenn jemand

a) fünf Kinder hat und eines davon gültig enterbt;

b) einen Enkel von einem Sohne und vier Enkel von einem anderen Sohne hinterläßt;
c) einen Sohn, drei Enkel von einem anderen Sohne und drei Enkelinnen von einem dritten Sohne hat; einer der Enkel heiratet eine der Enkelinnen, und aus dieser Ehe wird ein Sohn geboren; nun stirbt der Alte mit Hinterlassung des Sohnes, zweier Enkel und Enkelinnen und des Urenkels?

4. Sind folgende Enterbungen nach römischem Noterbenrecht wirksam?

a) Der Testator enterbt seinen Sohn, weil er von diesem schwer beleidigt worden ist. Nachmals versöhnt er sich wieder mit ihm.
b) Eine Tochter schließt ihren Vater von ihrer Erbschaft gänzlich aus, weil dieser mit seiner Schwiegertochter ein unzüchtiges Verhältnis unterhält.
c) „Meine unverheiratete Tochter, die Kinder meines verstorbenen ältesten Sohnes und meinen jüngsten Sohn, sämtlich Kinder aus meiner ersten Ehe, enterbe ich hierdurch, weil sie sich gegen ihre Stiefmutter, meine jetzige Frau, gröblich vergangen und sie in roher Weise körperlich mißhandelt haben."
d) „Da unser einziger Sohn ganz überschuldet ist, so wollen wir ihm hierdurch unsere Erbschaft ganz vorenthalten, und soll nach unserem Tode unser Vermögen nicht an ihn, sondern an seine Kinder fallen. Unser Sohn soll jedoch, solange er lebt, die Verwaltung und den Nießbrauch dieses Vermögens haben."

---

5. Welche Rechtsbehelfe haben die im folgenden angeführten Noterben? Hat das römische Recht hierbei nicht gewechselt?

a) Von Lord Arlington wird erzählt, daß er ein so leidenschaftlicher Whistspieler gewesen, daß er seinen Sohn enterbte, weil dieser als sein Partner in einem kritischen Spiele einen groben Fehler machte und mit der falschen Karte herauskam.

   Nach anderen Berichten soll er den Sohn dessentwegen aus dem Hause gestoßen und in seinem Testament überhaupt nicht erwähnt haben.

   Man setze auch den Fall, daß nicht der Sohn des Lords davon betroffen worden wäre, sondern: die Tochter; — Enkel oder Enkelinnen; — ein Bruder.
b) Jemand hat seinen Sohn und zwei fremde Personen zu gleichen Teilen zu Erben eingesetzt, seine Tochter aber übergangen.

c) „Mein Vermögen vermache ich meinem ältesten Sohne und dem jüngsten der beiden Kinder meiner verstorbenen Tochter. Von der Erbschaft, die rund 24000 ℳ betragen wird, soll dieses Enkelkind aber nur 1000 ℳ erhalten. Die drei Kinder meines zweiten Sohnes, der vor kurzem gestorben ist, will ich hierdurch ausdrücklich enterben."

d) Ein Vater hatte seine zwei Töchter enterbt, weil sie sich einem lüderlichen Lebenswandel ergeben hätten. Dann stellte sich herans, daß jene Annahme nur auf die eine der Schwestern zutreffe, während die andere außer allem Makel sei.

6. Jemand setzte seine Ehefrau als Erbin ein und überging seine Mutter ohne Anführung eines rechtfertigenden Grundes. Die Mutter starb. Nicht lange darauf ging auch der Testator mit Tod ab, unter Hinterlassung seiner Ehefrau und zweier Brüder.

Hatten die letzteren (nach nov. 115) einen Anspruch Rechtens?

7. Eine Witwe ernannte ihre drei Töchter testamentarisch zu Erbinnen, setzte aber dabei die jüngste auf ihren Pflichtteil.

Nach dem Tode der Witwe ging die jüngste Tochter gegen das Testament vor; unter Berufung darauf, daß ihre beiden Schwestern vor ihrer Mutter mit Tod abgegangen, deren nachgelassene und ihre Großmutter überlebende Kinder in dem Testamente aber nicht erwähnt seien.

Welche *actio* war angestellt? War sie begründet?

8. Als der Rentier Karl Weidenbaum starb, waren seine nächsten gesetzlichen Erben seine Mutter und seine unverehelichte Schwester Natalie. Weidenbaum hatte bei Gericht ein Testament hinterlegt, in welchem er lediglich seine Schwägerin Lina Sürten zur Erbin eingesetzt hatte, unter völliger Umgehung seiner näheren Angehörigen.

Die Mutter des Testators verklagte Lina Sürten auf Umstoßung jenes Testamentes. Als der Prozeß eine Zeit lang gedauert hatte und noch schwebte, verglichen sich die Streitteile, indem Lina Sürten der Klägerin eine Abfindungssumme zahlte, mit der sich diese zufrieden gab.

Jetzt trat aber Natalie Weidenbaum gegen Lina Sürten auf und focht das Testament wegen der Präterition der Mutter an.

Es ist nov. 115 c. 3 und 4 zu vergleichen; und danach Urteil mit Entscheidungsgründen auszuarbeiten.

---

9. Sind folgende Erbeseinsetzungen nach justinianischem Noterbenrecht (nach Erlaß der nov. 115) in Ordnung?

a) Ich setze meinen Vetter O. zu meinem Erben ein; meine Kinder und Enkel aber sollen nichts haben. Sie werden sich schon erinnern, wie sie sich schlecht gegen mich benommen und mich, als ich noch bei ihnen lebte, gequält, beleidigt und sogar körperlich mißhandelt haben.

b) Mein Vermögen vermache ich der Stadt A. als meiner Gesamtnachfolgerin. Ich setze dabei voraus, daß B., mein einziger Sohn, bei meinem Tode aus seinen jetzigen geschäftlichen Schwierigkeiten glücklich und erfolgreich sich gelöst hat; sollte das nicht der Fall sein, und er in Geldbedrängnis sich befinden, so soll er die Erbschaft, die ich hinterlassen werde, erhalten.

c) Meine fünf Kinder sollen meine Erben und Universalsuccessoren sein. Dabei sollen meine drei Töchter je ein viertel des von mir hinterlassenen Kapitalvermögens ausgezahlt erhalten; meinem jüngsten Sohn soll das Gut und der gesamte übrige Nachlaß, zusammen noch nicht ganz die Hälfte meines Vermögens, zufallen; der Rest mag das Erbe meines ältesten, in Amerika weilenden Sohnes sein, der mir niemals Freude gemacht hat.

d) Mein einziges Kind aus erster Ehe, K., setze ich zum Erben ein auf das mir gehörige Wohnhaus in X., im Werte von etwa 24 000 *M*. Mein übriges Vermögen soll meine Ehefrau L., mit der ich in kinderloser zweiter Ehe lebe, als Erbin erhalten.

e) Hierdurch bestimme ich, daß mich meine Kinder A. und B. beerben sollen. Meine Tochter B. jedoch, die sich gegen meinen Wunsch und Willen mit C. verheiratet hat, soll bloß ein zehntel des Nachlasses als Erbin haben.

f) Mein Sohn hätte die Enterbnng wohl verdient, da er mich allerwege schlecht behandeit und mir sogar nach dem Leben getrachtet hat. Indessen soll er nur auf den Fall enterbt sein, wenn ich außer ihm noch Kinder hinterlasse, die dann als meine Rechtsnachfolger die Erbschaft unter sich gleichmäßig verteilen mögen.

10. Welehe Rechtsfolgen hat das römische Noterbenrecht an folgende thatsächliche Möglichkeiten geknüpft?

a) Der A. will seine Ehefrau B. als Erbin einsetzen. Er teilt dieses seinem einzigen Sohne C. mit; und dieser erklärt sich damit ganz einverstanden und willigt darin ein, daß er im Testamente nicht berücksichtigt werde; — (wobei die beiden Möglichkeiten zu unterscheiden sind: 1. daß C. zwar volljährig ist, aber noch unter väterlicher Gewalt steht; 2. daß er selbständig lebt und aus der *patria potestas* entlassen ist).

b) In dem sub a) mitgeteilten Falle erfährt C. erst nach dem Tode des A. von dessen Testament und abstiniert nun; — oder: er ist vor dem A. mit Tod abgegangen; — oder: er verstirbt kurz nach dem Ableben des A., ohne in der Erbschaftssache Schritte gethan zu haben.

c) Ein Vater setzt seine Kinder und zugleich einen ihm nicht Verwandten zum Erben ein. Dann wird ihm noch ein eheliches Kind geboren — sei es zu seinen Lebzeiten oder nach seinem Tode; dieses stirbt aber bald nach seiner Geburt, — und zwar das zu Lebzeiten geborene wiederum in doppelter Möglichkeit: entweder während der Vater noch lebt oder da er selbst schon verstorben ist.

d) Nach erlangter Volljährigkeit wird ein Sohn von seinem Vater aus der *patria potestas* entlassen; zugleich erhält er ein Kapital zur selbständigen Errichtung eines Geschäftes ausgeantwortet. Nach einem Jahre stirbt der Sohn unter Hinterlassung eines Testamentes, worin er sein ganzes Vermögen einer *pia causa* vermacht.

11. In dem fränkischen Dorfe Neuhaus lebte um die Mitte des vorigen Jahrhunderts der Bauer Martin Schimmel in eigenem dürftigen Anwesen. Nach dem Tode seiner Frau übergab er, da er 68 Jahre alt war, Haus und Hof und Äcker seinem Sohne Kaspar, während er auf den Altenteil sich setzte und in das Oberstübchen des Hauses zog. Kaspar Schimmel war ein jähzorniger und sittenloser Mensch. Als sein einziger Sohn Andreas mit einer wohlhabenden Bauerntochter aus dem Nachbardorfe Schirren sich verheiratete, zunächst aber weiter in dem Hause seines Vaters verblieb, verführte der letztere die junge Frau zur Unzucht mit ihm; der Ehescheidung kam ein plötzlicher Tod der Frau zuvor.

Der kränkliche Andreas Schimmel, der nun ganz mit seinem Vater überworfen war, verließ dessen Haus und errichtete ein Testament, in welchem er das ihm von seiner Frau laut Ehepakten zugefallene Vermögen den Verwandten derselben vermachte, seinen Vater aber unter Bezugnahme auf dessen schändliches Thun ausdrücklich enterbte. Bald darauf starb er.

Nun fragte es sich:

a) War das Testament rechtsgültig?

b) Konnte nicht Martin Schimmel etwas beanspruchen?

c) War es von Einfluß, ob die Mutter des Andreas Schimmel schon vor ihm verstorben war oder erst jetzt, kurz nach dessen Ableben, mit Tod abging?

(Vgl. Vangerow, Lehrbuch der Pandekten § 486.)

XXXIX

1. „Ich sage aber, so lange der Erbe ein Kind ist, so ist unter ihm und einem Knecht kein Unterschied, ob er wohl ein Herr ist aller Güter. — Sondern er ist unter den Vormündern und Pflegern, bis auf die bestimmte Zeit vom Vater."

Geht das von Paulus von Tharsus hier gebrauchte Gleichnis von juristisch zutreffender Grundlage aus? Auf welche Sätze des römischen Rechtes kommt es dabei an? Worin liegt des näheren das *tertium comparationis* zwischen diesen und den Gedanken in Gal. 4, 1—7 und Röm. 8, 17?

2. Nach dem am 3. März erfolgten Tode des Herrn von Krahlmann behalten dessen drei unverehelichte Schwestern, die mit ihrem gleichfalls unverheirateten Bruder gemeinsamen Haushalt geführt hatten, die seitherige Ordnung ihres Lebens zunächst völlig bei. Am 2. April meldet sich ein ihnen unbekannter Darlehensgläubiger des Verstorbenen; da er einen ordnungsmäßigen Schuldschein präsentiert, versprechen die Schwestern, ihn demnächst zu bezahlen. Am 19. April verkaufen sie die Bibliothek des Verstorbenen an einen Antiquar; und nehmen am 1. Mai Pachtgeld von einem Gute ihres Bruders in Empfang, wobei die eine Schwester eine Quittung ausstellt.

Haben diese Akte — sei es jeder einzelne für sich oder sie alle zusammen — eine weitere rechtliche Bedeutung? Liegt vielleicht eine *cretio hereditatis* vor?

3. Vor einiger Zeit verstarb in Hamburg ein Kaufmann Jan Hunston, der bei einem seiner Bekannten ein formell ordnungsmäßiges Testament hinterließ. Auf dem Couvert, in welchem sich das Testament unter Siegel befand, war vom Verstorbenen eigenhändig bemerkt, daß die Öffnung des Couverts ein Jahr nach seinem Todestage, am 10. März, stattzufinden habe. Als die ungeduldigen Erben des Testators sich am genannten Tage versammelten und in ihrer Gegenwart das Couvert geöffnet wurde, bot sich ihren Blicken ein zweites Couvert mit derselben Aufschrift dar. Es blieb nichts übrig, als sich mit Geduld zu wappnen und ein weiteres Jahr zu warten, um dann leider zu erfahren, daß der eigenwillige Testator ihnen auch dieses Mal die Kundgebung seines letzten Willens vorenthielt. Diese Prozedur wiederholte sich im Laufe von sieben Jahren, und erst in diesem Jahre erhielten die durch das lange Harren außer sich geratenen Erben den vierten Teil der Hinterlassenschaft, die im ganzen 164850 ℳ betrug. Das zweite Viertel war den Kindern der Amme des Testators, seinen Milchgeschwistern, das dritte dem Testamentsvollstrecker, bei dem das Testament aufbewahrt war, vermacht, und das letzte Viertel hatte die Bestimmung, bei der Reichsbank deponiert zu werden und fällt im Jahre 1915 demjenigen Verwandten des Verstorbenen zu, der zu der Zeit mit den meisten Kindern gesegnet ist.

Hieran lassen sich folgende Fragen nach römischem Erbrechte anknüpfen:

a) Wer war vor der Testamentseröffnung Eigentümer der Erbschaftsgegenstände? Und wer ist es nunmehr, wenn alle bis jetzt bestimmten Erben angetreten haben?

b) Wem fallen die Zinsen des Erbschaftsvermögens zu? Wer wird Eigentümer der Früchte von Sachen der Verlassenschaft?

c) Verjährt eine Forderung des Verstorbenen gegen einen Darlehensschuldner, wenn die Verjährungszeit während der erwähnten sieben Jahre abgelaufen ist?

d) Kann in entsprechender Weise eine vom Erblasser begonnene Ersitzung sich vollenden?

e) Welche Rechtsfolge tritt ein, wenn von dem bei der Bank deponierten Vermögen etwas gestohlen wird? Oder wenn Erbschaftsmobiliar durch einen Dritten schuldhafter Weise beschädigt worden ist?

4. Ein Testamentserbe verklagte die Witwe seines Erblassers auf Herausgabe von dessen Erbschaft. Die Beklagte entgegnete, daß die Sachen a—g dem X. gehörten, der sie ihrem verstorbenen Ehemann nicht zu Eigentum übergeben hätte; vielmehr wäre a von dem Verstorbenen geliehen worden, b zu Nießbrauch empfangen, c ebenso zu Emphyteusis, d vermietet, e als Depositum angenommen, f als Pfand und das Geldpäckchen g als Darlehen erhalten. Der Testamentserbe giebt das zu, glaubt aber, daß die Beklagte trotzdem zur Herausgabe auch dieser Objekte an ihn verpflichtet sei.

Ist dieses — für alle oder für einige jener Sachen — nach römischem Rechte begründet?

5. Ein Vater hatte einen ihm gehörigen Wagen seinem älteren Sohne verkauft, nach einiger Zeit aber einen Kaufvertrag gleichen Inhaltes mit seinem zweiten Sohne abgeschlossen und diesem jüngeren

Sohne den Wagen übergeben, da der ältere zur Zeit seiner Militärpflicht auf der Marine genügte.

Als der Vater gestorben war, stellte der zurückgekehrte ältere Bruder Klage gegen den jüngeren an, weil ihm der Erblasser des verklagten Bruders den Wagen zuerst verkauft habe. Der Beklagte aber erwiderte, daß der Kläger gleichfalls als Erbe die Handlungen des Verstorbenen vertreten müsse, welcher letztere ihm, dem jetzigen Beklagten, das fragliche Objekt verkauft und übergeben hätte.

Welche *actio* stand hier in Frage? Und wie war der Fall begründetermaßen zu entscheiden?

XL

1. Welche Rechtsbegriffe haben in folgenden Dispositionen Anwendung gefunden?

a) Dem A. vermache ich mein ganzes Vermögen. Er soll aber die Erbschaft nur lebenslang besitzen und genießen. Nach seinem Absterben soll sie an B. fallen. Dem C. hinterlasse ich mein Haus in der Hochstraße. Er soll es jedoch gleichfalls bloß für sich lebenslänglich haben; und nach seinem Tode soll es an D. fallen.

b) Romulus übergiebt dem Niger vertragsmäßig 1000 aurei zu Eigentum mit der Auflage, nach des Schenkers Romulus Tode dem Servilius 100 aurei auszuzahlen.

c) Zu meinem Universalerben bestimme ich den N.; es soll jedoch mein Bruder O. den dritten Teil meines Nachlasses erhalten.

d) Wenn mein Freund H., der mich allein beerben wird, ohne Kinder sterben sollte, so verordne ich, daß eine Summe von 5000 ℳ an meine Vettern W. und V. zurückfalle.

2. „Gaius Lepidus ac Marcus Polybius heredes mei sunto. Mario Gratidiano Medonem servum Lepidi do lego; et Lepidus triginta praecipua accipito. Sergio Oratae heredes centum danto. Aurelius Clodius Nydiam ancillam meam sumito sibique habeto. Quadrigam meam Cneius Matius capito.“

Unter welche römischrechtlichen *termini technici* sind diese einzelnen Vergabungen zu bringen? Was für Rechtsfolgen sind mit jeder von ihnen verknüpft? Welche *actiones* stehen dabei in Frage?

3. In welcher Art hat man nachstehende Verfügungen juristisch zu behandeln?

a) J. und K. und L. sollen meine Erben sein; es soll aber K. von seinem Teile 2000 ℳ an L. abgeben. Nach dem Tode des K. soll dessen Erbteil an den J. oder dessen gesetzliche Erben fallen.

b) Meinem Vetter Ernst hinterlasse ich mein seither schon von ihm mietweise bewohntes Haus nebst Garten in Salzleben. Er hat dafür an meine Schwester Marie in Halle, der mein übriges Vermögen zufällt, ein für allemal 3000 ℳ zu zahlen.

4. *Privatrechtliches Gesetzbuch für den Kanton Zürich (1856).* „§ 2086: Der Erblasser kann im Testamente auch einzelne Vermächtnisse aussetzen. — § 2088: Wenn der Begabte den Tod des Testators überlebt, so fällt ihm das Vermächtnis in der Weise an, daß er gegenüber den Erben desselben eine Forderung auf Entrichtung des Vermächtnisses und Überlassung der vermachten Sache erwirkt. — § 2126: Es kann durch Erbvertrag jemandem auch ein Vermächtnis zugesichert werden, vorausgesetzt, daß der Bedachte in dem Erbvertrag selbständig mitwirke."

Fragen:

a) Sind diese Errichtungsarten eines Vermächtnisses die gleichen, wie im römischen Rechte?

b) Wie verhält es sich, in entsprechender Frage, mit dem Anfall des Vermächtnisses?

c) Was gilt nach obigem Gesetzbuche über den Eigentumserwerb am vermachten Gegenstand; und wie verhält sich das zu den römischrechtlichen Sätzen?

5. Ein katholischer Geistlicher, der seine fünf Geschwister als seine Erben hinterließ, hatte zu dem einen von ihnen, der allein in den letzten Stunden des Erblassers um ihn war, gesagt: „Volo ut vos post mortem meam Charino Menedemo mille thaleros solvatis."

Ist das nach älterem oder neuerem römischen Rechte eine gültige Disposition? Wie wäre es, wenn der vermachte Gegenstand die Bibliothek des Priesters gewesen wäre?

6. „Sublegat. Derjenige, welcher das Vermächtnis prästiren soll, steht in eben dem Verhältnis mit dem, welcher es erhalten soll, wie der Erbe gegen den Legatarium. Wie aber, wenn nun ein solches Legat nicht angenommen wird: verliert der zweite Legatar das Seinige? Z. E. Ich vermache *Cajo* ein Haus, er soll aber *Titio* ein Legat von 10000 Thlrn. entrichten. *Cajus* repudirt das Legat, weil vielleicht das Haus nicht 10000 Thlr. wert ist.

Quaero: muß dann der Erbe die 10000 Thlr. prästiren? Ich glaube . . ."

(Suarez, Gesetz-Revision, Pensum XVI.)

7. Sind die kommenden Vermächtnisse nach römischem Rechte gültig und voll zu bezahlen — und zwar jeweilig nach den verschiedenen jene beschränkenden *leges*? Welche rechtlichen Folgen sind in den einzelnen Fällen durchzuführen?

a) Die Erbschaft beträgt 20000 ℳ; es sind dem A. 10000 ℳ, dem B. 6000 ℳ, dem C. 1000 ℳ vermacht.

b) Als Erben einer Hinterlassenschaft von 12000 ℳ sind X., Y., Z. eingesetzt. Es soll X. an Vermächtnissen 3500 ℳ zahlen, Y. 2000 ℳ und Z. 1500 ℳ.

c) Die Aktiven eines Nachlasses sind 20200 ℳ. Der Verstorbene hinterläßt Schulden im Betrage von 7500 ℳ. Begräbniskosten betragen 300 ℳ. An Aufwendungen für Gerichtsgebühren und Inventarisationskosten werden 400 ℳ in Anspruch genommen. Der Universalerbe H. soll dem Legatar J. ein Grundstück im Werte von 8000 ℳ geben, dafür dieser aber 7500 ℳ an K. bezahlen.

8. Wie sind nachstehende letztwillige Dispositionen rechtlich aufzufassen und durchzuführen? Im besonderen: Konnte der Eingesetzte zur Antretung der Erbschaft gezwungen werden; — wer haftete für die vom Erblasser hinterlassenen Schulden; — blieb etwas von der Erbschaft bei dem Erben zurück? Hatte das römische Recht in seiner geschichtlichen Entwickelung hierüber verschiedenartige Grundsätze?

a) Ich setze den M. zu meinem Erben ein: wenn er aber ohne Kinder sterben wird, so soll die Erbschaft an den N. zurückfallen.

b) A. soll mein Erbe sein und die Erbschaft lebenslänglich genießen. Nach dessen Tod soll sie an B. fallen, der sie gleichfalls bis zu seinem Tode haben und behalten wird. Nach seinem Tode aber hat sie an den C. zu kommen.

c) Ein Erblasser hatte in seinem Testamente seine beiden Söhne zu Universalerben eingesetzt; und jedem von ihnen zunächst die eigene Descendenz, in deren Ermangelung aber den Bruder oder dessen Nachkommenschaft fideikommissarisch substituiert.

9. Vor längeren Zeiten starb hochbetagt Freiherr Goswin von Hausfeld-Garnrode; mit ihm erlosch sein Geschlecht. Aus den zahlreichen Mitgliedern der seinem Hause blutsverwandten Familien hatte er drei ausgewählt und testamentarisch zu seinen Universalerben eingesetzt: Georg von Waldheim, Heinz und Reinhard von Hornbach — mit der Klausel, daß „sobald einer von ihnen eine Person aus dem Bürgerstand heiratet, derselbe seines Erbteils verlustig sein und diesen an seine Miterben herausgeben solle.“

Alle drei traten die Erbschaft an. Nach sieben Jahren heiratete der erstgenannte der drei Erben ein Mädchen aus bürgerlicher Familie.

Fragen:

a) Wer ist nun in Ansehung des Erbteiles des Georg von Waldheim berechtigt? Wem kommt insbesondere das Eigentumsrecht an den hierzu gehörigen Gegenständen zu?

b) Welche Folge tritt ein, wenn Georg von Waldheim inzwischen mit seinem Erbe schlecht gewirtschaftet oder es vollständig verpraßt hätte? Oder: wenn er die Grundstücke und Mobilien an den X., die davon gezogenen Früchte an den Y. und die zu seinem Erbteil gehörigen Forderungen cessionsweise an den Z. veräußert hätte?

c) Was wäre die Rechtsfolge, falls jetzt auch Heinz von Hornbach die Ehe mit einer Bürgerlichen eingeht? Und was weiter, wenn nach einiger Zeit sein Bruder Reinhard dem Beispiele der beiden anderen gleichfalls folgte?

Zweiter Teil.

Exegetische Übungen

für

Anfänger.

Einleitung.

I

1. Pr. §§ 1; 3 I.[1] 1, 1.

2. L. 4 C. de legibus et constitutionibus principum et edictis (1, 14). *Impp. Theodosius et Valentinianus AA. ad Volusianum pp.* Digna vox maiestate regnantis legibus alligatum se principem profiteri: adeo de auctoritate iuris nostra pendet auctoritas. et re vera maius imperio est submittere legibus principatum. et oraculo praesentis edicti quod nobis licere non patimur indicamus. [*a.* 429.]

3. L. 61 D. de O. et A. (44, 7). SCAEVOLA *libro XXVIII digestorum.* § 1. Seia, cum salarium constituere vellet, ita epistulam emisit: Lucio Titio salutem. Si in eodem animo et eadem affectione circa me es, quo semper fuisti, ex continenti acceptis litteris meis distracta re tua veni hoc: tibi quamdiu vivam praestabo annuos decem. scio enim quia valde me bene ames. quaero, cum et rem suam distraxerit Lucius Titius et ad eam profectus sit et ex eo cum ea sit, an ei ex his epistulis salarium annuum debeatur. respondit ex personis causisque eum cuius notio sit aestimaturum, an actio danda sit.

4. §§ 3—10 I. 1, 2.

5. L. 5 C. de legibus etc. (1, 14). *Impp. Theodosius et Valentinianus AA. Florentio pp.* Non dubium est in legem committere eum, qui verba legis amplexus contra legis nititur voluntatem: nec poenas insertas legibus evitabit, qui se contra iuris sententiam scaeva praerogativa verborum fraudulenter excusat. nullum enim pactum, nullam conventionem, nullum contractum inter eos videri volumus subsecutum, qui contrahunt lege contra-

---

[1] Iustiniani Institutiones rec. P. KRÜGER, ed. alt. (1899).

here prohibente. § 1. Quod ad omnes etiam legum interpretationes tam veteres quam novellas trahi generaliter imperamus, ut legis latori, quod fieri non vult, tantum prohibuisse sufficiat, cetera quasi expressa ex legis liceat voluntate colligere: hoc est ut ea quae lege fieri prohibentur, si fuerint facta, non solum inutilia, sed pro infectis etiam habeantur, licet legis lator fieri prohibuerit tantum nec specialiter dixerit inutile esse debere quod factum est. sed et si quid fuerit subsecutum ex eo vel ob id, quod interdicente lege factum est, illud quoque cassum atque inutile esse praecipimus. [*a.* 439.]

II

1. § 4 I. 1, 1.

2. Vehiculum conduxisti, ut onus tuum portaret et secum iter faceret: id cum pontem transiret, redemptor eius pontis portorium ab eo exigebat: querebatur, an etiam pro ipsa sola reda portorium daturus fuerit. . . . [L. 60 § 8 D. 19, 2.]

3. L. 21 D. ad municipalem et de incolis (50, 1). *Paulus libro I responsorum.* Lucius Titius cum esset in patris potestate, a magistratibus inter ceteros frumento comparando invito patre curator constitutus est: cui rei Lucius Titius neque consensit neque pecuniam accepit neque in eam cavit aut se comparationibus cum ceteris miscuit: et post mortem patris in reliqua collegarum interpellari coepit. quaeritur, an ex ea causa teneri possit. Paulus respondit eum, qui iniunctum munus a magistratibus suscipere supersedit, posse conveniri eo nomine propter damnum rei publicae, quamvis eo tempore, quo creatus est, in aliena fuerit potestate.

4. L. 3 D. de officio praetorum (1, 14). *Ulpianus libro XXXVIII ad Sabinum.* Barbarius Philippus cum servus fugitivus esset, Romae praeturam petiit et praetor designatus est. sed nihil ei servitutem obstetisse ait Pomponius, quasi praetor non fuerit: atquin verum est praetura eum functum. et tamen videamus: si servus, quamdiu latuit, dignitate praetoria functus sit: quid dicemus? quae edixit, quae decrevit, nullius fore momenti? an fore propter utilitatem eorum, qui apud eum egerunt vel lege vel quo alio iure? et verum puto nihil eorum reprobari: hoc enim humanius est: cum etiam potuit populus Romanus servo decernere hanc potestatem, sed et si scisset servum esse, liberum effecisset. quod ius multo magis in imperatore observandum est.

5. Titio, cum esset Romae studiorum gratia, epistula missa est a magistratibus patriae suae, ut porrigeret imperatori decretum eiusdem civitatis, quod erat cum ipsa epistula missum. is antem, qui suscepisset litteras restituendas, collusione facta dedit Lucio Titio, qui et ipse Romae morabatur suae rei gratia: sublato Titii nomine, cui erat decretum missum, uti per ipsum daretur, suum nomen scripsit et sic imperatori decretum secundum mandata rei publicae dedit. quaero, qui viaticum petere ab ea potuisset? et quid commisisse videtur is, qui non restituit litteras ei, cui restituere mandatum susceperat, et is, qui sublato alieno nomine inscriptoque suo, quasi ipse iussus a patria, decretum imperatori porrexit? . . . [L. 36 D. 50, 1.]

III

1. Pr.; §§ 1; 2 I. 1, 2. — § 11 I. 1, 2.

2. L. 31 D. depositi (16, 3). *Tryphoninus libro IX disputationum.* Bona fides quae in contractibus exigitur aequitatem summam desiderat: sed eam utrum aestimamus ad merum ius gentium an vero cum praeceptis civilibus et praetoriis? veluti reus capitalis iudicii deposuit apud te centum: is deportatus est, bona eius publicata sunt: utrumne ipsi haec reddenda an in publicum deferenda sint? si tantum naturale et gentium ius intuemur, ei qui dedit restituenda sunt: si civile ius et legum ordinem, magis in publicum deferenda sunt: nam male meritus publice, ut exemplo aliis ad deterrenda maleficia sit, etiam egestate laborare debet.

3. L. 64 D. de condictione indebiti (12, 6). *Tryphoninus libro VII disputationum.* Si quod dominus servo debuit, manumisso solvit, quamvis existimans ei aliqua teneri actione, tamen repetere non poterit, quia naturale adgnovit debitum: ut enim libertas naturali iure continetur et dominatio ex gentium iure introducta est, ita debiti vel non debiti ratio in condictione naturaliter intellegenda est.

4. Divus Hadrianus rescripto poenam statuit XL aureorum in eos qui in civitate sepeliunt, quam fisco inferri iussit, et in magistratus eadem qui passi sunt, et locum publicari iussit et corpus transferri. quid tamen, si lex municipalis permittat in civitate sepeliri? . . . [L. 3 § 5 D. 47, 12.]

5. L. 8 C. de iudaeis et caelicolis (1, 9). *Impp. Gratianus Valentinianus et Theodosius AAA. Eutychiano pp.* Iudaei Romano communi iure viventes in his causis, quae tam ad superstitionem eorum quam ad forum et leges ac iura pertinent, adeant sollemni more iudicia, omnesque Romanis legibus conferant et excipiant actiones. § 1. Si qui vero ex his communi pactione ad similitudinem arbitrorum apud Iudaeos in civili dumtaxat negotio putaverint litigandum, sortiri eorum iudicium iure publico non vetentur. § 2. Eorum etiam sententias iudices exsequantur, tamquam ex sententia cognitoris arbitri fuerint attributi. [*a.* 398.]

6. Imp. Iustiniani pragmatica sanctio (Const. *Pro petitione Vigilii*). C. 11. *Ut leges Impp. per provincias ipsorum dilatentur.* Iura insuper vel leges codicibus nostris insertas, quas iam sub edictale programmate in Italiam dudum misimus, obtinere sancimus: sed et eas quas postea promulgavimus constitutiones iubemus sub edictali propositione vulgari et ex eo tempore quo sub edictali programmate evulgatae fuerint etiam per partes Italiae obtinere, ut una Deo volente facta re publica legum etiam nostrarum ubique prolatetur auctoritas. [*a.* 554.]

IV

1. Prooem. Inst. (Const. *Imperatoriam maiestatem,* 21. Nov. 533). — § 2 I. 1, 1.

2. L. 1 D. de O. I. (1, 2). *Gaius libro I ad legem XII tabularum.* Facturus legum vetustarum interpretationem necessario prius ab urbis initiis repetendum existimavi, non quia velim verbosos commentarios facere, sed quod in omnibus rebus animadverto id perfectum esse, quod ex omnibus suis partibus constaret: et certe cuiusque rei potissima pars principium est. deinde si in foro causas dicentibus nefas ut ita dixerim videtur esse nulla praefatione facta iudici rem exponere: quanto magis interpretationem promittentibus inconveniens erit omissis initiis atque origine non repetita atque illotis ut ita dixerim manibus protinus materiam interpretationis tractare? namque nisi fallor istae praefationes et libentius nos ad lectionem propositae materiae producunt et cum ibi venerimus, evidentiorem praestant intellectum.

L. 2 eod.: *Pomponius libro singulari enchiridii.*

3. (Citiergesetz.) L. 3 C. Th. de responsis prudentium (1, 4). *Impp. Theodosius et Valentinianus AA. ad Senatum urbis Romae.* 1. Papiniani, Pauli, Gai, Ulpiani atque Modestini scripta universa firmamus ita, ut Gaium quae Paulum Ulpianum et cunctos comitetur auctoritas lectionesque ex omni eius opere recitentur. 2. Earumque quoque scientiam quorum tractatus atque sententias praedicti omnes suis operibus miscuerunt ratam esse censemus (ut Scaevolae, Sabini, Iuliani atque Marcelli omniumque quos illi celebrarunt): si tamen eorum libri propter antiquitatis incertum codicum collatione firmentur. 3. Ubi autem diversae sententiae proferuntur, potior numerus vincat auctorum, vel si numerus aequalis sit, eius praecedat auctoritas, in qua excellentis ingenii vir Papinianus emineat, qui, ut singulos vincit, ita cedit duobus. 4. Notas etiam Pauli atque Ulpiani in Papiniani corpus factas, sicut dudum statutum est, praecipimus infirmari. 5. Ubi autem pares eorum sententiae recitantur, quorum par censetur auctoritas, quod sequi debeat eligat moderatio iudicantis. 6. Pauli quoque sententias semper valere praecipimus. [*a.* 426.]

4. Prooem. alt. Dig. (Const. *Omnem rei publicae*, 16. Dec. 533).

Erstes Buch.

Allgemeiner Teil.

V

1. § 4 I. 3, 24.

2. L. 20 D. de C. E. (18, 1). *Pomponius libro IX ad Sabinum.* Sabinus respondit, si quam rem nobis fieri velimus etiam, veluti statuam vel vas aliquod seu vestem, ut nihil aliud quam pecuniam daremus, emptionem videri, nec posse ullam locationem esse, ubi corpus ipsum non detur ab eo cui id fieret: aliter atque si aream darem, ubi insulam aedificares, quoniam tunc a me substantia proficiscitur.

3. Convenit mihi tecum, ut certum numerum tegularum mihi dares certo pretio quod ut faceres: utrum emptio sit an locatio? [L. 65 D. 18, 1.]

4. L. 13 D. de praescriptis verbis et in factum actionibus (19, 5). *Ulpianus libro XXX ad Sabinum.* § 1. Iulianus libro XI digestorum scribit, si tibi areae meae dominium dedero, ut insula aedificata partem mihi reddas, neque emptionem esse, quia pretii loco partem rei meae recipio, neque mandatum, quia non est gratuitum, neque societatem, quia nemo societatem contrahendo rei suae dominus esse desinit. sed si puerum docendum vel pecus pascendum tibi dedero vel puerum nutriendum ita, ut, si post certos annos venisset, pretium inter nos communicaretur, abhorrere haec ab area eo, quod hic dominus esse non desinit qui prius fuit: competit igitur pro socio actio. sed si forte puerum dominii tui fecero, idem se quod in area dicturum, quia dominium desinit ad primum dominum pertinere. . . .

5. GAI. III. § 146. Item [quaeritur] si gladiatores ea lege tibi tradiderim, ut in singulos qui integri exierint, pro sudore denarii XX mihi darentur, in eos vero singulos qui occisi aut debilitati fuerint, denarii mille, quaeritur utrum emptio et venditio an locatio et conductio contrahatur: et magis placuit eorum qui integri exierint, locationem et conductionem contractam videri, at eorum qui occisi aut debilitati sunt, emptionem et venditionem esse; idque ex accidentibus apparet, tamquam sub condicione facta cuiusque venditione an locatione: iam enim non dubitatur quin sub condicione res veniri aut locari possint.

6. Si quis aliquem a latrunculis vel hostibus eripuit et aliquid pro eo ab ipso accipiat . . . [L. 34 § 1 D. 39, 5].

7. L. 19 D. locati conducti (19, 2). *ULPIANUS libro XXXII ad edictum.* § 7. Si quis mulierem vehendam navi conduxisset, deinde in nave infans natus fuisset, probandum est pro infante nihil deberi, cum neque vectura eius magna sit neque his omnibus utatur, quae ad navigantium usum parantur.

8. L. 21 D. eod. (19, 2). *IAVOLENUS libro XI epistularum.* Cum venderem fundum, convenit, ut, donec pecunia omnis persolveretur, certa mercede fundum conductum haberet: an soluta pecunia merces accepta fieri debeat? respondit: bona fides exigit, ut quod convenit fiat: sed non amplius praestat is venditori, quam pro portione eius temporis, quo pecunia numerata non esset.

9. L. 25 D. de operis libertorum (38, 1). *IULIANUS libro LXV digestorum.* § 2. Item plerumque medici servos eiusdem artis libertos perducunt, quorum operis perpetuo uti non aliter possunt, quam ut eas locent. ea et in ceteris artificibus dici possunt.

10. L. 29 D. pro socio (17, 2). *ULPIANUS libro XXX ad Sabinum.* § 2. Aristo refert Cassium respondisse societatem talem coiri non posse, ut alter lucrum tantum, alter damnum sentiret, et hanc societatem leoninam solitum appellare: et nos consentimus talem societatem nullam esse, ut alter lucrum sentiret, alter vero nullum lucrum, sed damnum sentiret: iniquissimum enim genus societatis est, ex qua quis damnum, non etiam lucrum spectet.

VI

Bruns, Fontes iuris Romani antiqui, c. 6. Edicta, ed. VI (1893) n. 62 p. 202 sqq.

1. I. 4, 6. — I. 4, 15.

2. L. 48 D. de A.E.V. (19, 1). SCAEVOLA *libro II responsorum.* Titius heres Sempronii fundum Septicio vendidit ita: fundus Sempronianus, quidquid Sempronii iuris fuit, erit tibi emptus tot nummis vacuamque possessionem tradidit neque fines eius demonstravit: quaeritur, an empti iudicio cogendus sit ostendere ex instrumentis hereditariis, quid iuris defunctus habuerit et fines ostendere. respondi id ex ea scriptura praestandum, quod sensisse intelleguntur: quod si non appareat, debere venditorem et instrumenta fundi et fines ostendere: hoc etenim contractui bonae fidei consonat.

3. Quae sit actio?

a) Si vestimenta servanda balneatori data perierunt, si quidem nullam mercedem servandorum vestimentorum accepit, . . . eum teneri: quod si accepit, . . .

b) Rem tibi dedi, ut creditori tuo pignori dares: dedisti: non repigneras, ut mihi reddas. Labeo ait . . actionem locum habere, quod ego puto verum esse, nisi merces intervenit: tunc enim . . . agendum erit. plane si ego pro te rem pignori dedero tua voluntate, . . . erit actio.

c) Si quis servum custodiendum coniecerit forte in pistrinum, si quidem merces intervenit custodiae, puto esse actionem adversus pistrinarium . . .: si vero mercedem accipiebam ego pro hoc servo, quem in pistrinum accipiebat, . . . me agere posse: quod si operae eius servi cum custodia pensabantur, quasi genus locati et conducti intervenit, sed quia pecunia non datur, . . . datur actio: si vero nihil aliud quam cibaria praestabat nec de operis quicquam convenit, . . . actio est.

d) Stichus testamento eius, quem dominum suum arbitrabatur, libertate accepta, si decem annis ex die mortis annuos decem heredibus praestitisset per octo annos praefinitam quantitatem, ut iussus erat, dedit: postmodum se ingenuum comperit nec reliquorum annorum dedit et pronunciatus est ingenuus: quaesitum est, an pecuniam, quam heredibus dedit, repetere et qua actione possit?

Responsa: a) L. 1 § 8 D. 16, 3. b) L. 5 § 12 D. 13, 6. c) L. 1 § 9 D. 16, 3. d) L. 67 pr. D. 12, 6.

4. L. 13 D. locati conducti (19, 2). *Ulpianus libro XXXII ad edictum.* § 4. Item Iulianus libro LXXXVI digestorum scripsit, si sutor puero parum bene facienti forma calcei tam vehementer cervicem percusserit, ut ei oculus effunderetur, ex locato esse actionem patri eius: quamvis enim magistris levis castigatio concessa sit, tamen hunc modum non tenuisse: sed et de Aquilia supra diximus. iniuriarum autem actionem competere Iulianus negat, quia non iniuriae faciendae causa hoc fecerit, sed praecipiendi.

5. L. 6 C. mandati (4, 35). *Imp. Gordianus A. Aelio Sosibio militi.* Si fideiussor pro reo patiente fidem suam adstrinxit, mandati cum eo post exsolutam pecuniam vel factam condemnationem potest actionem exercere. [*a.* 238.]

6. I. 4, 12. — L. un. C. Th. de actionibus certo tempore finiendis (4, 14) = l. 3 C. de praescriptione XXX vel XL annorum (7, 39), [*a.* 324].

7. I. 4, 13; 4, 14.

8. L. 19 D. de senatus consulto Macedoniano (14, 6). *Pomponius libro VII ex variis lectionibus.* Iulianus scribit exceptionem senatus consulti Macedoniani nulli obstare, nisi qui sciret aut scire potuisset filium familias esse eum cui credebat.

9. I. 4, 10; 4, 11; 4, 16—18.

VII

1. § 12 I. 1, 2,

2. L. 40 D. de A.E.V. (19, 1). *Pomponius libro XXXI ad Quintum Mucium.* Quintus Mucius scribit: dominus fundi de praedio arbores stantes vendiderat et pro his rebus pecuniam accepit et tradere nolebat: emptor quaerebat, quid se facere oporteret, et verebatur, ne hae arbores eius non viderentur factae. *Pomponius:* arborum, quae in fundo continentur, non est separatum corpus a fundo et ideo ut dominus suas specialiter arbores vindicare emptor non poterit: sed ex empto habet actionem.

3. Kauf bricht Miete.

a) L. 25 D. locati conducti (19, 2). *Gaius libro X ad edictum provinciale.* § 1. Qui fundum fruendum vel habitationem alicui locavit, si aliqua ex causa fundum vel aedes vendat, curare debet, ut apud emptorem quoque eadem pactione et colono frui et inquilino habitare liceat: alioquin prohibitus is aget cum eo ex conducto.

b) L. 32 D. eod (19, 2). *Iulianus libro IV ex Minicio.* Qui fundum colendum in plures annos locaverat, decessit et eum fundum legavit. Cassius negavit posse cogi colonum, ut eum fundum coleret, quia nihil heredis interesset. quod si colonus vellet colere et ab eo, cui legatus esset fundus, prohiberetur, cum herede actionem colonum habere: et hoc detrimentum ad heredem pertinere: sicuti si quis rem, quam vendidisset nec dum tradidisset, alii legasset, heres eius emptori et legatario esset obligatus.

c) L. 59 D. de usu fructu (7, 1). *Paulus libro III sententiarum.* § 1. Quidquid in fundo nascitur vel quidquid inde percipitur, ad fructuarium pertinet, pensiones quoque iam antea locatorum agrorum, si ipsae quoque specialiter comprehensae sint. sed ad exemplum venditionis, nisi fuerint specialiter exceptae, potest usufructuarius conductorem repellere.

d) L. 13 D. de A.E.V. (19, 1). *Ulpianus libro XXXII ad edictum.* § 30. Si venditor habitationem exceperit, ut inquilino liceat habitare, vel colono ut perfrui liceat ad certum tempus, magis esse Servius putabat ex vendito esse actionem: denique Tubero ait, si iste colonus damnum dederit, emptorem ex empto agentem cogere posse venditorem, ut ex locato cum colono experiatur, ut quidquid fuerit consecutus, emptori reddat.

4. L. 36 D. de S.P.R. (8, 3). *Paulus libro II responsorum.* Cum fundo, quem ex duobus retinuit venditor, aquae ducendae servitus imposita sit, empto praedio quaesita servitus distractum denuo praedium sequitur: nec ad rem pertinet, quod stipulatio, qua poenam promitti placuit, ad personam emptoris, si ei forte frui non licuisset, relata est.

5. L. 75 D. de C.E. (18, 1). *Hermogenianus libro II iuris epitomarum.* Qui fundum vendidit, ut eum certa mercede conductum ipse habeat vel, si vendat non alii, sed sibi distrahat vel simile aliquid paciscatur: ad complendum id, quod pepigerunt, ex vendito agere poterit.

VIII

Bruns, Font. iur. n. 47; 146 sqq.

1. I. 1, 3. — I. 1, 16.

2. L. 7 D. quod cuiuscumque universitatis nomine vel contra eam agatur (3, 4). *Ulpianus libro X ad edictum.* § 1. Si quid universitati debetur, singulis non debetur: nec quod debet universitas singuli debent. § 2. In decurionibus vel aliis universitatibus nihil refert, utrum omnes idem maneant an pars maneat vel omnes immutati sint. sed si universitas ad unum redit, magis admittitur posse eum convenire et conveniri, cum ius omnium in unum recciderit et stet nomen universitatis.

3. L. 1 D. ad senatus consultum Trebellianum (36, 1). *Ulpianus libro III fideicommissorum.* § 15. Si autem collegium vel corpus sit, quod rogatum est restituere decreto eorum cui, qui sunt in collegio vel corpore, in singulis inspecta eorum persona restitutionem valere, nec enim ipse sibi videtur quis horum restituere.

4. L. 20. D. de annuis legatis (33, 1). *Scaevola libro XVIII digestorum.* § 1. Attia fideicommissum his verbis reliquit: quisquis mihi heres erit, fidei eius committo, uti det ex reditu cenaculi mei et horrei post obitum sacerdoti et hierophylaco et libertis, qui in illo templo erunt, denaria decem die nundinarum, quas ibi posui. quaero, utrum his dumtaxat, qui eo tempore quo legabatur in rebus humanis et in eo officio fuerint, debitum sit, an etiam his qui in locum eorum successerunt. respondit secundum ea quae proponerentur ministerium nominatorum designatum, ceterum datum templo. item quaero, utrum uno dumtaxat anno decem fideicommissi nomine debeantur an etiam in perpetuum decem annua praestanda sint. respondit in perpetuum.

5. L. 56; 57 D. de legatis II (31). *Gaius libro XIV ad legem Iuliam et Papiam.* Quod principi relictum est, qui ante, quam dies legati cedat, ab hominibus ereptus est, ex constitutione divi Antonini successori eius debetur. *Iunius Mauricianus libro II ad legem Iuliam et Papiam.* Si Augustae legaveris et ea inter homines esse desierit, deficit quod ei relictum est, sicuti divus Hadrianus in Plotinae et proxime imperator Antoninus in Faustinae Augustae persona constituit, cum ea ante inter homines esse desiit, quam testator decederet. (Cf. §§ 25—27 I. 2, 20.)

IX

1. Pr. — § 8 I. 3, 6.

2. Stemma cognationum § 9 I. 3, 6 . . .?

3. De gradibus et adfinibus et nominibus eorum. [L. 10 §§ 13, 14 D. 38, 10.]

a) Et ideo evenire solet in his, qui diversis parentibus nati sunt, ut qui meo fratri frater sit meus cognatus non sit. pone me fratrem habere ex eodem tantum patre, illum habere ex eadem matre: illi inter se fratres sunt, mihi alter cognatus non est.

b) Avia paterna mea nupsit patri tuo, peperit te, aut avia paterna tua nupsit patri meo, peperit me: ego tibi patruus sum et tu mihi.

c) Id evenit, si mulieres altera alterius filio nupserit: nam qui ex his masculi nati fuerint, invicem patrui sunt, quae feminae, invicem amitae, item masculi feminis similiter patrui, feminae illis amitae.

d) Si vir et mulier ille filiam eius duxerit, illa filio eius nupserit: qui ex patre adulescentis nati erunt, ex matre puellae natos fratris filios, illi eos patruos et amitas appellabunt.

e) Si duo viri alter alterius filiam duxerint, qui ex his masculi nati fuerint, invicem avunculi, quae feminae, invicem materterae erunt, et eadem ratione masculi puellis avunculi et illae illis erunt materterae.

4. L. 10 D. unde cognati (38, 8). *Scaevola libro II responsorum.* Intestata reliquit sororem Septiciam diverso patre natam et praegnatem matrem ex alio marito: quaero, si mater hereditatem repudiaverit, dum adhuc praegnas est, posteaque enixa fuerit Semproniam, an etiam Sempronia bonorum Titiae possessionem accipere possit. respondit, si mater hereditate exclusa est, eam quae, ut proponeretur, postea nata est, accipere posse.

X

1. I. 1, 5—7. — I. 1, 8.

2. L. 9. D. qui sine manumissione ad libertatem perveniunt (40, 8). *Paulus libro V quaestionum.* Latinus Largus: vendidit ancillam ita, ut manumitteretur, non addito tempore; quaero, quando ex constitutione incipit ei libertas competere cessante emptore in manumittendo. respondi: inspiciendum est, quid actum sit, utrum, cum primnm potuisset, ut manumitteret, an ut in potestate esset emptoris, quando vellet manumittere. priore casu facile tempus deprehendi poterit: posteriore utique moriente emptore competit libertas. si non appareat, quid convenerit, favor priorem inducet opinionem, id est ut intra duos menses, si ambo praesto sunt tam servus quam emptor eius: servo enim absente nisi emptor intra quattuor menses imposuerit libertatem, ex constitutionibus ad libertatem eripitur.

3. L. 59 D. de manumissis testamento (40, 4). *Scaevola libro XXIII digestorum.* Titia servis quibusdam et ancillis nominatim directas libertates dedit, deinde ita scripsit: et pediseqquas omnes, quarum nomina in rationibus meis scripta sunt, liberas esse volo. quaesitum est, an Eutychia, quae testamenti facti tempore inter pedisequas libertatem acceperat, mortis autem tempore inveniatur actori in contubernio tradita, ex generali capite pedisequarum libertatem consequi posset. respondit nihil impediri libertatem pedisequae, quod mortis demum tempore pedisequa esse desiit.

4. L. 44 D. eod. (40, 4). *Modestinus libro X responsorum.* Maevia decedens servis suis nomine Sacco et Eutychiae et Irenae sub condicione libertatem reliquit his verbis: Saccus servus meus et Eutychia et Irene ancillae meae omnes sub hac condicione liberi sunto, ut monumento meo alternis mensibus lucernam accendant et sollemnia mortis peragant: quaero, cum adsiduo monumento Maeviae Saccus et Eutychia et Irene non adsint, an liberi esse possunt. Modestinus respondit neque contextum verborum totius scripturae neque mentem testatricis eam esse, ut libertas sub condicione suspensa sit, cum liberos eos monumento adesse voluit: officio tamen iudicis eos esse compellendos testatricis iussioni parere.

5. §§ 3—5 I. 2, 9. — I. 3, 28. — I. 4, 7.

6. Gaius Seius Pamphilam hac lege emit, ut intra annum manumitteretur: deinde intra annum Seius servus pronuntiatus est: quaero, an ex lege venditionis finito anno Pamphila libertatem consecuta sit. . . . [L. 23 D. 40, 1.]

7. L. 7 D. de exercitoria actione (14, 1). *Africanus libro VIII quaestionum.* Lucius Titius Stichum magistrum navis praeposuit: is pecuniam mutuatus cavit se in refectionem navis eam accepisse: quaesitum est, an non aliter Titius exercitoria teneretur, quam si creditor probaret pecuniam in refectionem navis esse consumptam. respondit creditorem utiliter acturum, si, cum pecunia crederetur, navis in ea causa fuisset, ut refici deberet: etenim ut non oportet creditorem ad hoc adstringi, ut ipse reficiendae navis curam suscipiat et negotium domini gerat (quod certe futurum sit, si necesse habeat probare pecuniam in refectionem erogatam esse), ita illud exigendum, ut sciat in hoc se credere, cui rei magister quis sit praepositus, quod certe aliter fieri non potest, quam si illud quoque scierit necessariam refectioni pecuniam esse: quare etsi in ea causa fuerit navis, ut refici deberet, multo tamen maior pecunia credita fuerit, quam ad eam rem esset necessaria, non debere in solidum adversus dominum navis actionem dari.

8. L. 20 D. de in rem verso (15, 3). *Scaevola libro I responsorum.* § 1. Servus absentis rei publicae causa pupilli servis pecuniam credidit subscribente tutore stipulatione in personam tutoris translata: quaesitum est, an adversus pupillum competat actio. respondi, si, cum in rem pupilli daretur, id in rem eius versum est et, quo magis actus servorum confirmaretur, tutor spopondit, posse nihilo minus dici de in rem verso cum pupillo actionem fore.

XI

Bruns, Font. iur. n. 27 sqq., n. 85.

1. I. 1, 4. — § 3 I. 1, 5. — § 2 I. 1, 16.

2. L. 18 [17] D. de legationibus (50, 7). *Pomponius libro XXXVII ad Quintum Mucium.* Si quis legatum hostium pulsasset, contra ius gentium id commissum esse existimatur, quia sancti habentur legati. et ideo si, cum legati apud nos essent gentis alicuius, bellum cum eis indictum sit, responsum est liberos eos manere: id enim iuri gentium conveniens esse. itaque eum, qui legatum pulsasset, Quintus Mucius dedi hostibus, quorum erant legati, solitus est respondere. quem hostes si non recepissent, quaesitum est, an civis Romanus maneret: quibusdam existimentibus manere, aliis contra, quia quem semel populus iussisset dedi, ex civitate expulsisse videretur, sicut faceret, cum aqua et igni interdiceret, in qua sententia videtur Publius Mucius fuisse. id autem maxime quaesitum est in Hostilio Mancino, quem Numantini sibi deditum non acceperunt: de quo tamen lex postea lata est, ut esset civis Romanus, et praeturam quoque gessisse dicitur.

3. L. 5 D. de captivis et de postliminio et redemptis ab hostibus (49, 15). *Pomp.* eod. (Nr. 2). § 3. Captivus autem si a nobis manumissus fuerit et pervenerit ad suos, ita demum postliminio reversus intellegitur, si malit eos sequi quam in nostra civitate manere. et ideo in Atilio Regulo, quem Carthaginienses Romam miserunt, responsum est non esse eum postliminio reversum, quia iuraverat Carthaginem reversurum et non habuerat animum Romae remanendi. et ideo in quodam interprete Menandro, qui posteaquam apud nos manumissus erat, missus est ad suos, non est visa necessaria lex, quae lata est de illo, ut maneret civis Romanus: nam sive animus ei fuisset remanendi apud suos, desineret esse civis, sive animus fuisset revertendi, maneret civis, et ideo esset lex supervacua.

Zweites Buch.

Recht der Schuldverhältnisse.

XII

1. I. 3, 13. — §§ 28—30 I. 4, 6.

2. L. 9 D. locati conducti (19, 2). *Ulpianus libro XXXII ad edictum.* § 1. Hic subiungi potest, quod Marcellus libro sexto digestorum scripsit: si fructuarius locaverit fundum in quinquennium et decesserit, heredem eius non teneri, ut frui praestet, non magis quam insula exusta teneretur locator conductori. sed an ex locato teneatur conductor, ut pro rata temporis quo fruitus est pensionem praestet, Marcellus quaerit, quemadmodum praestaret, si fructuarii servi operas conduxisset vel habitationem? et magis admittit teneri eum: et est aequissimum. idem quaerit, si sumptus fecit in fundum quasi quinquennio fruiturus, an recipiat? et ait non recepturum, quia hoc evenire posse prospicere debuit. quid tamen si non quasi fructuarius ei locavit, sed si quasi fundi dominus? videlicet tenebitur: decepit enim conductorem: et ita imperator Antoninus cum divo Severo rescripsit. in exustis quoque aedibus eius temporis, quo aedificium stetit, mercedem praestandam rescripserunt.

3. L. 12 D. de usuris etc. et mora (22, 1). *Paulus libro IV responsorum.* Seia mutuam pecuniam accepit a Septicio: de usuris ita convenit: nisi sua quaque die usurae supra scriptae exsolverentur vel post tertium mensem, tunc in maiores usuras Seia teneretur, et deinceps per singulas pensiones, si condicione data usurae non solverentur, ea condicio observaretur, donec omnis summa debita hoc nomine exsolveretur. quaero, an haec verba et deinceps per singulas pensiones condicione data usurae non solvantur, ea condicio observaretur eo pertineant, ut, quamvis commissa sit forte prima stipulatio, non tamen in ampliorem quantitatem usurarum conveniri possit quam eius pensionis nomine, quae egressa est diem praestitutum. Paulus respondit plures condiciones continere eam stipulationem, quae de gravioribus usuris praestandis subiecta est, id est ut per singulas pensiones condicio inspectaretur non illatarum suis temporibus leviorum usurarum: et ideo posse evitari poenam sequentium pensionum.

4. L. 1 D. de periculo et commodo rei venditae (18, 6). *Ulpianus libro XXVIII ad Sabinum.* § 3. Licet autem venditori vel effundere vinum, si diem ad metiendum praestituit nec intra diem admensum est: effundere autem non statim poterit, priusquam testando denuntiet emptori, ut aut tollat vinum aut sciat futurum, ut vinum effunderetur. si tamen, cum posset effundere, non effudit, laudandus est potius: ea propter mercedem quoque doliorum potest exigere, sed ita demum, si interfuit eius inania esse vasa in quibus vinum fuit (veluti si locaturus ea fuisset) vel si necesse habuit alia conducere dolia. commodius est autem conduci vasa nec reddi vinum, nisi quanti conduxerit ab emptore reddatur, aut vendere vinum bona fide: id est quantum sine ipsius incommodo fieri potest operam dare, ut quam minime detrimento sit ea res emptori.

5. I. 3, 16.

6. L. 9 D. de duobus reis constituendis (45, 2). *Papinianus libro XXVII quaestionum.* Eandem rem apud duos pariter deposui utriusque fidem in solidum secutus, vel eandem rem duobus similiter commodavi: fiunt duo rei promittendi, quia non tantum verbis stipulationis, sed et ceteris contractibus, veluti emptione venditione, locatione conductione, deposito, commodato, testamento, ut puta si pluribua heredibus institutis testator dixit: Titius et Maevius Sempronio decem dato. § 1. Sed si quis in deponendo penes duos paciscatur, ut ab altero culpa quoquo praestaretur, verius est non esse duos reos, a quibus impar suscepta est obligatio. non idem probandum est, cum duo quoque culpam promisissent, si alteri postea pacto culpa remissa sit, quia posterior conventio, quae in alterius persona intercessit, statum et naturam obligationis, quae duos initio reos fecit, mutare non potest. quare si socii sint et communis culpa intercessit, etiam alteri pactum cum altero factum proderit. § 2. Cum duos reos promittendi facerem ex diversis locis, Capuae pecuniam dari stipulatus sim, ex persona cuiusque ratio proprii temporis habebitur: nam etsi maxime parem causam suscipiunt, nihilo minus in cuiusque persona propria singulorum consistit obligatio.

7. L. 10 D. eod. (45, 2). *Papinianus libro XXXVII quaestionum.* Si duo rei promittendi socii non sint, non proderit alteri, quod stipulator alteri reo pecuniam debet.

XIII

Bruns, Font. iur. n. 127; 130.

1. I. 3, 15. — I. 3, 17—19. — I. 3, 21.

2. L. 134 D. de V.O. (45, 1). *Paulus libro XV responsorum.* Titia, quae ex alio filium habebat, in matrimonium coit

Gaio Seio habenti filiam: et tempore matrimonii consenserunt, ut filia Gaii Seii filio Titiae desponderetur, et interpositum est instrumentum et adiecta poena, si quis eorum nuptiis impedimento fuisset: postea Gaius Seius constante matrimonio diem suum obiit et filia eius noluit nubere: quaero, an Gaii Seii heredes teneantur ex stipulatione. respondit ex stipulatione, quae proponeretur, cum non secundum bonos mores interposita sit, agenti exceptionem doli mali obstaturam, quia inhonestum visum est vinculo poenae matrimonia obstringi sive futura sive iam contracta.

3. L. 124 D. eod. (45, 1). *Papinianus libro II definitionum*, I n s u l a m i n t r a b i e n n i u m i l l o l o c o a e d i f i c a r i s p o n d e s? ante finem biennii stipulatio non committitur, quamvis reus promittendi non aedificaverit et tantum residui temporis sit, quo aedificium extrui non possit: neque enim stipulationis status, cuius dies certus in exordio fuit, ex post facto mutatur. idque et in stipulatione iudicio sistendi causa facta placuit, scilicet ut ante diem stipulatio non committatur, si certum esse coeperit parere stipulationi residuo tempore non posse.

4. Huiusmodi stipulatio interposita est: s i T i t i u s c o n s u l f a c t u s f u e r i t, t u m e x h a c d i e i n a n n o s s i n g u l o s d e n a d a r i s p o n d e s? post triennium condicio exstitit: an huius temporis nomine agi possit, non immerito dubitabitur. . . . [L. 64 eod.]

5. L. 135 D. eod. (45, 1). *Scaevola libro V responsorum.* § 3. Ea lege donatum sibi esse a Seia servum et traditum, ut ne ad fratrem eius aut filium aut uxorem aut socrum perveniret, scripsit et haec ita stipulante Seia spopondit Titius, qui post biennium heredes reliquit Seiam et fratrem, cui ne serviret, expressum erat: quaeritur an Seia cum fratre et coherede ex stipulatu agere possit. respondit posse in id, quod eius interest.

XIV

Bruns, Font. iur. n. 133—143.

1. I. 3, 22. — I. 3, 23.

2. L. 52 D. de A.E.V. (19, 1). *Scaevola libro VII responsorum.* Creditor fundum sibi obligatum, cuius chirographa tributorum a debitore retro solutorum apud se deposita habebat, vendidit Maevio ea lege, ut, si quid tributorum nomine debitum esset, emptor solveret: idem fundus ob causam eorum tributorum, quae iam soluta erant, a conductore saltus, in quo idem fundus est, venit eumque idem Maevius emit et pretium solvit: quaesitum est, an empti iudicio vel aliqua actione emptor a venditore consequi possit, ut solutionum supra scriptarum chirographa ei dentur. respondit posse emptorem empti iudicio consequi, ut instrumenta de quibus quibus quaereretur exhibeantur.

3. L. 30 D. eod. (19, 1). *Africanus libro VIII quaestionum.* § 1. Si sciens alienam rem ignoranti mihi vendideris, etiam priusquam evincatur utiliter me ex empto acturum putavit in id, quanti mea intersit meam esse factam: quamvis enim alioquin verum sit venditorem hactenus teneri, ut rem emptori habere liceat, non etiam ut eius faciat, quia tamen dolum malum abesse praestare debeat, teneri eum, qui sciens alienam, non suam ignoranti vendidit: id est maxime, si manumissuro vel pignori daturo vendiderit.

4. L. 64 D. de evictionibus et duplae stipulatione (21, 2). *Papinianus libro VII quaestionum.* Ex mille iugeribus traditis ducenta flumen abstulit. si postea pro indiviso ducenta evincantur, duplae stipulatio pro parte quinta, non quarta praestabitur: nam quod perit, damnum emptori, non venditori attulit. si totus fundus quem flumen deminuerat evictus sit, iure non deminuetur evictionis obligatio, non magis quam si incuria fundus aut servus traditus deterior factus sit: nam et e contrario non augetur quantitas evictionis, si res melior fuerit effecta. § 1. Quod si modo terrae integro qui fuerat traditus ducenta iugera per alluvionem accesserunt ac postea pro indiviso pars quinta totius evicta sit, perinde pars quinta praestabitur, ac si sola ducenta de illis mille iugeribus quae tradita sunt fuissent evicta, quia alluvionis periculum non praestat venditor. § 2. Quaesitum est, si mille iugeribus traditis perissent ducenta, mox alluvio per aliam partem fundi ducenta attulisset ac postea pro indiviso quinta pars evicta esset: pro qua parte auctor teneretur. dixi consequens esse superioribus, ut neque pars quinta mille iugerum neque quarta debeatur evictionis nomine sed perinde teneatur auctor, ac si de octingentis illis residuis sola centum sexaginta fuissent evicta: nam reliqua quadraginta, quae universo fundo decesserunt, pro rata novae regionis esse intellegi.

5. L. 43 D. de adilicio edicto et redhibitione et quanti minoris (21, 1). *Paulus libro I ad edictum aedilium curulium.* § 6. Aliquando etiam redhiberi mancipium debebit, licet aestimatoria, id est quanto minoris, agamus: nam si adeo nullius sit pretii, ut ne expediat quidem tale mancipium domini habere, veluti si furiosum aut lunaticum sit, licet aestimatoria actum fuerit, officio tamen iudicis continebitur, ut reddito mancipio pretium recipiatur.

6. L. 8 D. de lege commissoria (18, 3). *Scaevola libro VII digestorum.* Mulier fundos Gaio Seio vendidit et acceptis arrae nomine certis pecuniis statuta sunt tempora solutionis reliquae pecuniae: quibus si non paruisset emptor, pactus est, ut arram perderet et inemptae villae essent. die statuto emptor testatus est se pecuniam omnem reliquam paratum fuisse exsolvere (et sacculum cum pecunia signatorum signis obsignavit), defuisse autem venditricem, posteriore autem die nomine fisci testato conventum emptorem, ne ante mulieri pecuniam exsolveret quam fisco satisfaceret. quaesitum est, an fundi non sint in ea causa, ut a venditrice vindicari debeant ex conventione venditoris. respondi secundum ea quae proponerentur non commisisse in legem venditionis emptorem.

7. I. 3, 24.

8. L. 61 D. locati conducti (19, 2). *Scaevola libro VII digestorum.* Colonus, cum lege locationis non esset comprehensum, ut vineas poneret, nihilo minus in fundo vineas instituit et propter earum fructum denis amplius aureis annuis ager locari coeperat. quaesitum est, si dominus istum colonum fundi eiectum pensionum debitarum nomine conveniat, an sumptus utiliter factos in vineis instituendis reputare possit opposita doli mali exceptione. respondit vel expensas consecuturum vel nihil amplius praestaturum. § 1. Navem conduxit, ut de provincia Cyrenensi Aquileiam navigaret olei metretis tribus milibus impositis et frumenti modiis octo milibus certa mercede: sed evenit, ut onerata navis in ipsa provincia novem mensibus retineretur et onus impositum commisso tolleretur. quaesitum est, an vecturas quas convenit a conductore secundum locationem exigere navis possit. respondit secundum ea quae proponerentur posse.

9. L. 15 D. eod. (19, 2). *Ulpianus libro XXXII ad edictum.* § 6. Item cum quidam nave amissa vecturam, quam pro mutua acceperat, repeteretur, rescriptum est ab Antonino Augusto non immerito procuratorem Caesaris ab eo vecturam repetere, cum munere vehendi functus non sit: quod in omnibus personis similiter observandum est.

10. L. 25 D. eod. (19, 2). *Gaius libro X ad edictum provinciale.* § 7. Qui columnam transportandam conduxit, si ea, dum tollitur aut portatur aut reponitur, fracta sit, ita id periculum praestat, si qua ipsius eorumque, quorum opera uteretur, culpa acciderit: culpa autem abest, si omnia facta sunt, quae diligentissimus quisque observaturus fuisset. idem scilicet intellegemus et si dolia vel tignum transportandum aliquis conduxerit: idemque etiam ad ceteras res transferri potest.

11. I. 3, 25.

12. L. 71 D. pro socio (17, 2). *Paulus libro III epitomarum Alfeni digestorum.* Duo societatem coierunt, ut grammaticam docerent et quod ex eo artificio quaestus fecissent, commune eorum esset: de ea re quae voluerunt fieri in pacto convento societatis proscripserunt, deinde inter se his verbis stipulati sunt: haec, quae supra scripta sunt, ea ita dari fieri neque adversus ea fieri? si ea ita data facta non erunt, tum viginti milia dari? quaesitum est, an, si quid contra factum esset, societatis actione agi posset. respondit, si quidem pacto convento inter eos de societate facto ita stipulati essent haec ita dari fieri spondes? futurum fuisse, ut, si novationis causa id fecissent, pro socio agi non possit, sed tota res in stipulationem translata videretur. sed quoniam non ita essent stipulati ea ita dari fieri spondes? sed si ea ita facta non essent, decem dari? non videri sibi rem in stipulationem pervenisse, sed dumtaxat poenam (non enim utriusque rei promissorem obligari, ut ea daret faceret et, si non fecisset, poenam sufferret) et ideo societatis iudicio agi posse.

13. I. 3, 26.

14. L. 60 D. mandati vel contra (17, 1). *Scaevola libro I responsorum.* § 4. Lucius Titius fratris filio commisit rerum suarum administrationem ita: *Σείῳ τέκνῳ χαίρειν. ἐγὼ μὲν κατὰ φύσιν εἶναι νομίζω τὸ ὑπὲρ πατρὸς καὶ τῶν τοῦ πατρὸς υἱῶν πραγματεύεσθαι δίχα τοῦ τινὰ ἐπιτροπικὸν αἰτεῖν. εἰ δὲ δεῖ καὶ τοιούτου τινός, ἐπιτρέπω σοι περὶ πάντων τῶν ἐμῶν ὡς θέλεις πραγματεύεσθαι εἴτε πωλεῖν θέλεις εἴτε ὑποτίθεσθαι εἴτε ἀγοράζειν, εἴτε ὁτιοῦν πράττειν, ὡς κυρίῳ ὄντι τῶν ἐμῶν· ἐμοῦ πάντα κύρια τὰ ὑπό σοῦ γινόμενα ἡγουμένου καὶ μηδὲν ἀντιλέγοντός σοι πρὸς μηδεμίαν πρᾶξιν.*[1] quaesitum est, si quid non administrandi animo, sed fraudulenter alienasset vel mandasset, an valeret. respondi eum, de quo quaereretur, plene quidem, sed quatenus res ex fide agenda esset, mandasse. item quaero, an, cum Seius magistratu functus debitor exstitisset, Lucius Titius eo no-

---

[1] *id est:* Seio filio salutem. Mihi quidem videtur naturae conveniens, ut patris necessariorumque patris filius curam gerat nec quisquam procurationem requirat. at si ea quoque quodammodo opus est, rerum mearum omnium procuratorem te facio, ut de iis constituas ut voles, sive vendere voles sive pignori rem obligare sive emere sive aliud quidvis facere, tamquam dominus rerum mearum, cum ego ratum habiturus sim quaecunque gesseris neque in ulla re tibi contra dicturus.

mine conveniri possit vel res eius obligatae essent propter verba epistulae supra scripta. respondi neque conveniri posse neque res obligatas esse.

XV

Bruns, Font. iur. n. 54; — 129.

1. I. 3, 14.

2. L. 32 D. de R.C. (12, 1). *Celsus libro V digestorum.* Si et me et Titium mutuam pecuniam rogaveris et ego meum debitorem tibi promittere iusserim, tu stipulatus sis, cum putares eum Titii debitorem esse, an mihi obligaris? subsisto, si quidem nullum negotium mecum contraxisti: sed propius est ut obligari te existimem, non quia pecuniam tibi credidi (hoc enim nisi inter consentientes fieri non potest): sed quia pecunia mea ad te pervenit, eam mihi a te reddi bonum et aequum est.

3. L. 7 D. quod cum eo, qui in aliena potestate est, negotium gestum esse dicetur (14, 5). *Scaevola libro I responsorum.* Pater filio permisit mutuam pecuniam accipere et per epistulam creditori mandavit, ut ei crederet: filius ex minima parte patri heres exstitit. respondi esse in potestate creditoris, utrum filium, cui credidisset, in solidum, an heredes, pro qua parte quisque successisset, mallet convenire: sed filius condemnatur in quantum facere potest.

4. L. 5 D. commodati vel contra (13, 6). *Ulpianus libro XXVIII ad edictum.* § 14. Si de me petisses, ut triclinium tibi sternerem et argentum ad ministerium praeberem, et fecero, deinde petisses, ut idem sequenti die facerem et cum commode argentum domi referre non possem, ibi hoc reliquero et perierit; qua actione agi possit et cuius esset periculum? Labeo de periculo scripsit multum interesse, custodem posui an non: si posui, ad me periculum spectare, si minus, ad eum penes quem relictum est. ego puto commodati quidem agendum, verum custodiam eum praestare debere, penes quem res relictae sunt, nisi aliud nominatim convenit.

5. L. 27 D. depositi vel contra (16, 3). *Paulus libro VII responsorum.* Lucius Titius cum haberet filiam in potestate Seiam, Pamphilo servo alieno in matrimonium collocavit, cui etiam dotem dedit, quam sub titulo depositi in cautionem contulit, et postea nulla denuntiatione a domino facta pater decessit, mox et Pamphilus servus: quaero, qua actione Seia pecuniam petere possit, cum ipsa patri heres extiterit. Paulus respondit, quoniam dos constitui non potuit, ex causa depositi actione de peculio pecuniam repetendam.

6. L. 17 D. eod. (16, 3). FLORENTINUS *libro VII institutionum.* Licet deponere tam plures quam unus possunt, attamen apud sequestrem non nisi plures deponere possunt: nam tum id fit, cum aliqua res in controversiam deducitur. itaque hoc casu in solidum unusquisque videtur deposuisse: quod aliter est, cum rem communem plures deponunt. § 1. Rei depositae proprietas apud deponentem manet: sed et possessio, nisi apud sequestrem deposita est: nam tum demum sequester possidet: id enim agitur ea depositione, ut neutrius possessioni id tempus procedat.

7. L. 24 D. de pigneraticia actione vel contra (13, 7). ULPIANUS *libro XXX ad edictum.* Eleganter apud me quaesitum est, si impetrasset creditor a Caesare, ut pignus possideret idque evictum esset, an habeat contrariam pigneraticiam. et videtur finita esse pignoris obligatio et a contractu recessum. immo utilis ex empto accommodata est, quemadmodum si pro soluto ei res data fuerit, ut in quantitatem debiti ei satisfiat vel in quantum eius intersit, et compensationen habere potest creditor, si forte pigneraticia vel ex alia causa cum eo agetur.

8. L. 43 D. eod. (13, 7). SCAEVOLA *libro V digestorum.* Locum purum pignori creditori obligavit eique instrumentum emptionis tradidit: et cum eum locum inaedificare vellet, mota sibi controversia a vicino de latitudine, quod alias probare non poterat, petit a creditore, ut instrumentum a se traditum auctoritatis exhiberet: quo non exhibente minorem locum aedificavit atque ita damnum passus est. quaesitum est, an, si creditor pecuniam petat vel pignus vindicet, doli exceptione posita iudex huius damni rationem habere debeat. respondit, si operam non dedisset, ut instrumenti facultate subducta debitor caperetur, posse debitorem pecunia soluta pigneraticia agere: opera autem in eo data tunc et ante pecuniam solutam in id quod interest cum creditore agi. § 1. Titius cum pecuniam mutuam accepit a Gaio Seio sub pignore culleorum: istos culleos cum Seius in horreo haberet, missus ex officio annonae centurio culleos ad annonam sustulit ac postea instantia Gaii Seii creditoris reciperati sunt: quaero, intertrituram, quae ex operis facta est, utrum Titius debitor an Seius creditor adgnoscere debeat. respondit secundum ea quae proponerentur ob id, quod eo nomine intertrimenti accidisset, non teneri.

9. L. 6 D. de praescriptis verbis et in factum actionibus (19, 5). NERATIUS *libro I responsorum.* Insulam hoc modo, ut aliam insulam reficeres, vendidi. respondit nullam esse venditionem, sed civili intentione incerti agendum est.

10. L. 24 D. eod. (19, 5). *Africanus libro VIII quaestionum.* Titius Sempronio triginta dedit pactique sunt, ut ex reditu eius pecuniae tributum, quod Titius pendere deberet, Sempronius praestaret computatis usuris semissibus, quantoque minus tributorum nomine praestitum foret, quam earum usurarum quantitas esset, ut id Titio restitueret, quod amplius praestitum esset, id ex sorte decederet, aut, si et sortem et usuras summa tributorum excessisset, id quod amplius esset Titius Sempronio praestaret: neque de ea re ulla stipulatio interposita est. Titius consulebat, id quod amplius ex usuris Sempronius redegisset, quam tributorum nomine praestitisset, qua actione ab eo consequi possit. respondit pecuniae quidem creditae usuras nisi in stipulationem deductas non deberi: verum in proposito videndum, ne non tam faenerata pecunia intellegi debeat, quam quasi mandatum inter eos contractum, nisi quod ultra semissem consecuturus esset: sed ne ipsius quidem sortis petitionem pecuniae creditae fuisse, quando, si Sempronius eam pecuniam sine dolo malo vel amisisset vel vacuam habuisset, dicendum nihil eum eo nomine praestare debuisse. quare tutius esse praescriptis verbis in factum actionem dari, praesertim cum illud quoque convenisset, ut quod amplius praestitum esset, quam ex usuris redigeretur, sorti decederet: quod ipsum ius et causam pecuniae creditae excedat.

XVI

1. I. 2, 7.

2. L. 18 D. de mortis causa donationibus et capionibus (39, 6). *Iulianus libro LX digestorum.* § 2. Titia chirographa debitorum suorum Septicii et Maevii donatura illis Ageriae dedit et rogavit eam, ut ea, si decessisset, illis daret, si convaluisset, sibi redderet: morte secuta Maevia Titiae filia heres extitit: Ageria autem, ut rogata erat, chirographa Septicio et Maevio supra scriptis dedit. quaeritur, si Maevia heres summam, quae debebatur ex chirographis supra scriptis, petat vel ipsa chirographa, an exceptione excludi possit? respondit Maeviam vel pacti conventi vel doli mali exceptione summoveri posse.

3. L. 18 D de donationibus (39, 5). *Ulpianus libro LXXI ad edictum.* § 3. Labeo ait, si quis mihi rem alienam donaverit inque eam sumptus magnos fecero et sic mihi evincatur, nullam mihi actionem contra donatorem competere: plane de dolo posse me adversus eum habere actionem, si dolo fecit.

4. L. 24 D. de pecunia constituta (13, 5). *Marcellus libro singulari responsorum.* Titius Seio epistulam emisit in haec verba: Remanserunt apud me quinquaginta ex credito tuo ex contractu pupillorum meorum, quos tibi reddere debebo idibus Maiis probos: quod si ad diem supra scriptum non dedero, tunc dare debebo usaras tot. quaero, an Lucius Titius in locum pupillorum hac cautione reus successerit. Marcellus respondit, si intercessisset stipulatio, successisse. item quaero, an, si non successisset, de constituta teneatur. Marcellus respondit in sortem teneri: est enim humanior et utilior ista interpretatio.

5. L. 43 D. de receptis: qui arbitrium receperint ut sententiam dicant (4, 8). *Scaevola libro I responsorum.* De rebus controversiisque omnibus compromissum in arbitrum a Lucio Titio et Maevio Sempronio factum est, sed errore quaedam species in petitionem a Lucio Titio deductae non sunt nec arbiter de his quicquam pronuntiavit: quaesitum est an species omissae peti possint. respondit peti posse nec poenam ex compromisso committi. quod si maligne hoc fecit petere quidem potest, sed poenae subiugabitur.

XVII

1. I. 3, 27. — § 1 I. 3, 14.

2. L. 29 [30] D. de N.G. (3, 5). *Iulianus libro III digestorum.* Ex facto quaerebatur: quendam ad siliginem emendam curatorem decreto ordinis constitutum: eidem alium subcuratorem constitutum siliginem miscendo corrupisse atque ita pretium siliginis, quae in publicum empta erat, curatori adflictum esse: quaque actione curator cum subcuratore experiri possit et consequi id, ut ei salvum esset, quod causa eius damnum cepisset. Valerius Severus respondit adversus contutorem negotiorum gestorum actionem tutori dandam: idem respondit: ut magistratui adversus magistratum eadem actio detur, ita tamen, si non sit conscius fraudis. secundum quae etiam in subcuratore idem dicendnm est.

3. L. 20 [21] D. eod. (3, 5). *Paulus libro IX ed edictum.* Nam et Servius respondit, ut est relatum apud Alfenum libro XXXIX digestorum: cum a Lusitanis tres capti essent et unus ea condicione missus, uti pecuniam pro tribus adferret, et nisi redisset, ut duo pro eo quoque pecuniam darent, isque reverti noluisset et ob hanc causam illi pro tertio quoque pecuniam solvissent: Servius respondit aequum esse praetorem in eum reddere iudicium.

4. L. 30 [31] D. eod. (3, 5). *Papinianus libro II responsorum.* Liberto vel amico mandavit pecuniam accipere mutuam: cuius litteras creditor secutus contraxit et fideiussor intervenit: etiamsi pecunia non sit in rem eius versa, tamen dabitur in eum negotiorum gestorum actio creditori vel fideiussori, scilicet ad exemplum institoriae actionis.

5. L. 25 D. de condictione indebiti (12, 6). *Ulpianus libro XLVII ad Sabinum.* Cum duo pro reo fideiussissent decem, deinde reus tria solvisset et postea fideiussores quina, placuit eum qui posterior solvit repetere tria posse: hoc merito, quia tribus a reo solutis septem sola debita supererant, quibus persolutis tria indebita soluta sunt.

6. L. 67 D. eod. (12, 6). *Scaevola libro V digestorum.* Stichus testamento eius, quem dominum suum arbitrabatur, libertate accepta, si decem annis ex die mortis annuos decem heredibus praestitisset, per octo annos praefinitam quantitatem ut iussus erat dedit, postmodum se ingenuum comperit nec reliquorum annorum dedit et pronuntiatus est ingenuus: quaesitum est, an pecuniam, quam heredibus dedit, ut indebitam datam repetere et qua actione possit. respondit, si eam pecuniam dedit, quae neque ex operis suis neque ex re eius, cui bona fide serviebat, quaesita sit, posse repeti. § 1. Tutor creditori pupilli sui plus quam debebatur exsolvit et tutelae iudicio pupillo non imputavit: quaero an repetitionem adversus creditorem haberet. respondit habere. § 2. Titius cum multos creditores haberet, in quibus et Seium, bona sua privatim facta venditione Maevio concessit, ut satis creditoribus faceret: sed Maevius solvit pecuniam Seio tamquam debitam, quae iam a Titio fuerat soluta: quaesitum est, cum postea repperiantur apochae apud Titium debitorem partim solutae pecuniae, cui magis repetitio pecuniae indebitae solutae competit, Titio debitori an Maevio, qui in rem suam procurator factus est. respondit secundum ea quae proponerentur ei, qui postea solvisset. § 3. Idem quaesiit, an pactum, quod in pariationibus adscribi solet in hunc modum ex hoc contractu nullam inter se controversiam amplius esse impediat repetitionem. respondit nihil proponi, cur impediret. § 4. Lucius Titius Gaio Seio minori annis viginti quinque pecuniam certam credidit et ab eo aliquantum usurarum nomine accepit, et Gaii Seii minoris heres adversus Publium Maevium a praeside provinciae in integrum restitutus est, ne debitum hereditarium solveret, et nec quicquam de usuris eiusdem sortis, quas Seius minor annis viginti quinque exsolveret, repetendis tractatum apud praesidem aut ab eo est pronuntiatum: quaero, an usuras, quas

Gaius Seius minor annis viginti quinque quoad viveret creditori exsolveret, heres eius repetere possit. respondit secundum ea quae proponerentur condici id, quod usurarum nomine defunctus solvisset, non posse. item quaero, si existimes repeti non posse, an ex alio debito heres retinere eas possit. respondit ne hoc quidem.

7. L. 9 D. de condictione ob turpem vel iniustam causam (12, 5). *Paulus libro V ad Plautium.* Si vestimenta utenda tibi commodavero, deinde pretium, ut reciperem, dedissem, condictione me recte acturum responsum est: quamvis enim propter rem datum sit et causa secuta sit, tamen turpiter datum est. § 1. Si rem locatam tibi vel venditam a te vel mandatam ut redderes, pecuniam acceperis, habebo tecum ex locato vel vendito vel mandati actionem: quod si, ut id, quod ex testamento vel ex stipulatu debebas, redderes mihi, pecuniam tibi dederim, condictio dumtaxat pecuniae datae eo nomine erit. idque et Pomponius scribit.

XVIII

Bruns, Font. iur. n. 2; 13; 20; 21.

1. I. 4, 1—4.

2. L. 32 D. de dolo malo (4, 3). *Scaevola libro II digestorum.* Filius legatum sibi servum per praeceptionem rogatus manumittere post certum tempus, posteaquam rationes ipsi et coheredibus fratribus reddidisset, ante diem et ante redditas rationes ad libertatem vindicta manumittendo perduxerat: quaesitum est, an ex fideicommisso fratribus tenetur, ut rationes eorum pro portionibus redderet. respondi, cum liberum fecisset, ex causa quidem fideicommissi non teneri: verum si ideo properasset manumittere, ne rationes fratribus redderet, posse de dolo actionem in eum exercere.

3. L. 75 [74] D. de furtis (47, 2). *Iavolenus libro IV epistularum.* Furtivam ancillam bona fide duorum aureorum emptam cum possiderem, subripuit mihi Attius, cum quo et ego et dominus furti agimus: quaero, quanta aestimatio pro utroque fieri debet. respondit: emptori duplo, quanti eius interest, aestimari debet, domino autem duplo, quanti ea mulier fuerit. nec nos movere debet, quod duobus poena furti praestabitur, quippe, cum eiusdem rei nomine praestetur, emptori eius possessionis, domino ipsius proprietatis causa praestanda est.

4. Cum pila complures luderent, quidam ex his servulum, cum pilam percipere conaretur, impulit, servus cecidit et crus fregit: quaerebatur, an dominus servuli lege Aquilia cum eo, cuius impulsu ceciderat, agere potest. . . . [L. 52 § 4 D. 9, 2.]

5. L. 52 D. ad legem Aquiliam (9, 2). *Alfenus libro II digestorum.* § 2. In clivo Capitolino duo plostra onusta mulae ducebant: prioris plostri muliones conversum plostrum sublevabant, quo facile mulae ducerent: inter superius plostrum cessim ire coepit et cum muliones, qui inter duo plostra fuerunt, e medio exissent, posterius plostrum a priore percussum retro redierat et puerum cuiusdam obtriverat: dominus pueri consulebat, cum quo se agere oporteret. respondi in causa ius esse positum: nam si muliones, qui superius plostrum sustinuissent, sua sponte se subduxissent et ideo factum esset, ut mulae plostrum retinere non possint atque onere ipso retraherentur, cum domino mularum nullam esse actionem, cum hominibus, qui conversum plostrum sustinuissent, lege Aquilia agi posse: nam nihilo minus eum damnum dare, qui quod sustineret mitteret sua voluntate, ut id aliquem feriret: veluti si quis asellum cum agitasset non retinuisset, aeque si quis ex manu telum aut aliud quid immisisset, damnum iniuria daret. sed si mulae, quia aliquid reformidassent, et muliones timore permoti, ne opprimerentur, plostrum reliquissent. cum hominibus actionem nullam esse, cum domino mularum esse. quod si neque mulae neque homines in causa essent, sed mulae retinere onus nequissent aut cum coniterentur lapsae concidissent et ideo plostrum cessim redisset atque hi quo conversum fuisset onus sustinere nequissent, neque cum domino mularum neque cum hominibus esse actionen. illud quidem certe, quoquo modo res se haberet, cum domino posteriorum mularum agi non posse, quoniam non sua sponte, sed percussae retro redissent.

6. L. 39 D. eod. (9, 2). *Pomponius XVII ad Quintum Mucium.* Quintus Mucius scribit: equa cum in alieno pasceretur, in cogendo quod praegnas erat eiecit: quaerebatur, dominus eius possetne cum eo qui coëgisset, lege Aquilia agere, quia equam in iciendo ruperat. si percussisset aut consulto vehementius egisset, visum est agere posse.

XIX

1. I. 4, 5. — I. 4, 8; 4, 9.

2. L. 5 D. de his, qui effuderint vel deiecerint (9, 3). *Ulpianus libro XXIII ad edictum.* § 1. Si quis gratuitas habitationes dederit libertis et clientibus vel suis vel uxoris, ipsum eorum nomine teneri Trebatius ait: quod verum est. idem erit dicendum et si quis amicis suis modica hospitiola distribuerit. nam et si quis cenaculariam exercens ipse maximam partem cenaculi habeat, solus tenebitur: sed si quis cenaculariam exercens modicum sibi hospitium retinuerit, residuum locaverit pluribus, omnes tenebuntur quasi in hoc cenaculo habitantes, unde deiectum effusumve est.

3. L. 1 D, nautae caupones stabularii ut recepta restituant (4, 9). *Ulpianus libro XIV ad edictum.* § 7. Item Pomponius libro XXXIV scribit parvi referre, res nostras an alienas intulerimus, si tamen nostra intersit salvas esse: etenim nobis magis, quam quorum sunt, debent solvi. et ideo si pignori merces accepero ob pecuniam nauticam, mihi magis quam debitori nauta tenebitur, si ante eas suscepit.

4. L. 2 D. de lege Rhodia de iactu (14, 2). *Paulus libro XXXIV ad edictum.* § 2. Cum in eadem nave varia mercium genera complures mercatores coegissent praetereaque multi vectores servi liberique in ea navigarent, tempestate gravi orta necessario iactura facta erat: quaesita deinde sunt haec: an omnes iacturam praestare oporteat et si qui tales merces imposuissent, quibus navis non oneraretur, velut gemmas margaritas? et quae portio praestanda est? et an etiam pro liberis capitibus dari oporteat? et qua actione ea res expediri possit? placuit omnes, quorum interfuisset iacturam fieri, conferre oportere, quia id tributum observatae res deberent: itaque dominum etiam navis pro portione obligatum esse. iacturae summam pro rerum pretio distribui oportet. corporum liberorum aestimationem nullam fieri posse. ex conducto dominos rerum amissarum cum nauta, id est cum magistro acturos. itidem agitatum est, an etiam vestimentorum cuiusque et anulorum aestimationem fieri oporteat: et omnium visum est, nisi si qua consumendi causa imposita forent, quo in numero essent cibaria: eo magis quod, si quando ea defecerint in navigationem, quod quisque haberet in commune conferret.

5. L. 5 D. si quadrupes pauperiem fecisse dicatur (9, 1). *Alfenus libro II digestorum.* Agaso cum in tabernam equum deduceret, mulam equus olfecit, mula calcem reiecit et crus agasoni fregit: consulebatur, possetne cum domino mulae agi, quod ea pauperiem fecisset. respondit posse.

XX

1. § 3 I. 3, 29.

2. L. 4, 5 D. de hereditate vel actione vendita (18, 4). *Ulpianus libro XXXII ad edictum.* Si nomen sit distractum, Celsus libro nono digestorum scribit locupletem esse debitorem non debere praestare, debitorem autem esse praestare, nisi aliud convenit. *Paulus libro XXXIII ad edictum.* et quidem sine exceptione quoque, nisi in contrarium actum sit. sed si certae summae debitor dictus sit, in eam summam tenetur venditor: si incertae et nihil debeat, quanti intersit emptoris.

3. L. 3 C. de novationibus et delegationibus (8, 41 [42]), *Imp. Gordianus A. Muciano.* Si delegatio non est interposita debitoris tui ac propterea actiones apud te remanserunt, quamvis creditori tuo adversus eum solutionis causa mandaveris actiones, tamen, antequam lis contestetur vel aliquid ex debito accipiat vel debitori tuo denuntiaverit, exigere a debitore tuo debitam quantitatem non vetaris et eo modo tui creditoris exactionen contra eum inhibere. § 1. Quod si delegatione facta iure novationis tu liberatus es, frustra vereris, ne eo, quod quasi a cliente suo non faciat exactionem, ad te periculum redundet, cum per verborum obligationem voluntate novationis interposita debito liberatus sis.

[*a.* 239.]

4. L. 1 D, de obligationibus et actionibus (4, 10). *Idem A. Valeriae.* Data certae pecuniae quantitate ei cuius meministi in vicem debiti actiones tibi adversus debitorem, pro quo solvisti, dicis esse mandatas et, antequam eo nomine litem contestareris, sine herede creditorem fati munus implesse proponis. quae si ita sunt, utilis actio tibi competit. [*a.* 242.]

5. L. 33 C. de donationibus (8, 53 [54]). *Imp. Iustinianus A. Menae pp.* Illam subtilem observationem amputamus, per quam donationis titulo cessiones actionum accipientes non aliter eas suis transmittere heredibus poterant, nisi litem ex his contestati essent vel ius contestationis divino rescripto meruissent. nam sicut venditionis titulo cessas actiones etiam ante litis contestationem ad heredes transmitti permittitur, simili modo et donatas ad eos transferri volumus, licet nulla contestatie vel facta vel petita sit. § 1. Quod et in procuratore constituendo ad movendas easdem cessas actiones similiter observandum erit, ut minime quis impediatur procuratorem cessarum sibi per donationem actionum dare, licet nulla litis contestatio facta vel petita sit. § 2. Quae in his tantum personis locum habere censemus, quae susceptis per donationem cessionibus adhuc superesse noscuntur: nam iam mortuis huiusmodi personis vetera iura super hisdem cessionibus posita servari concedimus. [*a.* 528.]

XXI

Bruns, Font. iur. n. 231.

1. I. 3, 29. — § 30 I. 4, 6. — § 3 I. 4, 13.

2. L. 88 D. de solutionibus et liberationibus (46, 3). *Scaevola libro V digestorum.* Filiae intestato patri heredis negotia mater gessit et res vendendas per argentarios dedit idque ipsum codice conscriptum est: argentarii universum redactum venditionis solverunt et post solutionem novem fere annis, quidquid agendum erat, nomine pupillae mater egit eamque marito nuptum collocavit et res ei tradidit. quaesitum est, an puella cum argentariis aliquam actionem habet, quando non ipsa stipulata sit pretium rerum, quae in venditionem datae sunt, sed mater. respondit, si de eo quaereretur, an iure ea solutione argentarii liberati essent, responderi iure liberatos. *Claudius:* subest enim illa ex iurisdictione pendens quaestio, an pretia rerum, quae sciebant esse pupillae, bona fide solvisse videantur matri, quae ius administrationis non habebat: ideoque si hoc sciebant, non liberantur, scilicet si mater solvendo non sit.

3. L. 94 D. eod. (46, 3). *Papinianus libro VIII quaestionum.* § 3. Fabius Ianuarius Papiniano salutem. Cum Titius Gaio Seio deberet ex causa fideicommisssi certam quantitatem et tantundem eidem ex alia causa, quam peti quidem non poterat, ex solutione autem petitionem non praestat, Titii servus actor absente domino solvit eam summam, quae efficeret ad quantitatem unius debiti, cautumque est ei solutum ex universo credito: quaero, id quod solutum est in quam causam acceptum videtur. respondi, si quidem Titio Seius ita cavisset, ut sibi solutum ex universo credito significaret, crediti appellatio solam fideicommissi pecuniam demonstrare videtur, non eam, quae petitionem quidem non habet, solutione autem facta repeti pecunia non potest. cum vero servus Titii aetor absente domino pecuniam solverit, ne dominium quidem nummorum in eam speciem obligationis, quae habuit auxilium exceptionis, translatum foret, si ex ea causa solutio facta proponeretur, quia non est vero simile dominum ad eam speciem solvendis pecuniis servum praeposuisse, quae solvi non debuerunt, non magis quam ut nummos peculiares ex causa fideiussionis, quam servus non ex utilitate peculii suscepti, solveret.

4. An inutilis acceptilatio utile habeat pactum, quaeritur. [L. 8 pr. D. 46, 4,]

5. L. 21 D. de acceptilatione (46, 4). *Venuleius libro XI stipulationum.* Si sub condicione legatum mihi datum novandi causa stipulatus sum et ante existentem condicionem acceptum fecero, Nerva filius ait, etiamsi condicio extiterit, neque ex testamento competituram actionem, quia novatio facta sit, neque ex stipulatu, quae acceptilatione soluta sit.

6. L. 12 D. de novationibus et delegationibus (46, 2). *Paulus libro XXXI ad edictum.* Si quis delegaverit debitorem, qui doli mali exceptione tueri se posse sciebat, similis videbitur ei qui donat, quoniam remittere exceptionem videtur. sed si per ignorantiam promiserit creditori, nulla quidem exceptione adversus creditorem uti poterit, quia ille suum recepit: sed is qui delegavit tenetur condictione vel incerti, si non pecunia soluta esset, vel certi, si soluta esset, et ideo, cum ipse praestiterit pecuniam, aget mandati iudicio.

7. L. 36 D. de R.C. (12, 1). *Iavolenus libro I epistularum.* Pecuniam, quam mihi sine condicione debebas, iussu meo promisisti Attio sub condicione: cum pendente condicione in eo statu sit obligatio tua adversus me, tamquam sub contraria condicione eam mihi spopondisti, si pendente condicione petam, an nihil acturus sum? respondit: non dubito, quin mea pecunia, quam ipse sine condicione stipulatus sum, etiam si condicio in persona Attii, qui ex mea voluntate eandem pecuniam sub condicione stipulatus est, non extiterit, credita esse permaneat (perinde est enim, ac si nulla stipulatio intervenisset): pendente autem causa condicionis idem petere non possum, quoniam, cum incertum sit, an ex ea stipulatione deberi possit, ante tempus petere videor.

8. L. 4 D. de compensationibus (16, 2). *Paulus libro III ad Sabinum.* Verum est, quod et Neratio placebat et Pomponius ait, ipso iure eo minus fideiussorem ex omni contractu debere, quod ex compensatione reus retinere potest: sicut enim, cum totum peto a reo, male peto, ita et fideiussor non tenetur ipso iure in maiorem quantitatem quam reus condemnari potest.

9. L. 26 D. de probationibus (22, 3). *Papinianus libro XX quaestionum.* Procula magnae quantitatis fideicommissum a fratre sibi debitum post mortem eius in ratione cum heredibus compensare vellet, ex diverso autem allegaretur numquam id a fratre quamdiu vixit desideratum, cum variis ex causis saepe rationi fratris pecunias ratio Proculae solvisset: divus Commodus cum super eo negotio cognosceret, non admisit compensationem, quasi tacite fratri fideicommissum fuisset remissum.

10. L. 71 D. de fideiussoribus et mandatoribus (46, 1). *Paulus libro quarto quaestionum.* Granius Antoninus pro Iulio Pollione et Iulio Rufo pecuniam mutuam accipientibus, ita ut duo rei eiusdem debiti fuerint, apud Aurelium Palmam mandator exstitit: Iulii bona ad fiscum venerunt: similiter et creditori fiscus successerat. mandator allegabat se liberatum iure confusionis, quia fiscus tam creditori quam debitori successerat. et quidem si unus debitor fuisset, non dubitabam sicut fideiussorem, ita et mandatorem liberatum esse: quamvis enim iudicio convento principali debitore mandator non liberetur, tamen ubi successit creditor debitori, veluti solutionis iure sublata obligatione etiam mandator liberatur, vel quia non potest pro eodem apud eundem quis mandator esse. sed cum duo rei promittendi sint et alteri heres exstitit creditor, iusta dubitatio est, utrum alter quoque liberatus est, ac si soluta fuisset pecunia, an persona tantum exempta confusa obligatione. et puto aditione hereditatis confusione obligationis eximi personam: sed et accessiones ex eius persona liberari propter illam rationem, quia non possunt pro eodem apud eundem obligati esse, ut quemadmodum incipere alias non possunt, ita nec remaneant. igitur alterum reum eiusdem pecuniae non liberari et per hoc nec fideiussorem vel mandatorem eius. plane quia is mandati iudicio eligere potest vel creditorem, competituram ei exceptionem doli mali, si coeperit conveniri. cum altero autem reo vel in solidum, si non fuerit societas, vel in partem, si socii fuerunt, posse creditorem agere. quod si creditor fideiussori heres fuerit vel fideiussor creditori, puto convenire confusione obligationis non liberari reum.

XXII

Bruns, Font. iur. n. 48.

1. I. 3, 20.

2. L. 63 D. de fideiussoribus et mandatoribus (46, 1). *Scaevola libro VI responsorum.* Inter creditricem et debitorem pactum intercesserat, ut, si centum, quae mutua dederit, ubi primum petita fuissent, non solverentur, ornamenta pignori data intra certum tempus liceret ei vendere et si quo minoris venissent, quodque sortis vel usurarum nomine deberetur, id creditrici redderetur, et fideiussor acceptus est: quaesitum est, an fideiussor in universam summam obligari potuerit. respondit secundum ea quae proponerentur teneri fideiussorem in id, quod minus ex pignoribus venditis redactum esset.

3. L. 73 D. de solutionibus et liberationibus (46, 3). *Marcellus libro XXXI digestorum.* Ob triginta nummos pecuniae creditae fideiussorem in viginti dedi et pignus [in decem]: ex venditione autem pignoris creditor decem consecutus est: utrum ex universitate id decedit, ut quidam putant, si in solvendis decem nihil debitor dixisset, an sicut ego puto, in totis decem fideiussori contingit liberatio? quia hoc dicendo potuit hoc efficere debitor, ut, ubi non dixit, id potius soluturum existimetur, quod satisdato debeatur? magis tamen existimo licuisse creditori in id, quod solus debebat reus, accepto referre.

4. L. 38 D. eod. (46, 3). *Africanus libro VII quaestionum.* § 5. Qui pro te apud Titium fideiusserat, pignus in suam obligationem dedit: post idem heredem te instituit. quamvis ex fideiussoria causa non tenearis, nihilo minus tamen pignus obligatum manebit. at si idem alium fideiussorem dederit atque ita heredem te instituerit, rectius existimari ait sublata obligatione eius, pro quo fideiussum sit, eum quoque qui fideiusserit liberari.

---

5. L. 12 D. de minoribus XXV annis (4, 4). *Gaius libro IV ad edictum provinciale.* Si apud minorem mulier pro alio intercesserit, non est ei actio in mulierem danda, sed perinde atque ceteri per exceptionem summoveri debet: scilicet quia communi iure in priorem debitorem ei actio restituitur. haec si solvendo sit prior debitor: alioquin mulier non utetur senatus consulti auxilio.

6. L. 20 D. ad senatus consultum Velleianum (16, 1). *Africanus libro VIII quaestionum.* Si pro uno reo intercessit mulier, adversus utrumque restituitur actio creditori.

7. L. 8 D. eod. (16, 1). *Ulpianus libro XXIX ad edictum.* § 14. Si, cum essem tibi contracturus, mulier intervenerit, ut cum ipsa potius contraham, videtur intercessisse: quo casu datur in te actio, quae instituit magis quam restituit obligationem, ut perinde obligeris eodem genere obligationis, quo mulier est obligata: verbi gratia si per stipulationem mulier, et tu quasi ex stipulatu convenieris.

8. L. 28 D. eod. (16, 1). *Scaevola libro I responsorum.* Seia mancipia emit et mutuam pecuniam accepit sub fideiussore marito eamque solvit venditori: postea maritus decedens non solvendo in fraudem creditoris cavit testamento se eam pecuniam universam debere: quaeritur, an intercessisse mulier videretur. respondi secundum ea quae proponerentur non intercessisse. § 1. Fundum uxoris suae maritus obligavit Sempronio ob conductionem: mox mulier a Numerio sua fide mutuam pecuniam acceptam sub obligatione eiusdem fundi solvit statim Sempronio pro marito suo: quaesitum est, an adversus senatus consultum obligata sit. respondi, si Numerius scisset eam intercedere, fore senatus consulto de quo quaereretur locum.

Drittes Buch.

Sachenrecht.

XXIII

Bruns, Font. iur. n. 144.

1. Pr. — § 10 I. 2, 1. — I. 2, 2.

2. L. 2 D. de religiosis et sumptibus funerum et ut funus ducere liceat (11, 7). *Ulpianus libro XXV ad edictum.* Locum in quo servus sepultus est religiosum esse Aristo ait. § 1. Qui mortuum in locum alienum intulit vel inferre curavit, tenebitur in factum actione. in locum alterius accipere debemus sive in agro sive in aedificio. sed hic sermo domino dat actionem, non bonae fidei possessori: nam cum dicat in locum alterius, apparet de domino eum sentire, id est eo cuius locus est. sed et fructuarius inferendo tenebitur domino proprietatis. an et socius teneatur, si ignorante socio intulerit, tractari potest: est tamen verius familiae erciscundae vel communi dividundo conveniri eum posse.

3. L. 7 D. eod. (11, 7). *Gaius libro XIX ad edictum provinciale.* Is qui intulit mortuum in alienum locum, aut tollere id quod intulit aut loci pretium praestare cogitur per in factum actionem, quae tam heredi quam in heredem competit et perpetua est. § 1. Adversus eum, qui in alterius arcam lapideam, in qua adhuc mortuus non erit conditus, mortuum intulerit, utilem actionem in factum proconsul dat: quia non proprie vel in sepulchrum vel in locum alterius intulisse dici potest.

4. L. 28 D. de A.R.D. (41, 1). *Pomponius libro XXXIII ad Sabinum.* Si supra tuum parietem vicinus aedificaverit, proprium eius id quod aedificaverit fieri Labeo et Sabinus aiunt:

sed Proculus tuum proprium, quemadmodum tuum fieret, quod in solo tuo alius aedificasset: quod verius est.

5. L. 60 D. eod. (41, 1). *Scaevola libro I responsorum.* Titius horreum frumentarium novum ex tabulis ligneis factum mobile in Seii praedio posuit: quaeritur, uter horrei dominus sit. respondit secundum quae proponerentur non esse factum Seii.

6. L. 13 D. de A.E.V. (19, 1). *Ulpianus libro XXXII ad edictum.* § 31. Aedibus distractis vel legatis ea esse aedium solemus dicere, quae quasi pars aedium vel propter aedes habentur.

Exempla: L. 14—18 D. 19, 1. L. 52 § 3; 53 D. 32. L. 3 § 1; 14; 15 D. 33, 6. L. 1 pr.; 2 § 1; 12 §§ 23—25 D. 33, 7. L. 242; 245 D. 50, 16.

7. L. 91 D. de legatis III (32). *Papinianus libro VII responsorum.* § 4. Balneas legatae domus esse portionem constabat: quod si eas publice praebuit, ita domus esse portionem balneas, si per domum quoque intrinsecus adirentur et in usu patris familiae vel uxoris nonnumquam fuerunt et mercedes eius inter ceteras meritoriorum domus rationibus accepto ferebantur et uno pretio comparatae vel instructae communi coniunctu fuissent. § 5. Qui domum possidebat, hortum vicinum aedibus comparavit ac postea domum legavit. si hortum domus causa comparavit, ut amoeniorem domum ac salubriorem possideret, aditumque in eum per domum habuit et aedium hortus additamentum fuit, domus legato continebitur.

XXIV

Bruns, Font. iur. n. 105 sqq.; — n. 6.

1. § 11 I. 2, 1. — §§ 40—43 I. 2, 1. — § 14 I. 2, 6.

2. L. 33 D. de A.A.P. (41, 2). *Pomponius libro XXXII ad Sabinum.* Fundi venditor etiamsi mandaverit alicui, ut emptorem in vacuam possessionem induceret, priusquam id fieret, non recte emptor per se in possessionem veniet. item si amicus venditoris mortuo eo, priusquam id sciret, aut non prohibentibus heredibus id fecerit, recte possessio tradita erit. sed si id fecerit, cum sciret dominum mortuum aut cum sciret heredes id facere nolle, contra erit.

3. L. 72 D. de R.V. (6, 1). *Ulpianus libro XVI ad edictum.* Si a Titio fundum emeris Sempronii et tibi traditus sit pretio soluto, deinde Titius Sempronio heres extiterit et eundem alii vendiderit et tradiderit, aequius est, ut tu potior sis. nam et si ipse venditor eam rem a te peteret, exceptione eum summoveres. sed et si ipse possideret et tu peteres, adversus exceptionem dominii replicationeutereris.

4. I. 2, 6.

5. L. 14 D. pro emptore (41, 4). *Scaevola libro XXV digestorum.* Intestatae sororis hereditas obvenit duobus fratribus, quorum alter absens erat, alter praesens: praesens etiam absentis causam agebat, ex qua hereditate suo et fratris sui nomine fundum in solidum vendidit Lucio Titio bona fide ementi: quaesitum est, cum scierit partem fundi absentis esse, an totum fundum longa possessione ceperit. respondit, si credidisset mandatu fratris venisse, per longum tempus cepisse.

6. §§ 12—19 D. 2, 1. — §§ 46—48 I. 2, 1. — § 39 I. 2, 1.

7. A tutore pupilli domum mercatus ad eius refectionem fabrum induxit: is pecuniam invenit: quaeritur ad quem pertineat . . . [L. 67 D. 6, 1.]

8. L. 8 D. pro derelicto (41, 7). *Paulus libro XVIII responsorum.* Sempronius Thetidi status quaestionem facere temptabat, quasi de serva sua nata sit. qui iam testato conventus a Procula nutrice Thetidis in solvendis alimentis respondit non se habere, unde alimenta eiusdem exsolvat, sed debere eam patri suo restituere Lucio Titio: idque ex illa in testationem redegisset, ut postea nullam quaestionem pateretur ab eodem Sempronio, Lucius Titius Seiae Proculae solutis alimentis puellam vindicta manumisit: quaero, an possit rescindi libertas Thetidis. Paulus respondit, quoniam dominus ancillae, ex qua Thetis nata est, Thetidem pro derelicto habuisse videtur, potuisse eam a Lucio Titio ad libertatem perduci.

9. §§ 35—38 I. 2, 1.

10. L. 6 D. de donationibus (39, 5). *Ulpianus libro XLII ad Sabinum.* Qui saxum mihi eximere de suo permisit donationis causa, statim cum lapis exemptus est meus fit, neque prohibendo me evehere efficit, ut meus esse desinat, quia quodammodo traditione meus factus est: plane si mercennarius meus exemit, mihi exemit. sed si is qui a me emerat, sive mercede conduxerat, ut paterer eum sibi iure eximere, si antequam eximat, me paenituerit, meus lapis durat, si postea, ipsius factum avocare non possum: quasi traditio enim facta videtur, cum eximitur domini voluntate. quod in saxo est, idem erit etiam, si in arbore caesa vel dempta acciderit.

11. §§ 20—24; 26—34 I. 2, 1. — § 25 I. 2, 1.

12. L. 30 D. de usurpationibus et usucapionibus (41, 3). *Pomponius libro XXX ad Sabinum*. ... Tria autem genera sunt corporum, unum, quod continetur uno spiritu et Graece *ἡνωμένον* vocatur, ut homo tignum lapis et similia: alterum, quod ex contingentibus, hoc est pluribus inter se cohaerentibus constat, quod *συνημμένον* vocatur, ut aedificium navis armarium: tertium, quod ex distantibus constat, ut corpora plura non soluta, sed uni nomini subiecta, veluti populus legio grex. primum genus in usucapione quaestionem non habet, secundum et tertium habet.

13. L. 76 D. de iudiciis: ubi quisque agere vel conveniri debeat (5, 1). *Alfenus libro VI digestorum*. Proponebatur ex his iudicibus, qui in eandem rem dati essent, nonnullos causa audita excusatos esse inque eorum locum alios esse sumptos, et quaerebatur, singulorum iudicum mutatio eandem rem an aliud iudicium fecisset. respondi, non modo si unus aut alter, sed et si omnes iudices mutati essent, tamen et rem eandem et iudicium idem quod antea fuisset permanere: neque in hoc solum evenire, ut partibus commutatis eadem res esse existimaretur, sed et in multis ceteris rebus: nam et legionem eandem haberi, ex qua multi decessissent, quorum in locum alii subiecti essent: et populum eundem hoc tempore putari qui abhinc centum annis fuissent, cum ex illis nemo nunc viveret: itemque navem, si adeo saepe refecta esset, ut nulla tabula eadem permaneret quae non nova fuisset, nihilo minus eandem navem esse existimari. quod si quis putaret partibus commutatis aliam rem fieri, fore ut ex eius ratione nos ipsi non idem essemus qui abhinc anno fuissemus, propterea quod, ut philosophi dicerent, ex quibus particulis minimis consisteremus, hae cottidie ex nostro corpore decederent aliaeque extrinsecus in earum locum accederent. quapropter cuius rei species eadem consisteret, rem quoque eandem esse existimari.

14. L. 23 D. de R.V. (6, 1). *Paulus libro XXI ad edictum*. § 5. Item quaecumque aliis iuncta sive adiecta accessionis loco cedunt, ea quamdiu cohaerent dominus vindicare non potest, sed ad exhibendum agere potest, ut separentur et tunc vindicentur: scilicet excepto eo, quod Cassius de ferruminatione scribit. dicit enim, si statuae suae ferruminatione iunctum bracchium sit, unitate maioris partis consumi et quod semel alienum factum sit, etiamsi inde abruptum sit, redire ad priorem dominum non posse. non idem in eo quod adplumbatum sit, quia ferruminatio per eandem materiam facit confusionem, plumbatura non idem efficit. ideoque in omnibus his casibus, in quibus neque ad exhibendum neque in rem locum habet, in factum actio necessaria est. at in his corporibus, quae ex distantibus corporibus essent, constat singulas partes retinere suam propriam speciem, ut singuli homines, singulae oves: ideoque posse me gregem vindicare, quamvis aries tuus sit immixtus, sed et te arietem vindicare posse. quod non idem in cohaerentibus corporibus eveniret: nam si statuae meae bracchium alienae statuae addideris, non posse dici bracchium tuum esse, quia tota statua uno spiritu continetur.

15. Habitator in aliena aedificia fenestras et ostia imposuit, eadem post annum dominus aedificiorum dempsit: quaero, is qui imposuerat possetne ea vindicare. . . . [L. 59 D. 6, 1.]

16. § 2 I. 4, 6. — § 4 I. 4, 6; § 5 eod.

17. L. 9 D. de R.V. (6, 1). *Ulpianus libro XVI ad edictum.* Officium autem iudicis in hac actione in hoc erit, ut iudex inspiciat, an reus possideat: nec ad rem pertinebit, ex qua causa possideat: ubi enim probavi rem meam esse, necesse habebit possessor restituere, qui non obiecit aliquam exceptionem. quidam tamen, ut Pegasus, eam solam possessionem putaverunt hanc actionem complecti, quae locum habet in interdicto uti possidetis vel utrubi. denique ait ab eo, apud quem deposita est vel commodata vel qui conduxerit aut qui legatorum servandorum causa vel dotis ventrisve nomine in possessione esset vel cui damni infecti nomine non cavebatur, quia hi omnes non possident, vindicari non posse. puto autem ab omnibus, qui tenent et habent restituendi facultatem, peti posse.

18. L. 65 D. de R.V. (6, 1). *Papinianus libro II responsorum.* Emptor praedium, quod a non domino emit, exceptione doli posita non aliter restituere domino cogetur, quam si pecuniam creditori eius solutam, qui pignori datum praedium habuit, usurarumque medii temporis superfluum reciperaverit, scilicet si minus in fructibus ante litem perceptis fuit: nam eos usuris novis dumtaxat compensari sumptuum in praedium factorum exemplo aequum est. § 1. Ancillam, quae non in dotem data, sed in peculium filiae concessa est, peculio filiae non legato mancipium hereditarium esse convenit. si tamen pater dotis ac peculii contemplatione filiam exheredavit et ea ratione reddita nihil ei testamento reliquit aut eo minus legavit, filiam defensio tuebitur voluntatis.

19. In fundo alieno, quem imprudens emeras, aedificasti aut conseruisti, deinde evincitur: bonus iudex varie ex personis causisque constituet. . . . [L. 38 D. 6, 1.]

XXV

1. §§ 44; 45 I. 2, 1. — § 5 I. 4, 15.

2. L. 3 D. de A.A.P. (41, 2). *Paulus libro LIV ad edictum.* § 1. Et apiscimur possessionem corpore et animo, neque per se animo aut per se corpore. quod autem diximus et corpore et animo adquirere nos debere possessionem, non utique ita accipiendum est, ut qui fundum possidere velit, omnes glebas circumambulet: sed sufficit quamlibet partem eius fundi introire, dum mente et cogitatione hac sit, uti totum fundum usque ad terminum velit possidere.

3. L. 55 D. de A.R.D. (41, 1). *Proculus libro II epistularum.* In laqueum, quem venandi causa posueras, aper incidit: cum eo haereret, exemptum eum abstuli: num tibi videor tuum aprum abstulisse? et si tuum putas fuisse, si solutum eum in silvam dimisissem, eo casu tuus esse desisset an maneret? et quam actionem mecum haberes, si desisset tuus esse, num in factum dari oporteret, quaero. respondit: laqueum videamus ne intersit in publico an in privato posuerim et, si in privato posui, utrum in meo an alieno, et, si in alieno, utrum permissu eius cuius fundus erat an non permissu eius posuerim: praeterea utrum in eo ita haeserit aper, ut expedire se non possit ipse, an diutius luctando expediturus se fuerit. summam tamen hanc puto esse, ut, si in meam potestatem pervenit, meus factus sit. sin autem aprum meum ferum in suam naturalem laxitatem dimisisses et eo facto meus esse desisset, actionem mihi in factum dari oportere, veluti responsum est, cum quidam poculum alterius ex nave eiecisset.

4. Illud quaesitum est, an fera bestia, quae ita vulnerata sit, ut capi possit, statim nostra esse intellegatur. . . .
[L. 5 § 1 D. 41, 1.]

5. L. 79 D. de solutionibus (46, 3). *Iavolenus libro X epistularum.* Pecuniam, quam mihi debes, aut aliam rem si in conspectu meo ponere te iubeam, efficitur, ut et tu statim libereris et mea esse incipiat: nam tum, quod a nullo corporaliter eius rei possessio detinetur, adquisita mihi et quodammodo manu longa tradita existimanda est.

6. L. 74 D. de C.E. (18, 1). *Papinianus libro I definitionum.* Clavibus traditis ita mercium in horreis conditarum possessio tradita videtur, si claves apud horrea traditae sint: quo facto confestim emptor dominium et possessionem adipiscitur, etsi non aperuerit horrea: quod si venditoris merces non fuerunt, usucapio confestim inchoabitur.

7. Constitutum possessorium:

a) L. 77 D. de R.V. (6, 1). *Ulpianus libro XVII ad edictum.* Quaedam mulier fundum non marito donavit per epistulam et eundem fundum ab eo conduxit: posse defendi in rem ei competere, quasi per ipsam adquisierit possessionem veluti per colonam. proponebatur, quod etiam in eo agro qui donabatur fuisset, cum epistula emitteretur: quae res sufficiebat ad traditam possessionem, licet conductio non intervenisset.

b) L. 48 D. de A.A.P. (41, 2). *Papinianus libro X responsorum.* Praedia cum servis donavit eorumque se tradidisse possessionem litteris declaravit. si vel unus ex servis, qui simul cum praediis donatus est, ad eum, qui donum accepit, pervenit, mox in praedia remissus est, per servum praediorum possessionem quaesitam ceterorumque servorum constabit.

8. Brevi manu traditio:

a) L. 9 D. de R.C. (12, 1). *Ulpianus libro XXVI ad edictum.* § 9. Deposui apud te decem, postea permisi tibi uti: Nerva Proculus etiam antequam moveantur, condicere quasi mutua tibi haec posse aiunt, et est verum, ut et Marcello videtur: animo enim coepit possidere. ergo transit periculum ad eum, qui mutuam rogavit et poterit ei condici.

b) L. 62 D. de evictionibus (21, 2.) *Celsus libro XXVII digestorum.* Si rem quae apud te esset vendidissem tibi: quia pro tradita habetur, evictionis nomine me obligari placet.

9. Peregre profecturus pecuniam in terra custodiae causa condiderat: cum reversüs locum thesauri memoria non repeteret, an desisset pecuniam possidere, vel, si postea recognovisset locum, an confestim possidere inciperet, quaesitum est.

[L. 44 pr. D. 41, 2.]

10. L. 18 D. de A.A.P. (41, 2). *Celsus libro XXIII digestorum.* § 1. Si furioso, quem suae mentis esse existimas, eo quod forte in conspectu inumbratae quietis fuit constitutus, rem tradideris, licet ille non erit adeptus possessionem, tu possidere desinis: sufficit quippe dimittere possessionem, etiamsi non transferas. illud enim ridiculum est dicere, quod non aliter vult quis dimittere, quam si transferat: immo vult dimittere, quia existimat se transferre.

11. §§ 4; 6 I. 4, 15.

12. L. 12 D. de vi (43, 16) *Marcellus libro XIX digestorum.* Colonus eum, cui locator fundum vendiderat, cum is in possessionem missus esset, non admisit: deinde colonus vi ab alio deiectus est: quaerebatur, quis haberet interdictum unde vi. dixi nihil interesse, colonus dominum ingredi volentem prohibuisset an emptorem, cui iussisset dominus tradi possessionem, non admisit. igitur interdictum unde vi colono competiturum ipsumque simili interdicto locatori obstrictum fore, quem deiecisse tunc videretur, cum emptori possessionem non tradidit, nisi forte propter iustam et probabilem causam id fecisset.

13. L. 12 D. communi dividundo (10, 3). *Ulpianus libro LXXI ad edictum.* Si aedes communes sint aut paries communis et eum reficere vel demolire vel in eum immittere quid opus sit, commuui dividundo iudicio erit agendum, aut interdicto uti possidetis experimur.

XXVI

Bruns, Font. iur. n. 116.

1. I. 2, 3.

2. L. 12 D. de annuis legatis (33, 1). *Paulus libro XIII responsorum.* Gaius Seius praedia diversis pagis Maeviae et Seiae legavit et ita cavit: praestari autem volo ex praediis Potitianis praediis Lutatianis annua harundinis milia trecena et salicis mundae annua librarum singula milia: quaero, an id legatum defuncta legataria exstinctum sit. Paulus respondit servitutem iure constitutam non videri neque in personam neque in rem: sed fideicommissi petitionem competisse ei, cui praedia Lutatiana legata sunt, et ideo, cum annua legata fuerint, mortua legataria finitum legatum videri.

3. L. 6 D. si servitus vindicetur etc. (8, 5). *Ulpianus libro XVII ad edictum.* § 2. Etiam de servitute, quae oneris ferendi causa imposita erit, actio nobis competit, ut et onera ferat et aedificia reficiat ad eum modum, qui servitute imposita comprehensus est. et Gallus putat non posse ita servitutem imponi, ut quis facere aliquid cogeretur, sed ne me facere prohiberet: nam in omnibus servitutibus refectio ad eum pertinet, qui sibi servitutem adserit, non ad eum, cuius res servit. sed evaluit Servi sententia in proposita specie ut possit quis defendere ius sibi esse cogere adversarium reficere parietem ad onera sua sustinenda. Labeo autem hanc servitutem non hominem debere, sed rem, denique licere domino rem derelinquere scribit.

4. Communia praediorum tam urbanorum quam rusticorum:

Servitus fundo debetur — praedium sequitur.
Servitus fundo utilis esse debet.
Servitus perpetuam causam habere debet.
Praedia vicina esse debent.
Civiliter modo servitutem uti licet.
Locare servitutem nemo potest.
Servitutes dividi non possunt.

Exempla: L. 9; 15 pr.; 17; 19 D. 8, 1. L. 20; 28; 38 D. 8, 2. L. 5 § 1; 6; 13; 14; 23; 24; 36; 38 D. 8, 3. L. 2 D. 8, 4. L. 5; 6 pr. D. 8, 5. L. 47 D. 18, 1. L. 7 D. 33, 3. L. 14 § 3 D 34, 1. L. 25 pr,; 86 D. 50, 16.

5. L. 41 D. de S.P.U. (8, 2). SCAEVOLA *libro I responsorum.* Olympico habitationem et horreum, quod in ea domo erat, quoad viveret, legavit: iuxta eandem domum hortus et cenaculum, quod Olympico legatum non est, fuerunt: ad hortum autem et cenaculum semper per domum, cuius habitatio relicta erat, aditus fuit: quaesitum est, an Olympicus aditum praestare deberet. respondi servitutem quidem non esse, sed heredem transire per domum ad ea quae commemorata sunt posse, dum non noceat legatario.

6. I. 2, 4. — I. 2, 5.

7. Filios heredes instituit, uxori vestem mundum muliebrem lanam linum et alias res legavit et adiecit: proprietatem autem eorum, quae supra scripta sunt, reverti volo ad filias meas quaeve ex his tunc vivent: quaesitum est, utrum usus fructus an proprietas earum rerum data sit. . . .

[L. 39 D. 33, 2.]

8. L. 36 D. de usu fructu et quemadmodum quis utatur fruatur (7, 1). AFRICANUS *libro V quaestionum.* § 1. Stipulatus sum de Titio fundum Cornelianum detracto usu fructu: Titius decessit: quaesitum est, quid mihi heredem eius praestare oportet. respondit referre, qua mente usus fructus exceptus sit: nam si quidem hoc actum est, ut in cuiuslibet persona usus fructus constitueretur, solam proprietatem heredem debiturum: sin autem id actum sit, ut promissori dumtaxat usus fructus reciperetur, plenam proprietatem heredem eius debiturum. hoc ita se habere, manifestius in causa legatorum apparere: etenim si heres, a quo detracto usu fructu proprietas legata sit, priusquam ex testamento ageretur, decesserit, minus dubitandum, quin heres eius plenam proprietatem sit debiturus. idemque et si sub condicione similiter legatum sit et pendente condicione heres decessit.

XXVII

Bruns, Font. iur. n. 117 sq.

1. § 3 I. 3, 24.

2. L. 71 D. de legatis I (30). *Ulpianus libro LI ad edictum.* § 5. Si fundus municipum vectigalis ipsis municipibus sit legatus, an legatum consistat petique possit, videamus. et Iulianus libro XXXVIII digestorum scribit, quamvis fundus vectigalis municipum sit, attamen quia aliquod ius in eo is qui legavit habet, valere legatum. § 6. Sed et si non municipibus, sed alii fundum vectigalem legaverit, non videri proprietatem rei legatam, sed id ius quod in vectigalibus fundis habemus.

3. L. 2 D. ne quid in loco publico fiat (43, 8). *Ulpianus libro LXVIII ad edictum.* § 17. Si quis nemine prohibente in publico aedificaverit, non esse eum cogendum tollere, ne ruinis urbs deformetur, et quia prohibitorium est interdictum, non restitutorium. si tamen obstet id aedificium publico usui, utique is, qui operibus publicis procurat, debebit id deponere, aut si non obstet, solarium ei imponere: vectigal enim hoc sic appellatur solarium ex eo, quod pro solo pendatur.

4. L. 3 D. uti possidetis (43, 17). *Ulpianus libro LXIX ad edictum.* § 7. Sed si supra aedes, quas possideo, cenaculum sit, in quo alius quasi dominus moretur, interdicto uti possidetis me uti posse Labeo ait, non eum qui in cenaculo moretur: semper enim superficiem solo cedere. plane si cenaculum ex publico aditum habeat, ait Labeo videri non ab eo aedes possideri, qui κρύπτας possideret, sed ab eo, cuius aedes supra κρύπτας essent. verum est hoc in eo, qui aditum ex publico habuit: ceterum superficiarii proprio interdicto et actionibus a praetore utetur. dominus autem soli tam adversus alium quam adversus superficiarium potior erit interdicto uti possidetis: sed praetor superficiarium tuebitur secundum legem locationis: et ita Pomponius quoque probat.

XXVIII

1. § 7 I. 4, 6. — Cf. § 3 I. 4, 15.

2. Gai. II § 59. Adhuc etiam ex aliis causis sciens quisque rem alienam usucapit: nam qui rem alicui fiduciae causa mancipio dederit vel in iure cesserit, si eandem ipse possederit, potest usucapere, anno scilicet, etiam soli si sit. quae species usucapionis dicitur usureceptio, quia id quod aliquando habuimus, recipimus per usucapionem. § 60. Sed cum fiducia contrahitur aut cum creditore pignoris iure, aut cum amico, quo tutius nostrae res apud eum sint; et siquidem cum amico contracta sit fiducia, sane omni modo conpetit ususreceptio; si vero cum creditore, soluta quidem pecunia omni modo conpetit, nondum vero soluta ita demum conpetit, si neque conduxerit eam rem a creditore debitor, neque precario rogaverit, ut eam rem possidere liceret; quo casu lucrativa ususcapio conpetit.

3. L. 4 D. de pigneraticia actione (13, 7). *Ulpianus libro XLI ad Sabinum.* Si convenit de distrahendo pignore sive ab initio sive postea, non tantum venditio valet, verum incipit emptor dominium rei habere. sed etsi non convenerit de distrahendo pignore, hoc tamen iure utimur, ut liceat distrahere, si modo non convenit, ne liceat. ubi vero convenit, ne distraheretur, creditor, si distraxerit, furti obligatur, nisi ei ter fuerit denuntiatum ut solvat et cessaverit.

4. L. 3 C. de iure dominii impetrando (8, 33 [34]). *Imp. Iustinianus A. Demostheni pp.* § 1. Sancimus itaque, si quis rem creditori suo pigneraverit, si quidem in pactione cautum est, quemadmodum debet pignus distrahi, sive in tempore sive in aliis conventionibus ea observari, pro quibus inter creditorem et debitorem conventum est. sin autem nulla pactio intercesserit, licentia dabitur feneratori ex denuntiatione vel ex sententia iudiciali post biennium, ex quo attestatio missa est vel sententia prolata est, numerandum eam vendere. § 2. Sin vero nemo est, qui comparare eam maluerit, ut necessarium fiat creditori saltem sibi eam iure dominii possidere, in huiusmodi casibus causam esse observandam censemus, ut, sive praesens sit debitor, denuntiatio ei scilicet post biennium mittatur, sive afuerit, provinciale tribunal creditor petat et iudicem certiorare festinet, quatenus ille eum requisierit, certo tempore super hoc ab eo statuendo, ut fiat debitori manifestum per apparitionem iudicis, quod a creditore petitum est, et certum tempus statuatur, intra quod et, si fuerit inventus, debet qui pecunias creditas accepit debitum offerre et pignus recuperare. § 3. Sin autem nullatenus fuerit inventus, iudex certum tempus definiat, intra quod licentia ei dabitur sese manifestare et offerre pecunias et pignus ab oppigneratione liberare. sin autem tempore statuto vel minime fuerit inventus vel creditam pecuniam totam offerre noluerit, tunc creditor adeat culmen principale et precibus porrectis iure dominii habere eandem rem expetat habeatque ex divino oraculo eam in suo dominio. et postquam hoc fuerit subsecutum, pietatis intuitu habeat debitor intra biennii tempus in suam rem humanum reversum ex die sacri oraculi numerandum, et liceat ei, creditori qui iam dominus factus est offerre debitum cum usuris et damnis vitio eius creditori illatis, quorum quantitatem creditor debet suo iuramento manifestare, et suum pignus recuperare. sin autem biennium fuerit elapsum, plenissime habeat rem creditor idemque dominus iam irrevocabilem factam. [*a.* 530.]

---

5. L. 9 D. qui potiores in pignore vel hypotheca habeantur etc. (20, 4). *Africanus libro VIII quaestionum.* Qui balneum ex calendis proximis conduxerat, pactus erat, ut homo Eros pignori locatori esset donec mercedes solverentur: idem ante calendas Iulias eundem Erotem alii ob pecuniam creditam pignori dedit. consultus, an adversus hunc creditorem petentem Erotem locatorem praetor tueri deberet, respondit debere: licet enim eo tempore homo pignori datus esset, quo nondum quicquam pro conductione deberetur, quoniam tamen iam tunc in ea causa Eros esse coepisset, ut invito locatore ius pignoris in eo solvi non posset, potiorem eius causam habendam.

6. L. 18 D. de pigneraticia actione (13, 7). *Paulus libro XXIX ad edictum.* Si convenerit, ut nomen debitoris mei pignori tibi sit, tuenda est a praetore haec conventio, ut et te in exigenda pecunia et debitorem adversus me, si cum eo experiar, tueatur. ergo si id nomen pecuniarium fuerit, exactam pecuniam tecum pensabis, si vero corporis alicuius, id quod acceperis erit tibi pignoris loco.

7. L. 10 D. de distractione pignorum et hypothecarum (20, 5). *Paulus libro VI responsorum.* Etsi is, qui lege pignoris emit, ob evictionem rei redire ad venditorem non potest, tamen non esse audiendum creditorem qui fundum vendidit, si velit eiusdem rei ex alia causa quaestionem movere.

Viertes Buch.

Familienrecht.

XXIX

Bruns, Font. iur. n. 23. — n. 21.

1. I. 1, 10.

2. GELL., noct. Att. IV, 4. Sponsalia in ea parte Italiae, quae Latium appellatur, hoc more atque iure solita fieri, scripsit Servius Sulpicius in libro, quem inscripsit *de dotibus*. qui uxorem, inquit, ducturus erat, ab eo unde ducenda erat stipulabatur eam in matrimonium datum iri: qui daturus erat, id eidem spondebat: item qui uxorem daturus erat, ab eo cui eam daturus erat, stipulabatur eam in matrimonium ductum iri: qui ducturus erat id eidem spondebat. is contractus stipulationum sponsionumque dicebatur sponsalia. tum quae promissa erat sponsa appellabatur, qui spoponderat ducturum, sponsus. sed si post eas stipulationes uxor non dabatur aut non ducebatur, is qui stipulatur ex sponsu agebat: iudices cognoscebant. iudex, quamobrem data acceptave non esset uxor, quaerebat. si nihil iustae causae videbatur, litem pecunia aestimabat: quantique interfuerat eam uxorem accipi aut dari, eum, qui spoponderat, ei qui stipulatus erat condemnabat. . . . Hoc ius sponsaliorum observatum dicit Servius ad id tempus, quo civitas universo Latio lege Iulia data est.

3. Seia Sempronio cum certa die nuptura esset, antequam domum deduceretur tabulaeque dotis signarentur, donavit tot aureos: quaero, an ea donatio rata sit. [L. 66 pr. D. 24, 1.]
(Cf. § 3 I. 2, 7.)

4. L. 12 [11] D. ad legem Iuliam de adulteriis coercendis (48, 5). *PAPINIANUS libro singulari de adulteriis.* § 12. Mulier cum absentem virum audisset vita functum esse, alii se iunxit: mox maritus reversus est. quaero, quid adversus eam mulierem statuendum sit. respondit tam iuris quam facti quaestionem moveri: nam si longo tempore transacto sine ullius stupri probatione falsis rumoribus inducta, quasi soluta priore vinculo, legitimis nuptiis secundis iuncta est, quod verisimile est deceptam eam fuisse nihil vindicta dignum videri potest: quod si ficta mariti mors argumentum faciendis nuptiis probabitur praestitisse, cum hoc facto pudicitia laboretur, vindicari debet pro admissi criminis qualitate.

5. L. 11 C. de repudiis et iudicio de moribus sublato (5, 17). *Imp. Iustinianus A. Hermogeni magistro officiorum.* § 1. Si quis autem eam, quam sine dote uxorem acceperat, a coniugio suo repellere voluerit, non alias ei hoc facere licebit, nisi talis culpa intercesserit, quae nostris legibus condemnatur. si vero sine culpa eam reiecerit vel ipse talem culpam contra innocentem mulierem commiserit, compellatur ei quartam partem propriae substantiae pro rata portione persolvere, ut, si quidem quadringentarum librarum auri vel amplius vir substantiam habeat, centum libras auri mulieri praestet et nihil amplius, etsi quantamcumque substantiam possideat: sin vero minus quadringentis libris auri puta substantia eius fuerit, tunc quarta pars computatione facta purae substantiae eius usque ad minimam quantitatem mulieri detur. eodem modo servando et in mulieribus, quae indotatae constitutae sine culpa mariti constitutionibus cognita eos repudiaverint vel ipsae culpam innocenti marito praebuerint, ut ex utraque parte aequa lance et aequitas et poena servetur. hoc lucro quartae partis filiis quidem non extantibus ipsis viro et mulieri competenti et ab his quomodo voluerint disponendo, filiis autem et deinceps personis ex eodem matrimonio intervenientibus eis servando ad similitudinem dotis et propter nuptias donationis per omnia, quae super his statuta sunt.

6. Poenae secundarum nuptiarum: Nov. 22 c. 20—48.

7. Ehe- und Kinderlosigkeit: Gai. II §§ 286—288; cf. I § 111. — Ulp. XV; XVI; XVII, 2; XXII, 3; XXVI, 8. — Paul. IV, 9. — Vatic. Fragm. 168 sq.; 191 sqq.; 247. — — Pr. I. 1, 25; 3, 3. — C. 8, 57 [58]; 8, 58 [59].

XXX

1. § 29 I. 4, 6. — § 37 I. 4, 6.

2. L. 9 pr. D. de I.D. (23, 3). *Ulpianus libro XXXI ad Sabinum.* Si ego Seiae res dedero, ut ipsa suo nomine in dotem det, efficientur eius, licet non in dotem sint datae: sed condictione tenebitur. quod si pro ea res ego dem, si quidem ante nuptias, interest qua condicione dedi, utrum ut statim fiant accipientis an secutis nuptiis: si statim, nuntio misso condicam: sin vero non statim, potero vindicare, quia meae res sunt. quare et si sequi nuptiae non possunt propter matrimonii interdictionem, ex posteriore casu res meae remanebunt.

3. Maevia marito suo inter alias res dotis etiam instrumentum solidorum decem tradidit, quo Otacilius eidem Maeviae caverat daturum se, cum nuptum ire coepisset, decem milia: ex eo instrumento maritus nihil exegit, quia nec potuit: quaesitum est, si dos a marito petatur, an compellendus sit etiam illam summam, quae instrumento continetur, refundere?

[L. 49 pr. D. 24, 3.]

4. L. 49 D. soluto matrimonio dos quemadmodum petatur (24, 3). *Paulus libro VII responsorum.* § 1. Fundus aestimatus in dotem datus a creditore antecedente ex causa pignoris ablatus est: quaesitum est, an mulier, si aestimationem dotis repetat, exceptione summovenda sit: ait enim se propterea non teneri, quod pater eius dotem pro se dedit, cui heres non exstiterit. Paulus respondit praedio evicto sine dolo et culpa viri pretium petenti mulieri doli mali exceptionem obesse: consequi enim eam pretium fundi evicti evidens iniquitas est, cum dolus patris ipsi nocere debeat.

5. L. 58 D. de I.D. (23, 3). *Celsus libro XIX digestorum.* § 1. Si mulier ancillam Pamphilam a Titio stipulata, deinde ei nuptura quod is sibi debebat doti habere permisit, etiamsi non erit viri Pamphila, an ipsa tamen Pamphila in dote et mulieris periculo erit? an et quod ea pepererit, reddi mulieri debebit? quia si in sua causa prior stipulatio mansisset, non redderetur, nisi forte refert, habuerit rem quam debebat vir, quo tempore dos constituebatur: nam ita poterit videri res ipsa ad eum pervenisse: an non habuerit: nam si non habuerit, magis est, ut liberatio obligationis potius quam res ipsa ad eum ita pervenisse videatur ideoque partus eius non debetur.

6. L. 78 D. de I.D. (23, 3). *Tryphoninus libro XI disputationum.* Cum in fundo mariti habens mulier usum fructum, dotis causa eum marito dedit, quamvis ab ea usus fructus decesserit, maritus tamen non usum fructum habet, sed suo fundo quasi dominus utitur, consecutus per dotem plenam fundi proprietatem, non separatam usu fructu, nec est, quod non utendo maritus amittat. divortio autem facto constituet in eodem fundo usum fructum mulieri. quod si in matrimonio decesserit uxor, nihil emolumenti ob dotem habere videtur maritus, quia et si uxorem eam non duxisset, fructuariae morte finitus usus fructus ad proprietatem rediret: ideoque nec in funus confert mulieris. § 1. Plane si pater filiae nomine, qui in fundo generi usum fructum habebit, dotis constituendae gratia eum dederit, et in matrimonio mortua fuerit, habebit ex sua persona usus fructus petitionem. § 2. Quod si mulier in fundo suo marito usum fructum dotis causa constituerit, tunc ex mariti persona erit usus fructus proprie: qui et non utendo ipsius pereat: quod si acciderit, videamus, an etiamnunc dotata sit mulier. et si quidem dominium apud mulierem est fundi, ad quem reversus est usus fructus, nihil iam in dote habet, quod actione dotis consequatur ab eo, cui quod non utendo amisit usum fructum imputari non potest, ex quo ipsa lucrum habet: ideoque indotata erit. quod si alienaverit uxor proprietatem, quae sine ullo mulieris emolumento plenior facta est: adhuc dotata est, quia dotis actione teneri debet maritus, qui quando licuit usu fructu uti, amisit eum non utendo. nam si habere perseverasset usum fructum ad divortium, commodo mulieris cederet eius restitutio, quia etsi non protinus ad ipsam transiret, tamen vel si pretio vel beneficio sine incommodo mulieris ad proprietatem revertetur. si autem usum fructum maritus non amiserit, morte mulieris non finitur usus fructus apud maritum. divortio autem facto primo videamus et in hac et in superiore specie, an pro rata temporis eius anni dividantur fructus: quod probandum est. ipsius autem restitutio ita fiet, ut habenti mulieri fundum usus fructus cedatur et ita cum proprietate consolidetur. sed et si non sit fundi domina, nihilo minus competit dotis actio, ut dimittat a se maritus usum fructum: nam vel ex empto actione adhuc, ut usum fructum praestet, mulier tenetur, aut pretium eius consequi sperat, aut cuivis magis gratiam praestare quam relinquere apud inimicum ius ad se translatum licere ei civile est.

7. Uxor viro usum fructum dotis nomine dedit, manente matrimonio eidem fundum vendidit: quaesitum est, divortio facto quid dotis iudicio recuperare debeat. . . . quid ergo est, si vir ante litem contestatam mortuus fuisset? . . . [L. 78 § 3 D. 23, 3.]

8. Quinque retentiones ex dote: Ulp. VI, 9—17. — D. de impensis in res dotales factis (25, 1). — § 37 i. f. I. 4, 6. — L. un. § 5 C. 5, 13.

9. Vir in fundo dotali lapidicinas marmoreas aperuerat: divortio facto quaeritur, marmor quod caesum neque exportatum esset cuius esset et impensam in lapidicinas factam mulier an vir praestare deberet. . . . [L. 18 pr. D. 23, 5.]

10. L. 29 D. de pactis dotalibus (23, 4). Scaevola *libro II responsorum.* § 2. Mulier de dote quam dedit pacta est, ut, si in matrimonio decessisset, fratri eius redderetur isque in eum casum stipulatus est: mulier decedens quasdam res dotales marito legavit et aliis, quosdam ex servis dotalibus manumisit. quaesitum est, an maritus earum nomine, quas legavit mulier, et servorum, quos manumisit, fratri tenetur. respondi nihil proponi, cur non teneretur, cum et iam heredes defunctae tam legatariis quam libertatibus obnoxii sint.

XXXI

1. § 12 I. 4, 6; § 3 I. 4, 16. — § 38 I. 4, 6.

2. L. 4; 5 D. de in ius vocando (2, 4). *Ulpianus libro V ad edictum.* § 3. Parentes etiam eos accipi Labeo existimat, qui in servitute susceperunt: nec tamen, ut Severus dicebat, ad solos iustos liberos: sed et si vulgo quaesitus sit filius, matrem in ius non vocavit, *Paulus libro IV ad edictum,* quia semper certa est, etiam si vulgo conceperit: pater vero is est, quem nuptiae demonstrant.

a) L. 12 D. de statu hominum (1, 5). *Paulus libro XIX responsorum.* Septimo mense nasci perfectum partum iam receptum est propter auctoritatem doctissimi viri Hippocratis: et ideo credendum est eum, qui ex iustis nuptiis septimo mense natus est, iustum filium esse.

b) L. 3 D. de suis et legitimis heredibus (38, 16). *Ulpianus libro XIV ad Sabinum.* § 11. Post decem menses mortis natus non admittetur ad legitimam hereditatem. § 12. De eo autem, qui centesimo octogesimo secundo die natus est, Hippocrates scripsit et divus Pius pontificibus rescripsit iusto tempore videri natum, nec videri in servitutem conceptum, cum mater ipsius ante centesimum octogesimum secundum diem esset manumissa.

c) L. 6 D. de his qui sui vel alieni iuris sunt (1, 6). *Ulpianus libro IX ad Sabinum.* Filium eum definimus, qui ex viro et uxore eius nascitur. sed si fingamus afuisse maritum verbi gratia per decennium, reversum anniculum invenisse in domo sua, placet nobis Iuliani sententia hunc non esse mariti filium. non tamen ferendum Iulianus ait eum, qui cum uxore sua adsidue moratus nolit filium adgnoscere quasi non suum. sed mihi videtur, quod et Scaevola probat, si constet maritum aliquamdiu cum uxore non concubuisse infirmitate interveniente vel alia causa, vel si ea valetudine pater familias fuit ut generare non possit, hunc, qui in domo natus est, licet vicinis scientibus, filium non esse.

d) Defuncto marito adulterii rea mulier postulatur, quae propter impuberem filium vult dilationem ab accusatore impetrare: an debeat audiri? . . . [L. 12 [11] § 9 D. 48, 5.]

3. C. 14 X. qui filii sint legitimi (4, 17): Ex tenore litterarum vestrarum nobis innotuit, quod cum G. viduam hereditatem quondam R. mariti sui sibi et pupillo filio suo restitui postularet, pars adversa petitionem eius excluderet, pro eo quod R. maritum ipsius viduae de adulterio genitum asserebat: [Et infra] Intelligentes quod pater praedicti R. matrem ipsius in faciem ecclesiae ignaram, quod ipse aliam sibi matrimonialiter copulasset, duxerit in uxorem; et dum ipsa coniux ipsius legitima putaretur, dictum R. suscepit ex eadem, in favorem prolis potius declinamus, memoratum R. legitimum reputantes. [*a.* 1213.]

4. L. 4 D. ubi pupillus educari vel morari debeat et de alimentis ei praestandis (27, 2). *Iulianus libro XXI digestorum.* Qui filium heredem instituerat, filiae dotis nomine, cum in familia nupsisset, ducenta legaverat nec quicquam praeterea, et tutorem eis Sempronium dedit: is a cognatis et a propinquis pupillae perductus ad magistratum iussus est alimenta pupillae et mercedes, ut liberalibus artibus institueretur, pupillae nomine praeceptoribus dare: pubes factus pupillus puberi iam factae sorori suae ducenta legati causa solvit. quaesitum est, an tutelae iudicio consequi possit, quod in alimenta pupillae et mercedes a tutore ex tutela praestitum sit. respondi: existimo, etsi citra magistratuum decretum tutor sororem pupilli sui aluerit et liberalibus artibus instituerit, cum haec aliter ei contingere non possent, nihil eo nomine tutelae iudicio pupillo aut substitutis pupilli praestare debere.

XXXII

1. I. 1, 9. — I. 1, 12.

2. Pr. — § 3 I. 2, 9; I. 3, 28; cf. § 13 I. 3, 19. — § 7 I. 4, 8. — Pr. I. 2, 12; § 6 I. 2, 11.

3. I. 1, 11. — I. 3, 10.

4. L. 11 D. de iudiciis etc. (5, 1). *Ulpianus libro XII ad edictum.* Si a me fuerit adrogatus qui mecum erat litem contestatus vel cum quo ego: solvi iudicium Marcellus libro tertio digestorum scribit, quoniam nec ab initio inter nos potuit consistere.

5. L. 30 D. de peculio (15, 1). *Ulpianus libro XXIX ad edictum.* Quaesitum est, an teneat actio de peculio, etiamsi nihil sit in peculio cum ageretur, si modo sit rei iudicatae tempore. Proculus et Pegasus nihilo minus teneri aiunt: intenditur enim recte, etiamsi nihil sit in peculio. idem et circa ad exhibendum et in rem actionem placuit, quae sententia et a nobis probanda est.

6. L. 58 D. de peculio (15, 1). *Scaevola libro V digestorum.* Uni ex heredibus praedia legavit ut instructa erant cum servis et ceteris rebus et quidquid ibi esset: hi servi domino debitores fuerunt tam ex aliis causis quam ex ratione kalendarii: quaesitum est, an ceteris heredibus adversus eum pecuniae ab his debitae actio de peculio competit. respondit non competere.

7. Filius rebus matris intervenire solitus pecunia matris cousentiente ipsa mancipia et res mercatus emptionum instrumenta suo nomine confecit: decessit in patria potestate. quaesitum est, an mater cum marito suo experiri et qua actione uti possit. . . .

[L. 58 § 2 D. 24, 1.]

8. L. 33 D. de A. R. D. (41, 1). *Ulpianus libro IV disputationum.* In eo quod servo castrensi ante aditam hereditatem filii familias militis legatur, vel eo, quod stipulatur servus, tractatur apud Marcellum libro XX, ex cuius persona vel stipulatio vires habeat vel legatum. et puto verius, quod et Scaevolae videtur et ipse Marcellus tractat, si quidem adeatur hereditas, omnia ut in hereditario servo, si adita non sit, ut in proprio patris esse spectanda: et si usus fructus fuerit huic servo relictus, modo patri videri delatum, modo heredi, nec a persona in personam creditur transisse. § 1. Eadem distinctione quis utetur etiam, si res fuerit subtracta: aut cessare aut non furti actionem dicet, si ex testamento adierit, quoniam hereditati furtum non fit, aut, si non adierit, patri dabitur furti actio.

9. L. 9 D. de castrensi peculio (49, 17). *Ulp. eod.* (Nr. 8). Proponebatur filius familias miles testamento facto extraneum heredem scripsisse, patre deinde superstite decessisse, pater deliberante herede instituto et ipse diem functus, deinde heres institutus repudiasse hereditatem. quaerebatur, ad quem castrense peculium pertineret. dicebam castrense peculium filii familias, si quidem testatus decessit, quasi hereditatem deferri heredi scripto, sive extraneum scripsit heredem sive patrem. sed cum nihil de peculio decrevit filius, non nunc obvenisse patri, sed non esse ab eo profectum creditur. denique si servo filii castrensi libertatem pater adscripserit moxque filius vivo patre defunctus sit, non impeditur libertas, cum, si filius patri supervixerit, impediatur libertas. unde Marcellus putat necessarium quoque heredem servum filii peculiarem patri existere posse, si filio pater supervixerit. idem referebam et si rem peculiarem filii pater legaverit: nam eodem casu, quo libertatem competere diximus, legatum quoque vel debebitur vel impedietur. quibus ita praemissis et in proposito dicebam, cum heres non adiit hereditatem, retro peculium patris bonis accessisse: unde posse dici etiam aucta patris bona per hanc repudiationem. nec est novum, ut ex postfacto aliquis successorem habuisse videatur. nam et si filius eius, qui ab hostibus captus est, decesserit patre captivo vivo, si quidem pater regrederetur, quasi filius familias peculium haberet: enimvero si ibidem pater decesserit, quasi pater familias legitimum habebit successorem, et retro habuisse creditur eius successor ea quoque, quae medio tempore filius iste quaesiit, nec heredi patris, sed ipsi filio quaesita videbuntur.

XXXIII

1. I. 1, 13—22; 1, 24—26.

2. L. 32 D. de testamentaria tutela (26, 2). *Paulus libro IX responsorum.* § 2. Lucius Titius heredes instituit filios suos pupillaris aetatis eisque tutores his verbis dedit: filiis meis tutores sunto Gaius Maevius et Lucius Eros, cui Eroti libertatem non dedit: fuit autem Eros intra viginti quinque annos aetatis: quaero, an possit libertatem sibi vindicare. Paulus respondit, quoniam placet eum, qui a domino tutor datus est, libertatem quoque meruisse videri, eum quoque de quo quaeritur in eadem causa habendum et liberum quidem ab adita hereditate esse, tutela autem post legitimam aetatem onerari.

3. L. 56 D. de administratione et periculo tutorum et curatorum qui gesserint vel non et de agentibus vel conveniendis uno vel pluribus (26, 7). *Scaevola libro IV digestorum.* Tutor rerum et animalium pupilli venditionem fecit, sed quaedam animalia emptoribus pretium non solventibus retinuit et apud se habuit, pretium idem rationibus pupilli accepto tulit: ex his aliquot nata sunt: defuncto tutore heres eius eandem tutelam administravit et animalia annis plurimis possedit: quaesitum est, an, cum is cuius tutela administrata est annis viginti quattuor esset, iure animalia vindicaret. respondit secundum ea quae proponerentur pupillum ea vindicare non posse.

4. L. 47 D. eod. (26, 7). *Scaevola libro II responsorum.* § 5. Lucius Titius mutuam pecuniam a tutore accepit et rem hereditariam pignori ei dedit: post triennium iam puberibus his, quorum tutela administrata est, fisco bona defuncti adiudicata sunt, quia mortem eius heres non est ultus: quaeritur, an id nomen pupillus recusare possit. respondi secundum ea quae proponuntur id nomen ad onus tutorum non pertinere.

5. Lucius Titius Gaium Seium filium familias testamento filio suo tutorem dedit: Gaius Seius sciente et consentiente patre tutelam administravit: quaero, an defuncto Gaio Seio actio tutelae adversus patrem eius et in quantum competat. . . . [L. 21 eod.]

6. L. 55 D. eod. (26, 7). *Tryphoninus libro XIV disputationum.* Tres tutores pupillo dati sunt, unus tutelam gessit et solvendo non est, secundus Titio gerendam mandavit et Titius quaedam administravit, tertius nihil omnino gessit: quaesitum est, quatenus quisque eorum teneatur. et tutorum quidem periculum commune est in administratione tutelae et in solidum universi tenentur. plane si pecunia numerata pupilli inter eos distributa est, non in maiorem summam quisque eorum quam accepit tenetur.

XXXIV

1. I. 1, 23.

2. L. 16 D. de excusationibus (27, 1). *Modestinus libro II responsorum.* Gaius testamento Nigidium filio suo tutorem dedit eundemque usque ad vicesimum quintum annum curatorem constituit: quaero, cum liceat Nigidio a curatione etiam citra appellationem se excusare, ex qua die tempora, quae in excusationibus observanda divus Marcus statuit, computanda sunt, utrum ex die aperti testamenti, an ex quo ad negotia gerenda vocatur, id est post quartum decimum annum impletum. Modestinus respondit excusationem a cura tunc necessariam esse, cum decreto praetoris seu praesidis confirmatus curator fuerit.

3. L. 36 D. eod. (27, 1). *Paulus libro IX responsorum.* § 1. Lucius Titius ex tribus filiis incolumibus unum habet emancipatum eius aetatis, ut curatores accipere debeat: quaero, si idem Titius pater petente eodem filio emancipato curator a praetore detur, an iure publico uti possit et nihilo minus trium filiorum nomine vacationem postulare. respondi praemium quidem patri, quod propter numerum liberorum ei competit, denegari non oportere. sed cum filio suo curator petatur, contra naturales stimulos facit, si tali excusatione utendum esse temptaverit.

4. L. 1 D. de rebus eorum qui sub tutela vel cura sunt etc. (27, 9). *Ulpianus libro XXXV ad edictum.* § 4. Si minor viginti quinque annis emit praedia, ut, quoad pretium solveret, essent pignori obligata venditori, non puto pignus valere: nam ubi dominium quaesitum est minori, coepit non posse obligari.

Fünftes Buch.

Erbrecht.

XXXV

1. § 6 I. 2, 9. — Pr. — § 2 I. 3, 9.

2. L. 30 D. de A.A.P. (41, 2). *Paulus libro XV ad Sabinum.* § 5. Quod per colonum possideo, heres meus nisi ipse nactus possessionem non poterit possidere: retinere enim animo possessionem possumus, apisci non possumus. sed quod pro emptore possideo per colonum etiam, usucapiet etiam heres meus.

3. L. 56 D. de V.O. (45, 1). *Iulianus libro LII digestorum.* § 1. Te et Titium heredem tuum decem daturum spondes? Titii persona supervacua comprehensa est: sive enim solus heres exstiterit, in solidum tenebitur, sive pro parte, eodem modo, quo ceteri coheredes eius, obligabitur. et quamvis convenisse videatur, ne ab alio herede quam a Titio peteretur, tamen inutile pactum conventum coheredibus eius erit.

4. L. 11 D. de heredibus instituendis (28, 5). *Iavolenus libro VII epistularum.* Attius fundi Corneliani heres esto mihi: duo Titii illius insulae heredes sunto. habebunt duo Titii semissem, Attius semissem idque Proculo placet: quid tibi videtur? respondit: vera est Proculi opinio.

5. L. 39 D. familiae erciscundae (10, 2). *Scaevola libro I responsorum.* § 1. Intestato moriens codicillis praedia sua omnia et patrimonium inter liberos divisit ita, ut longe amplius filio quam filiae relinqueret: quaesitum est, an soror fratri dotem conferre deberet. respondi secundum ea quae proponerentur, si nihil indivisum reliquisset, rectius dici ex voluntate defuncti collationem dotis cessare.

6. L. 15 C. de pactis (2, 3). *Impp. Valerianus et Gallienus AA. et Valerianus nobilissimus C. Pactumeio.* Pactum, quod dotali instrumento comprehensum est, ut, si pater vita fungeretur, ex aequa portione ea quae nubebat cum fratre heres patris sui esset, neque ullam obligationem contrahere neque libertatem testamenti faciendi mulieris patri potuit auferre. [*a.* 259.]

7. Hereditas iacens:

a) § 2 I. 2, 14.

b) Quod servus stipulatus est, quem dominus pro derelicto habebat, nullius est momenti, quia qui pro derelicto rem habet, omnimodo a se reiecit nec potest eius operibus uti, quem eo iure ad se pertinere noluit. quod si ab alio adprehensus est, stipulatione ei adquirere poterit: nam et haec genere quodam donatio est. inter hereditarium enim servum et eum, qui pro derelicto habetur, plurimum interest, quoniam alter hereditatis iure retinetur, nec potest relictus videri qui universo hereditatis iure continetur, alter voluntate domini derelictus non potest videri ad usum eius pertinere, a quo relictus est.

[L. 36 D. 45, 3.]

c) Nam et condictio, quotiens servus hereditarius stipulatur vel per traditionem accipit, ex persona defuncti vires assumit, ut Iuliano placet: cuius et valuit sententia testantis personam spectandam esse opinantis. hereditas enim non heredis personam, sed defuncti sustinet, ut multis argumentis iuris civilis comprobatum est. [L. 33 § 2; 34 D. 41, 1.]

d) Si servus hereditarius occidatur, quaeritur, quis Aquilia agat, cum dominus nullus sit huius servi. et ait Celsus legem domino damna salva esse voluisse: dominus ergo hereditas habebitur. quare adita hereditate heres poterit experiri.

[L. 13 § 2 D. 9, 2.]

e) Heres quandoque adeundo hereditatem iam tunc a morte successisse defuncto intellegitur. [L. 54 D. 29, 2.]

XXXVI

Bruns, Font. iur. n. 98 sqq.

1. I. 2, 10—12; 14—17. — I. 2, 25.

2. L. 18 D. de iure codicillorum (29, 7). *Celsus libro XX digestorum.* Plotiana Celso suo salutem. Lucius Titius his verbis ita cavit: si quid tabulis aliove quo genere ad hoc testamentum pertinens reliquero, ita valere volo. quaero, an codicilli, qui ante hoc testamentum scripti sunt, debeant rati esse. Iuventius Celsus Plotianae salutem. Haec verba: si quid ad hoc testamentum pertinens reliquero, valere volo, etiam ea, quae ante testamentum scripta sunt, comprehendere.

3. L. 25 D. de liberis et postumis heredibus instituendis vel exheredandis (28, 2). *Paulus libro XII responsorum.* § 1. Lucius Titius cum suprema sua ordinaret in civitate et haberet neptem ex filia praegnatem rure agentem, scripsit id quod in utero haberet ex parte heredem: quaero, cum ipsa die, qua Titius ordinaret testamentum in civitate hora diei sexta, eodem die albescente caelo rure sit enixa Maevia masculum, an institutio heredis valeat, cum, quo tempore scriberetur testamentum, iam editus esset partus. Paulus respondit verba quidem testamenti ad eum pronepotem directa videri, qui post testamentum factum nasceretur: sed si, ut proponitur, eadem die qua testamentum factum est neptis testatoris antequam testamentum scriberetur enixa esset, licet ignorante testatore, tamen institutionem iure factam videri recte responderi.

4. L. 48 [47] D. de heredibus instituendis (28, 5). *Africanus libro IV quaestionum.* § 2. In testamento ita scriptum est: L u c i u s T i t i u s e x d u a b u s u n c i i s, G a i u s A t t i u s e x p a r t e u n a, M a e v i u s e x p a r t e u n a, S e i u s e x p a r t i b u s d u a b u s h e r e d e s m i h i s u n t o: consulebatur quid iuris esset. respondit hanc scripturam illam interpretationem accipere posse, ut Lucius Titius duas uncias habeat, ceteri autem quasi sine partibus instituti ex reliquo dextante heredes sint: quem dextantem ita dividi oportet, ut Seius quincuncem, Attius et Maevius alterum quincuncem habeant.

5. Clemens Patronus testamento caverat, ut, si sibi filius natus fuisset, heres esset, si duo filii, ex aequis partibus heredes essent, si duae filiae, similiter: si filius et filia, filio duas partes, filiae tertiam dederat. duobus filiis et filia natis quaerebatur, quemadmodum in proposita specie partes faciemus. . . .

[L. 82 [81] pr. D. 28, 5.]

6. L. 3 D. de his quae in testamento delentur inducuntur vel inscribuntur (28, 4). *Marcellus libro XXIX digestorum.* Proxime in cognitione principis cum quidam heredum nomina induxisset et bona eius ut caduca a fisco vindicarentur, diu de legatis dubitatum est et maxime de his legatis, quae adscripta erant his, quorum institutio fuerat inducta. plerique etiam legatarios excludendos existimabant. quod sane sequendum aiebam, si omnem scripturam testamenti cancellasset: nonnullos opinari id iure ipso peremi quod inductum sit, cetera omnia valitura. quid ergo? non et illud interdum credi potest eum, qui heredum nomina induxerat, satis se consecuturum putasse, ut intestati exitum faceret? sed in re dubia benigniorem interpretationem sequi non minus iustius est quam tutius. Sententia imperatoris Antonini Augusti Pudente et Pollione consulibus. C u m V a l e r i u s N e p o s m u t a t a v o l u n t a t e e t i n c i d e r i t t e s t a m e n t u m s u u m e t h e r e d u m n o m i n a i n d u x e r i t, h e r e d i t a s e i u s s e c u n d u m d i v i p a t r i s m e i c o n s t i t u t i o n e m a d e o s q u i s c r i p t i f u e r i n t p e r t inere non videtur. et advocatis fisci dixit: Vos habetis iudices vestros. Vibius Zeno dixit: Rogo, domine imperator, audias me patienter: de legatis quid statues? Antoninus Caesar dixit: Videtur tibi voluisse testamentum valere, qui nomina heredum induxit. Cornelius Priscianus advocatus Leonis dixit: Nomina heredum tantum induxit. Calpurnius Longinus advocatus fisci dixit: Non potest ullum testamentum valere, quod heredem non habet. Priscianus dixit: Manumisit quosdam et legata dedit. Antoninus Caesar remotis omnibus cum deliberasset et admitti rursus eodem iussisset, dixit: Causa praesens admittere videtur humaniorem interpretationem, ut ea dumtaxat existimemus Nepotem irrita esse voluisse, quae induxit. nomen servi, quem liberum esse iusserat, induxit. Antoninus rescripsit liberum eum nihilo minus fore: quod videlicet favore constituit libertatis.

7. L. 30 D. de vulgari et pupillari substitutione (28, 6). *Iulianus libro LXXVIII digestorum.* Quidam testamento Proculum ex parte quarta et Quietum ex parte dimidia et quarta heredem instituit, deinde Quieto Florum, Proculo Sosiam heredes substituit, deinde, si neque Florus neque Sosia heredes essent, tertio gradu ex parte dimidia et quarta coloniam Leptitanorum et ex quarta complures heredes substituit in plures quam tres uncias: Quietus hereditatem adiit, Proculus et Sosia vivo testatore decesserunt: quaeritur, quadrans Proculo datus ad Quietum an ad substitutos tertio gradu pertineat. respondi eam videri voluntatem patris familias fuisse, ut tertio gradu scriptos heredes ita demum substituerit, si tota hereditas vacasset, idque apparere evidenter ex eo, quod plures quam duodecim uncias inter eos distribuisset, et idcirco partem quartam hereditatis de qua quaeritur ad Quietum pertinere.

XXXVII

1. I. 3, 1—8. — §§ 3—12 I. 3, 9.

2. L. 6; 7 D. de suis et legitimis heredibus (38, 16). *Iulianus libro LIX digestorum.* Titius exheredato filio extraneum heredem sub condicione instituit: quaesitum est, si post mortem patris pendente condicione filius uxorem duxisset et filium procreasset et decessisset, deinde condicio instituti heredis defecisset, an ad hunc postumum nepotem legitima hereditas avi pertineret. respondit: qui post mortem avi sui concipitur, is neque legitimam hereditatem eius tamquam suus heres neque bonorum possessionem tamquam cognatus accipere potest, quia lex XII tabularum eum vocat ad hereditatem, qui moriente eo, de cuius bonis quaeritur, in rerum natura fuerit, *Celsus libro XXVIII digestorum*, vel si vivo eo conceptus est, quia conceptus quodammodo in rerum natura esse existimatur.

3. L. 2 D. de successorio edicto (38, 9). *Papinianus libro VI responsorum.* Inferioris gradus cognatus beneficium edicti successorii non habuit, cum prior ex propria parte possessionem accepisset: nec ad rem pertinuit, quod abstinendi facultatem ob auxilium aetatis prior cognatus acceperat. igitur fisco vacantia bona recte deferri placuit.

4. L. 8 D. si tabulae testamenti nullae extabunt, unde liberi (38, 6). *Idem eod.* Filius familias ut proximus cognatus patre consentiente possessionem adgnovit: quamvis per condicionem testamento datam, quod in patris potestate manserit, ab hereditate sit exclusus, tamen utiliter possessionem adgnovisse videbitur nec in edicti sententiam incidet, quoniam possessionem secundum tabulas non adgnovit, cum inde rem habere non poterit nec in filii potestate condicio fuerit nec facile pater emancipare filium cogi poterit.

5. L. 3 D. de collatione bonorum (37, 6). *Iulianus libro XXIII digestorum.* § 6. Qui duos filios in potestate habebat et ex uno eorum nepotem, emancipavit filium, ex quo nepotem habebat: deinde emancipatus factus procreavit filium, quem avus in locum filii adoptavit et vel intestatus, vel testamento facto praeterito emancipato filio, decessit: quaesitum est, quid de bonorum possessione, quid de collatione iuris esset. respondi bonorum, de quibus quaeritur, tres partes fieri debent, ex quibus una pertinet ad filium qui in potestate remansit, altera ad nepotem, qui in locum filii adoptatus est, tertia ad emancipatum filium et nepotem, qui in potestate remanserit, ita ut pater soli ei conferat, cum quo bonorum possessionem accipiat.

XXXVIII

1. I. 2, 13. — I. 2, 18.

2. L. 13 D. de inofficioso testamento (5, 2). *Scaevola libro III responsorum.* Titia filiam heredem instituit, filio legatum dedit: eodem testamento ita cavit: E a o m n i a q u a e s u p r a d a r i f i e r i i u s s i, e a d a r i f i e r i v o l o a b o m n i h e r e d e b o n o r u m v e p o s s e s s o r e q u i m i h i e r i t e t i a m i u r e i n t e s t a t o:

item quae dari iussero, ea uti dentur fiantque, fidei eius committo. quaesitum est, si soror centumvirali iudicio optinuerit an fideicommissa ex capite supra scripto debeantur. respondi: si hoc quaeratur, an iure eorum, quos quis sibi ab intestato heredes bonorumve possessores successuros credat, fidei committere possit, respondi posse. *Paulus notat:* probat autem nec fideicommissa ab intestato data deberi, quasi a demente.

3. L. 20 D. de bonorum possessione contra tabulas (37, 4). *Tryphoninus libro XIX disputationum.* Filium quem in potestate habebat exheredavit, emancipatum praeteriit: quaesitum est, quatenus emancipatus bonorum possessionem habiturus sit. dixi, si scripti heredes extranei adierint hereditatem, repellendum esse filium, qui mansit in potestate. quod si hi repudiaverint hereditatem (quod facile sunt facturi nihil laturi ex hereditate propter eum, qui contra tabulas accepit bonorum possessionem), filius ab intestato patris suus heres deprehendetur: emancipatus autem petens contra tabulas bonorum possessionem solus habebit bonorum possessionem. sed cum exheredatio non adita hereditate ex testamento nullius sit momenti (ideoque non obstare eam nec quo minus contra tabulas libertorum patris accipiat bonorum possessionem, Iulianus recte respondit, ne testamentum per omnia irritum ad notam exheredationis solam profecisse videatur), redit res ad intestati exitum, ut adversus filium suum ex asse heredem ab intestato patri emancipatum praetor in parte dimidia tueatur. erit ergo venale beneficium scripti heredis extranei, ut, cum ipse iure hereditatis nihil sit consecuturus, adeundo repellat filium in potestate relictum praestetque assem emancipato filio iure contra tabulas bonorum possessionis: si autem omiserit hereditatem, in portionem bonorum exheredatum effectu admittet, iure factum solum suum heredem. sed quemadmodum praetor emancipatum tueatur, si adita non fuerit hereditas, ita nec filius qui in potestate remansit aditione adhibita in totum expellendus erit, sed ad hereditatis petitionem admittendus est ex causa inofficiosi querellae contra emancipatum movendae.

4. L. 13 D. eod. (37, 4). *Iulianus libro XXIII digestorum.* § 1. Qui duos filios et ex altero eorum nepotem habebat, eum in adoptionem dedit et heredem instituit praeterito altero filio: quaeritur, quid in his servari debeat, utrum in partem patris sui admittatur an virilem portionem habeat. respondi: in adoptionem datus nepos et heres sriptus, quamdiu pater eius aut in potestate aut emancipatus est, non potest contra tabulas bonorum possessionem accipere: sed et si pater eius, antequam bonorum possessionem acciperet, decesserit, non admittitur nepos ad bonorum possessionem.

5. L. 6 D. de legatis praestandis contra tabulas bonorum possessione petita (37, 5). *Idem eod.* Salvius Aristo Iuliano salutem. Qui filium emancipatum habebat, praeterito eo patrem suum et extraneum heredem instituit et patri legatum dedit: filius contra tabulas bonorum possessionem petit: quaero, si aut uterque hereditatem adisset aut alter ex his aut neuter, an et quantum legatorum nomine patri debeatur. respondit: saepe animadverti hanc partem edicti, qua emancipatus accepta contra tabulas bonorum possessione liberis et parentibus legata praestare iubetur, habere nonnullas reprehensiones: nam si dodrans legatus fuerit, plus habiturus est cui legatum erit quam emancipatus. decreto itaque ista temperari debebunt, ut et hereditatis partem emancipatus praestet ita, ne scriptus heres amplius habeat quam emancipatus, et legatorum modus temperaretur, ut nihil plus ex legatis ad aliquem perveniat, quam apud emancipatum bonorum possessionis nomine remansurum est.

XXXIX

Bruns, Font. iur. n. 57; 160.

1. I. 2, 19. — I. 3, 11. — I, 3, 12.

2. L. 78 D. de A.O.H. (29, 2). *Pomponius libro XXXV ad Quintum Mucium.* Duo fratres fuerant, bona communia habuerant: eorum alter intestato mortuus suum heredem non reliquerat: frater qui supererat nolebat ei heres esse: consulebat, num ob eam rem, quod communibus, cum sciret eum mortuum esse, usus esset, hereditati se alligasset. respondit, nisi eo consilio usus esset, quod vellet se heredem esse, non adstringi. itaque cavere debet, ne qua in re plus sua parte dominationem interponeret.

3. L. 86 D. eod. (29, 2). *Papinianus libro VI responsorum.* Pannonius Avitus cum in Cilicia procuraret heres institutus ante vita decesserat, quam heredem se institutum cognosceret. quia bonorum possessionem, quam procurator eius petierat, heredes Aviti ratam habere non potuerant, ex persona defuncti restitutionem in integrum implorabant, quae stricto iure non competit, quia intra diem aditionis Avitus obisset. divum tamen Pium contra constituisse Maecianus libro quaestionum refert in eo, qui legationis causa Romae erat et filium, qui matris delatam possessionem absens amiserat, sine respectu eius distinctionis restitutionem locum habere. quod et hic humanitatis gratia optinendum est.

4. L. 22 D. de H.P. (5, 3). *Paulus libro XX ad edictum.* Si et rem et pretium habeat bonae fidei possessor, puta quod eandem redemerit: an audiendus sit, si velit rem dare, non pretium? in praedone dicimus electionem esse debere actoris: an hic magis possessor audiendus sit, si velit rem tradere licet deteriorem factam, non petitor, si pretium desideret, quod inverecundum sit tale desiderium: an vero, quia ex re hereditaria locupletior sit, et id quod amplius habet ex pretio, restituere debeat, videndnm. nam et in oratione divi Hadriani ita est: Dispicite, patres conscripti, numquid sit aequius possessorem non facere lucrum et pretium, quod ex aliena re perceperit, reddere, quia potest existimari in locum hereditariae rei venditae pretium eius successisse et quodammodo ipsum hereditarium factum. oportet igitur possessorem et rem restituere petitori et quod ex venditione eius rei lucratus est.

5. L. 58 D. eod. (5, 3). *Scaevola libro III digestorum.* Filius a patre emancipatus secundum condicionem testamenti matris adiit hereditatem, quam pater, antequam filium emanciparet, possedit fructusque ex ea possedit, sed erogationem in honorem filii cum esset senator fecit ex ea. quaesitum est, cum paratus sit pater restituere hereditatem habita ratione eorum quae in eum erogavit, an filius nihilo minus perseverans petere hereditatem doli mali exceptione summoveri possit. respondi, etsi non exciperetur, satis per officium iudicis consuli.

6. L. 50 D. eod. (5, 3). *Papinianus libro VI quaestionum.* § 1. Si defuncto monumentum condicionis implendae gratia bonae fidei possessor fecerit, potest dici, quia voluntas defuncti vel in hoc servanda est, utique si probabilem modum faciendi monumenti sumptus, vel quantum testator iusserit, non excedat, eum, cui aufertur hereditas, impensas ratione doli exceptione aut retenturum aut actione negotiorum gestorum repetiturum, veluti hereditario negotio gesto: quamvis enim stricto iure nulla teneantur actione heredes ad monumentum faciendum, tamen principali vel pontificali auctoritate compelluntur ad obsequium supremae voluntatis.

7. L. 9 D. si pars hereditatis petatur (5, 4). *Paulus libro III epitomarum Alfeni digestorum.* Cum multi heredes instituti essent, ex his unus in Asia erat: eius procurator venditionem fecit et pecuniam pro parte eius abstulerat: postea apparuerit eum qui in Asia erat antea decessisse instituto ex parte dimidia herede procuratore suo et ex parte alio. quaesitum est, quemadmodum pecunia ex hereditate petenda esset. responsum est ab eo, qui procurator eius fuisset, totam hereditatem, quia ex hereditate ea pecunia fuisset quae ad procuratorem ex venditione pervenisset, petere eos oportere: et nihilo minus partem dimidiam hereditatis a coheredibus eius. ita fore, sive omnis ea pecunia penes eum qui procurator fuisset resideret, ut omnem per iudicem ab eodem recuperarent, sive is partem dimidiam coheredi suo reddidisset, ipsum ex dimidia parte et ex dimidia coheredes eius condemnarent.

8. L. 30 D. familiae eriscundae (10, 2), *Modestinus libro VI responsorum.* Fundus mihi communis est et pupillae coheredi: in eo fundo reliquiae sunt conditae, quibus religio ab utriusque patribus debebatur, nam parentes quoque eiusdem pupillae ibi sepulti sunt: sed tutores distrahere fundum volunt: ego non consentio, sed portionem meam possidere malo, cum universitatem emere non possim et velim pro meo arbitrio exsequi ius religionis. quero, an recte arbitrum communi dividundo ad hunc fundum partiendum petam an etiam is arbiter, qui familiae erciscundae datur, isdem partibus fungi possit, ut hanc possessionem exemptis ceteris corporibus hereditariis pro iure cuique nobis partiatur. Herennius Modestinus respondit nihil proponi, cur familiae erciscundae iudicio addictus arbiter officium suum etiam in eius fundi de quo agitur divisionem interponere non possit: sed religiosa loca in iudicium non deduci eorumque ius singulis heredibus in solidum competere.

XL

Bruns, Font. iur. n. 102; — n. 19; n. 52.

1. I. 2, 20—24.

2. L. 96 D. de legatis I (30). *Iulianus libro XXXIX digestorum.* Quidam testamento vel codicillis ita legavit: Aureos quadringentos Pamphilae dari volo ita ut infra scriptum est: ab Iulio actore aureos tot et in castris quos habeo tot et in numerato quos habeo tot: post multos annos eadem voluntate manente decessit, cum omnes summae in alios usus translatae essent: quaero, an debeatur fideicommissum. respondi: vero similius est patrem familias demonstrare potius heredibus voluisse, unde aureos quadringentos sine incommodo rei familiaris contrahere possint, quam condicionem fideicommisso iniecisse, quod initio pure datum esset, et ideo quadringenti Pamphilae debebuntur.

3. L. 104 D. eod. (30). *Idem libro I ad Urseium Ferocem.* § 1. In testamento sic erat scriptum: Lucio Titio, si is heredi meo tabellas, quibus ei pecuniam expromiseram, dederit, centum dato: Titius deinde antequam tabellas heredi redderet, decesserat: quaesitum est, an heredi eius legatum deberetur. Cassius respondit, si tabulae fuissent, non deberi, quia non redditis his dies legati non cessit. *Iulianus notat:* si testamenti faciendi tempore tabulae nullae fuerunt, una ratione dici potest legatum Titio deberi, quod ἀδύνατος condicio pro non scripta habetur.

4. L. 30 D. eod. II (31). *Celsus libro XXXVII digestorum.* Quidam in testamento ita scripsit: rei publicae Graviscanorum lego in tutelam viae reficiendae, quae est in colonia eorum usque ad viam Aureliam: quaesitum est, an hoc legatum valeat. Iuventius Celsus respondit: propemodum quidem imperfecta est haec scriptura in tutelam Aureliae viae, quia summa adscripta non est: potest tamen videri tanta summa legata, quanta ei rei sufficeret: si modo non apparet aliam fuisse defuncti voluntatem aut ex magnitudine eius pecuniae aut ex mediocritate facultatium, quam testatrix reliquit: tunc enim officio iudicis, secundum aestimationem patrimonii et legati, quantitas definiri potest.

5. Latinus Largus. Proxime ex facto incidit species talis. libertinus patronum ex semisse heredem instituit et filiam suam ex alio semisse: fidei commisit filiae, ut quibusdam ancillis patroni restitueret, cum hae manumissae essent, et, si eadem filia heres non esset, substituit ei easdem ancillas. quoniam filia non voluit heres existere, ancillae iussu domini, id est patroni adierunt defuncti hereditatem. post aliquantum temporis ab eo manumissae quaerebant, an fideicommissum petere ab eodem patrono possint. rogo ergo, quid de hoc existimes rescribas. . . . [L. 83 D. 31.]

6. L. 87 D. eod. (31). *Paulus libro XIV responsorum.* § 2. Seia libertis suis fundum legavit fideique eorum ita commisit: fidei autem vestrae, Vere et Sapide, committo, ne eum fundum vendatis eumque qui ex vobis ultimus decesserit, cum morietur, restituat Symphoro liberto meo et Successori et Beryllo et Sapido, quos infra manumisi, quive ex his tunc supervivent. quaero, cum nec in prima parte testamenti, qua fundum praelegavit, eos substituit, in secunda tamen adiecerit verbum qui ultimus decesserit, an pars unius defuncti ad alterum pertineret. Paulus respondit testatricem videri in eo fideicommisso, de quo quaeritur, duos gradus substitutionis fecisse, unum ut is, qui ex duobus prior morietur, alteri restitueret, alterum ut novissimus his restitueret, quos nominatim postea enumeravit.

7. L. 85 D. de condicionibus et demonstrationibus et causis et modis eorum quae in testamento scribuntur (35, 1). *Scaevola libro III responsorum.* Titia heredis instituti liberos habentis filii fidei commisit, uti rem eius universam restitueret filiis eius liberisve eorum, cum ipsi petissent, sine ulla iuris cavillatione: quaero, an his verbis cum illi a te petierint condicio fideicommisso adscripta videatur. respondit non videri.

8. L. 67 D. eod. (35, 1). *Iavolenus libro XI epistularum.* Cum sub hac condicione fundus alicui legatus esset si servum non manumiserit et, si manumiserit, legatum fundi ad Maevium translatum esset, legatarius de non liberando satisdedit et legatum accepit et postea liberavit: quaero, non aliquid Maevio detur. respondit, si cui ita legatum erit si servum non manumiserit, satisdatione interposita accipere ab herede legatum poterit et, si postea servum manumiserit, commissa stipulatione heredi vel fundum vel quanti ea res est restituet eoque casu heres ei, cui ex sequenti condicione legatum debuerit, restituet.

9. Titia codicillis de praediis, quae testamento Septiciae reliquerat, ita cavit: a te peto, Septicia, ut filio meo, cum annorum sedecim esset, eadem praedia restitueres: quod si filius meus sedecim annos non impleverit, peto uti reddas ea restituas Publio Maevio et Gaio Cornelio. quaero, cum Septicia decesserit, deinde filius quintum decimum annum agens defunctus sit, an repraesentetur fideicommissum quinto decimo anno impleto et heredes Septiciae restituere id Publio Maevio et Gaio Cornelio debeant.... [L. 36 § 1 D. 35, 1.]

10. L. 86 D. ad legem Falcidiam (35, 2). *Iulianus libro XL digestorum.* Titia testamento suo Titium fratrem suum ex parte tertia heredem instituit fideique eius commisit, ut hereditatem retenta quarta parte Secundae et Proculae restituat: eadem fratri quaedam praedia praelegavit: quaero, an Titius ea quae praelegata sunt etiam pro ea parte hereditatis, quam rogatus est ut restitueret, restituere an integra retinere debeat. respondi Titium legata integra retinere debere, sed in partem quartam imputari oportere duodecimam partem praediorum. sed si non esset adiectum, ut pars quarta deduceretur, totum trientem praediorum legi Falcidiae imputari oportere, quoniam contra sententiam matris familiae lex Falcidia induceretur.

Dritter Teil.

Exegetikum

für

Vorgerücktere.

I

Aus dem Leben des Lucius Titius.

Diese ihrer Zeit viel genannte Persönlichkeit hat ein bewegtes und nicht immer rühmliches Dasein gehabt. Indem wir nach zuverlässigen Berichten einige ihrer Hauptschicksale hervorheben, wird hier zur Aufgabe gestellt: die citierten Quellenstellen deutlicher Übertragung und Erläuterung zu unterziehen; und bei jeder begründet anzugeben, von welchen Rechtsverhältnissen die Rede ist, und welche *actiones* für oder wider unseren Helden zu verleihen sind.

Wie aus gerichtlichen Akten hervorgeht, hat Lucius Titius bei der Erbteilung mit seinen Brüdern Gelder unterschlagen.[1] Um seinen Bruder Seius zu besänftigen, gestattete er ihm eine Wasserleitung.[2] Eine Schwestertochter nahm er zu sich und gewährte ihr Unterhalt; nach einiger Zeit aber suchte er auch hier zu seinem Nutzen zu kommen, und er bedrängte die arme Person mit einer Kostgeldrechnung.[3] Pupillen, über die er Vormund war, betrog er;[4] Geschäfte, die ihm aufgetragen waren, behandelte er mit ungehöriger Nachlässigkeit oder sogar mit schädigender Arglist.[5] Geld, welches er schuldig war, deponierte er bei Gericht in versiegelten Packeten, die weniger enthielten, als die Schuldsumme betrug.[6] Den letzten Willen seines sterbenden Vaters führte er nicht aus,[7] so daß man sich wundern muß, wie er in vermögenden Kreisen so beliebt war, daß es zeitweise zum

---

[1] L. 35 D. de pactis (2, 14).
[2] L. 37 D. de serv. praed. rust. (8, 3).
[3] L. 26 (27) § 1 D. de neg. gest. (3, 5).
[4] L. 5 D. de dol. mal. (4, 3).
[5] L. 20 (21) § 3 D. de neg. gest. (3, 5). — L. 2 § 1 D. si mensor fals. (11, 6).
[6] L. 41 § 1 D. de usuris etc. (22, 1).
[7] L. 37 § 3 D. leg. III. (32).

guten Tone gehörte, ihm letztwillige Zuwendungen zu machen.[8] In der That sind ihm ungewöhnlich viele Vermächtnisse zugeflossen: an Grundstücken[9] und Sklaven,[10] an Geld[11] und Forderungen;[12] einzelne bekam er mit anderen zusammen,[13] manche auch nur unter zweifelhaften Bedingungen;[14] zuweilen erhielt er letztwillige Zuwendungen mit lästigen Auflagen,[15] die ihm manchmal gar nichts übrig ließen[16] oder ihm geradezu noch Mühe und Arbeit verursachten[17] und nur selten noch zu seinem Vorteile ausschlugen.[18] Bei solcher weitgehender Anerkennung wurde er übermütig und versäumte es gelegentlich, einen ganz sicheren Erwerb zu machen.[19] Übernahm auch unüberlegterweise Verpflichtungen für schlechte Zahler, die ihn nachher sitzen ließen.[20] Seine Wirtschaft war keine gute: Häuser ließ er ohne Reparatur aus Altersschwäche baufällig werden;[21] und auf seine Sklaven gab er so schlecht acht, daß sie andere Leute bestahlen.[22] Er geriet in Schulden.[23] Das wertvolle, mit allem Zubehör ihm zugefallene Cornelianische Grundstück mußte er anderen wieder zu Eigentum abtreten.[24] Und nachdem ihm die Spekulation, durch Landankäufe in Germanien jenseits des Rheins seine Vermögensverhältnisse zu bessern, gänzlich fehlgeschlagen war,[25] kam er so weit herunter, daß er seine Fruchtsäcke verpfänden mußte.[26] Aber auch dieses rettete ihn nicht vor dem Schicksale, daß er seine

---

[8] L. 108 § 7 D. leg. I. (30).
[9] L. 34 §§ 14, 15 D. leg. I. (30); l. 23 D. leg. II. (31); l. 41 pr. eod.
[10] L. 84 §§ 8—12 D. leg. I. (30); l. 100 pr. D. leg. III. (32).
[11] L. 80 D. leg. I. (30); l. 69 pr. D. leg. II. (31).
[12] L. 34 pr. D. leg. III. (32).
[13] L. 89 D. leg. III. (32); l. 36 § 2 D. leg. I. (30).
[14] L. 12 § 1 D. leg. II. (31).
[15] L. 122 § 1 D. leg. I. (30); l. 44 § 1 D. leg. II. (31); l. 61 pr. eod.; l. 54 D. leg. III. (32).
[16] L. 84 pr. § 1 D. leg. I. (30).
[17] L. 88 § 1 D. leg. II. (31).
[18] L. 17 pr. D. leg. II. (31).
[19] L. 36 pr. D. de usu et usu fructu etc. (33, 2).
[20] L. 62 § 1 D. mand. (17, 1); cf. l. 60 eod. — L. 48 pr. D. de fideiuss. (46, 1).
[21] L. 32 § 5 D. de usu et usu fructu etc. (33, 2).
[22] L. 70 pr. D. leg. I. (30).
[23] L. 13 pr. D. leg. II. (31); l. 105 D. leg. I. (30).
[24] L. 27 § 1 D. de instructo vel instrumento legato (33, 7). — L. 36 § 1 D. de usu fructu (7, 1).
[25] L. 11 pr. D. de evictionibus (21, 2).
[26] L. 43 § 1 D. de pigneraticia actione (13, 7).

zahlreichen Gläubiger nicht befriedigen konnte;[27] so war es jedenfalls nur ein resignierter Galgenhumor, wenn einer von diesen einem Verwandten mit ironischer Wendung „alles, was er vom Lucius Titius eintreiben könnte," hinterließ.[28]

Leider war auch das Familienleben unseres Mannes nichts weniger wie ungetrübt. Von seinem Vater wurde er zur Ehe mit einer ungeliebten Maevia bewogen, auf deren Veranlassung nachmals die Ehe geschieden wurde.[29] Seine Tochter mußte er an einen Sklaven verheiraten.[30] Bald darauf verliebte sich eine ältere Dame, Seia, in ihn, und bewog ihn, unter Verkauf seiner Habe, zu ihr zu ziehen.[31] Aber er löste dieses Verhältnis nach kurzem und heiratete wieder eine Maevia — und wieder nicht glücklich: Er hatte gerade eine Anklage wegen Ehebruches gegen seine Gattin erhoben,[32] als er, wahrscheinlich durch letztere vergiftet, mit Tod abging.[33]

Ein Testament hatte er ohne juristische Beihilfe errichtet, und es war auch danach.[34] In einem Anfalle von Geisteskrankheit zerschnitt er die Urkunde wieder.[35] Über seinen Nachlaß mußte nun Konkurs eröffnet werden;[36] und der Versuch einiger Gläubiger, seinen Neffen Publius Maevius durch die Vorspiegelung, er sei Erbe seines Oheims geworden, haftbar zu machen, mißlang ihnen.[37] Wogegen dieser letztere wiederum vergeblich es unternahm, eine testamentarische Zuwendung, die ihm der Verstorbene schon zu seinen Lebzeiten ausgezahlt hatte, jetzt noch einmal zu erhalten.[38]

II

Kasuistik der klassischen Jurisprudenz.

1. L. 3 D. de transactionibus (2, 15). *Scaevola libro I digestorum.* § 2. Debitor, cuius pignus creditor distraxit, cum

[27] L. 67 § 2 D. de condictione indebiti (12, 6).
[28] L. 50 § 2 D. leg. II. (31).
[29] L. 38 D. soluto matrimonio (24, 3).
[30] L. 27 D. depositi (16, 3).
[31] L. 61 § 1 D. de oblig. et act. (44, 7).
[32] L. 3 pr. D. de accusationibus (48. 2).
[33] L. 9 D. de iure fisci (49, 14).
[34] L. 88 § 17 D. leg. II. (31).
[35] L. 20 D. de iniusto rupto irrito facto testamento (28, 3).
[36] L. 20 D. de institoria actione (14, 3).
[37] L. 31 D. de pecunia constituta (13, 5).
[38] L. 22 D. leg. II. (31).

Maevio, qui se legitimum creditoris heredem esse iactabat, minimo transegit: postea testamento prolato Septicium heredem esse apparuit. quaesitum est, si agat pigneraticia debitor cum Septicio, an is uti possit exceptione transactionis factae cum Maevio, qui heres eo tempore non fuerit: possitque Septicius pecuniam, quae Maevio ut heredi a debitore numerata est, condictione repetere, quasi sub praetextu hereditatis acceptam. respondit secundum ea quae proponerentur non posse, quia neque cum eo ipse transegit nec negotium Septicii Maevius gerens accepit.

2. L. 19 D. de inofficioso testamento (5, 2). *Paulus libro II quaestionum.* Mater decedens extraneum ex dodrante heredem instituit, filiam unam ex quadrante, alteram praeteriit: haec de inofficioso egit et optinuit. quaero, scriptae filiae quomodo succurrendum sit. respondi: filia praeterita id vindicare debet, quod intestata matre habitura esset: itaque dici potest eam quae omissa est etiam, si totam hereditatem ab intestato petat et optineat, solam habituram universam successionem, quemadmodum si altera omisisset legitimam hereditatem. sed non est admittendum, ut adversus sororem audiatur agendo de inofficioso: praeterea dicendum est non esse similem omittenti eam, quae ex testamento adiit: et ideo ab extraneo semissem vindicandum et defendendum totum semissem esse auferendum, quasi semis totus ad hanc pertineat. secundum quod non in totum testamentum infirmatur, sed pro parte intestata efficitur, licet quasi furiosae iudicium ultimum eius damnetur. ceterum si quis putaverit filia optinente totum testamentum infirmari, dicendum est etiam institutam ab intestato posse adire hereditatem: nec enim quae ex testamento adiit, quod putat valere, repudiare legitimam hereditatem videtur, quam quidem nescit sibi deferri: cum et hi qui sciant ius suum, eligentes id quod putant sibi competere, non amittant. quod evenit in patrono, qui iudicium defuncti falsa opinione motus amplexus est: is enim non videtur bonorum possessionem contra tabulas repudiasse. ex quibus apparet non recte totam hereditatem praeteritam vindicare, cum rescisso testamento etiam institutae salvum ius sit adeundae hereditatis.

3. L. 31 D. de servitutibus praediorum rusticorum (8, 3). *Iulianus libro II ex Minicio.* Tria praedia continua trium dominorum adiecta erant: imi praedii dominus ex summo fundo imo fundo servitutem aquae quaesierat et per medium fundum domino concedente in suum agrum ducebat: postea idem summum fundum emit: deinde imum fundum, in quem aquam induxerat, vendidit. quaesitum est, num imus fundus id ius aquae amisisset, quia, cum utraque praedia eiusdem domini facta essent, ipsa sibi servire non potuissent. negavit amisisse servitutem, quia praedum, per quod aqua ducebatur, alterius fuisset et quemadmodum servitus summo fundo, ut in imum fundum aqua veniret, imponi aliter non potuisset, quam ut per medium quoque fundum duceretur, sic eadem servitus eiusdem fundi amitti aliter non posset, nisi eodem tempore etiam per medium fundum aqua duci desisset aut omnium tria simul praedia unius domini facta essent.

4. L. 41 D. de rebus creditis si certum petetur et de condictione (12, 1). *Africanus libro VIII quaestionum.* Eius, qui in provincia Stichum servum kalendario praeposuerat, Romae testamendum recitatum erat, quo idem Stichus liber et ex parte heres erat scriptus: qui status sui ignarus pecunias defuncti aut exegit aut credidit, ut interdum stipularetur et pignora acciperet. consulebatur quid de his iuris esset. placebat debitores quidem ei qui solvissent liberatos esse, si modo ipsi quoque ignorassent dominum decessisse. earum autem summarun nomine, quae ad Stichum pervenissent, familiae erciscundae quidem actionem non competere coheredibus, sed negotiorum gestorum dari debere. quas vero pecunias ipse credidisset, eas non ex maiore parte, quam ex qua ipse heres sit, alienatas esse: nam et si tibi in hoc dederim nummos, ut eos Sticho credas, deinde mortuo me ignorans dederis, accipientis non facies: neque enim sicut illud receptum est, ut debitores solventes ei liberentur, ita hoc quoque receptum, ut credendo nummos alienaret. quare si nulla stipulatio intervenisset, neque ut creditam pecuniam pro parte coheredis peti posse neque pignora teneri. quod si stipulatus quoque esset, referret, quemadmodum stipulatus esset: nam si nominatim forte Titio domino suo mortuo iam dari stipulatus sit, procul dubio inutiliter esset stipulatus. quod si sibi dari stipulatus esset, dicendum hereditati eum adquisisse: sicut enim nobismet ipsis ex re nostra per eos, qui liberi vel alieni servi bona fide serviant, adquiratur, ita hereditati quoque ex re hereditaria adquiri. post aditam vero a coheredibus hereditatem non aeque idem dici potest, utique si scierint eum sibi coheredem datum, quoniom tunc non possunt videri bonae fidei possessores esse, qui nec possidendi animum haberent. quod si proponatur coheredes eius id ignorasse, quod forte ipsi quoque ex necessariis fuerint, potest adhuc idem responderi: quo quidem casu illud eventurum, ut, si suae condicionis coheredes iste servus habeat, invicem bona fide servire videantur.

5. L. 7 D. de condictione causa data causa non secuta (12, 4). *Iulianus libro XVI digestorum.* Qui se debere pecuniam mulieri putabat, iussu eius dotis nomine promisit sponso et solvit: nuptiae deinde non intercesserunt: quaesitum est, utrum ipse potest repetere eam pecuniam qui dedisset, an mulier. Nerva et Atilicinus responderunt, quoniam putasset quidem debere pecuniam, sed exceptione doli mali tueri se potuisset, ipsum repetiturum. sed si, cum sciret se nihil mulieri debere, promisisset, mulieris esse actionem, quoniam pecunia ad eam pertineret. si autem vere debitor fuisset et ante nuptias solvisset et nuptiae secutae non fuissent, ipse possit condicere, causa debiti integra mulieri ad hoc solum manente, ut ad nihil aliud debitor compellatur, nisi ut cedat ei condicticia actione.

6. L. 36 D. de condictione indebiti (12, 6). *Paulus libro V epitomarum Alfeni digestorum.* Servus cuiusdam insciente domino magidem commodavit: is cui commodaverat pignori eam posuit et fugit: qui accepit non aliter se redditurum aiebat, quam si pecuniam accepisset: accepit a servulo et reddidit magidem: quaesitum est, an pecunia ab eo repeti possit. respondit, si is qui pignori accepisset magidem alienam scit apud se pignori deponi, furti eum se obligasse ideoque, si pecuniam a servulo accepisset redimendi furti causa, posse repeti: sed si nescisset alienam apud se deponi, non esse furem. item, si pecunia eius nomine, a quo pignus acceperat, a servo ei soluta esset, non posse ab eo repeti.

7. L. 5 D. de institoria actione (14, 3). *Ulpianus libro XXVIII ad edictum.* § 10. Sed et cum fullo peregre proficiscens rogasset, ut discipulis suis, quibus tabernam instructam tradiderat, imperaret, post cuius profectionem vestimenta discipulus accepisset et fugisset, fullonem non teneri, si quasi procurator fuit relictus: sin vero quasi institor, teneri eum. plane si adfirmaverit mihi recte me credere operariis suis, non institoria, sed ex locato tenebitur.

8. L. 21 D. de in rem verso (15, 3). *Scaevola libro V digestorum.* Filiam familias duxit uxorem patre dotem promittente et convenit inter omnes personas, uti eam pater aut ipsa se tueretur: maritus ei mutuos nummos dedit, cum iuste putaret patrem eius ministraturum tantum salarium, quantum dare filiae suae instituerat: eos nummos illa in usus necessarios sibi et in servos quos secum habebat consumpsit, aliquantum et (cum ei res familiares creditae essent) ex pecunia mariti in easdem causas convertit: deinde priusquam pater salarium expleret, moritur filia: pater impensam recusat: maritus res mulieris retinet: quaero, an de in rem verso adversus patrem actio competat. respondit, si ad ea id quod creditum est erogatum esset, sine quibus aut se tueri aut servos paternos exhibere non posset, dandam de in rem verso utilem actionem.

9. L. 19 D. ad senatus consultum Velleianum (16, 1). *Africanus libro IV quaestionum.* § 5. Cum haberes Titium debitorem et pro eo mulier intercedere vellet nec tu mulieris nomen propter senatus consultum sequereris, petit a me mulier mutuam pecuniam solutura tibi et stipulanti mihi promisit ignoranti, in quam rem mutuaretur atque ita numerare me tibi iussit: deinde ego, quia ad manum nummos non habebam, stipulanti tibi promisi: quaesitum est, si eam pecuniam a muliere petam an exceptio senatus consulti ei prosit. respondit videndum, ne non sine ratione dicatur eius loco, qui pro muliere fideiusserit, haberi me debere, ut, quemadmodum illi, quamvis ignoraverit mulierem intercedere, exceptio adversus creditorem detur, ne in mulierem mandati actio competat, ita mihi quoque adversus te utilis exceptio detur mihique in mulierem actio denegetur, quando haec actio periculo mulieris futura sit. et haec paulo expeditius dicenda, si prius, quam ego tibi pecuniam solverim, compererim eam intercessisse: ceterum si ante solverim, videndum, utrumne nihilo minus mulieri quidem exceptio adversus me dari debeat et ego tibi condicere pecuniam possim, an vero perinde habendum sit, ac si initio ego pecuniam mulieri credidissem ac rursus tu mihi in creditum isses. quod quidem magis dicendum existimavit, ut sic senatus consulto locus non sit: sicuti et cum debitorem suum mulier deleget, intercessioni locus non sit. quae postea non recte comparari ait, quando delegatione debitoris facta mulier non obligetur, at in proposito alienam obligationem in se transtulerit, quod certe senatus fieri noluerit.

10. L. 49 D. mandati vel contra (17, 1). *Marcellus libro VI digestorum.* Servum Titii emi ab alio bona fide et possideo: mandatu meo eum Titius vendidit, cum ignoraret suum esse, vel contra ego vendidi illius mandatu, cum forte is, cui heres extiterit, eum emisset: de iure evictionis et de mandatu quaesitum est. et puto Titium, quamvis quasi procurator vendidisset, obstrictum emptori neque, si rem tradidisset, vindicationem ei concedendam, et idcirco mandati eum non teneri, sed contra mandati agere posse, si quid eius interfuisset, quia forte venditurus non fuerit. contra mandator, si rem ab eo vindicare velit, exceptione doli summovetur et adversus venditorem testatoris sui habet ex empto iure hereditario actionem.

11. L. 57 D. mandati vel contra (17, 1). *Papinianus libro X responsorum.* Mandatum distrahendorum servorum defuncto qui mandatum suscepit intercidisse constitit. quoniam tamen heredes eius errore lapsi non animo furandi, sed exsequendi, quod defunctus suae curae fecerat, servos vendiderant, eos ab emptoribus usucaptos videri placuit. sed venaliciarium ex provincia reversum Publiciana actione non inutiliter acturum, cum exceptio iusti dominii causa cognita detur neque oporteat eum, qui certi hominis fidem elegit, ob errorem aut imperitiam heredum adfici damno.

12. L. 31 D. locati conducti (19, 2). *Alfenus libro V digestorum a Paulo epitomatorum.* In navem Saufeii cum complures frumentum confuderant, Saufeius uni ex his frumentum reddiderat de communi et navis perierat: quaesitum est, an ceteri pro sua parte frumenti cum nauta agere possunt oneris aversi actione. respondit rerum locatarum duo genera esse, ut aut idem redderetur (sicuti cum vestimenta fulloni curanda locarentur) aut eiusdem generis redderetur (veluti cum argentum pusulatum fabro daretur, ut vasa fierent, aut aurum, ut anuli): ex superiore causa rem domini manere, ex posteriore in creditum iri. idem iuris esse in deposito: nam si quis pecuniam numeratam ita deposuisset, ut neque clusam neque obsignatam traderet, sed adnumeraret, nihil aliud eum debere apud quem deposita esset nisi tantundem pecuniae solveret. secundum quae videri triticum factum Saufeii et recte datum. quod si separatim tabulis aut heronibus aut in alia cupa clusum uniuscuiusque triticum fuisset, ita ut internosci posset quid cuiusque esset, non potuisse nos permutationem facere, sed tum posse eum cuius fuisset triticum quod nauta solvisset vindicare. et ideo se improbare actiones oneris aversi: quia sive eius generis essent merces, quae nautae traderentur, ut continuo eius fierent et mercator in creditum iret, non videretur onus esse aversum, quippe quod nautae fuisset: sive eadem res, quae tradita esset, reddi deberet, furti esse actionem locatori et ideo supervacuum esse iudicium oneris aversi. sed si ita datum esset, ut in simili re solvi possit, conductorem culpam dumtaxat debere (nam in re, quae utriusque causa contraheretur, culpam deberi) neque omnimodo culpam esse, quod uni reddidisset ex frumento, quoniam alicui primum reddere eum necesse fuisset, tametsi meliorem eius condicionem faceret, quam ceterorum.

13. L. 3 D. qui potiores in pignore vel hypotheca habeantur etc. (20, 4). *Papinianus libro XI responsorum.* § 2. Post divisionem regionibus factam inter fratres convenit, ut, si frater agri portionem pro indiviso pignori datam a creditore suo non liberasset, ex divisione quaesitae partis partem dimidiam alter distraheret. pignus intellegi contractum existimavi, sed priorem secundo non esse potiorem, quoniam secundum pignus ad eam partem directum videbatur, quam ultra partem suam frater non consentiente socio non potuit obligare.

14. L. 16 D. qui potiores in pignore vel hypotheca habeantur etc. (20, 4). *Paulus libro III quaestionum.* Claudius Felix eundem fundum tribus obligaverat, Eutychianae primum, deinde Turboni, tertio loco alii creditori: cum Eutychiana de iure suo doceret, superata apud iudicem a tertio creditore non provocaverat: Turbo apud alium iudicem victus appellaverat: quaerebatur, utrum tertius creditor etiam Turbonem superare deberet, qui primam creditricem, an ea remota Turbo tertium excluderet. plane cum tertius creditor primum de sua pecunia dimisit, in locum eius substituitur in ea quantitate, quam superiori exsolvit: fuerunt igitur qui dicerent hic quoque tertium creditorem potiorem esse debere. mihi nequaquam hoc iustum esse videbatur. pone primam creditricem iudicio convenisse tertium creditorem et exceptione aliove quo modo a tertio superatam: numquid adversus Turbonem, qui secundo loco crediderat, tertius creditor, qui primam vicit, exceptione rei iudicatae uti potest? aut contra si post primum iudicium, in quo prima creditrix superata est a tertio creditore, secundus creditor tertium optinuerit, poterit uti exceptione rei iudicatae adversus primam creditricem? nullo modo, ut opinor. igitur nec tertius creditor successit in eius locum quem exclusit, nec inter alias res iudicata alii prodesse aut nocere solet, sed sine praeiudicio prioris sententiae totum ius alii creditori integrum relinquitur.

15. L. 11 D. quibus modis pignus vel hypotheca solvitur (20, 6). *Paulus libro IV responsorum.* Lucius Titius cum esset uxori suae Gaiae Seiae debitor sub pignore sive hypotheca praediorum, eadem praedia cum uxore sua Seiae Septiciae communis filiae nomine Sempronio marito eius futuro in dotem dedit: postea defuncto Lucio Titio Septicia filia abstinuit se hereditate paterna: quaero, an mater eius hypothecam persequi possit. Paulus respondit pignoris quidem obligationem praediorum Gaiam Seiam, quae viro pro filia communi in dotem eadem danti consensit, cum communis filiae nomine darentur, remisisse videri, obligationem autem personalem perseverasse: sed adversus eam, quae patris hereditate se abstinuit, actionem non esse dandam.

16. L. 65 D. de evictionibus et duplae stipulatione (21, 2). *Papinianus libro VIII quaestionum.* Rem hereditariam pignori obligatam heredes vendiderunt et evictionis nomine pro partibus hereditariis spoponderunt: cum alter pignus pro parte sua liberasset, rem creditor evicit: quaerebatur an uterque heredum conveniri possit? idque placebat propter indivisam pignoris causam. nec remedio locus esse videbatur, ut per doli exceptionem actiones ei qui pecuniam creditori dedit praestarentur, quia non duo rei facti proponerentur. sed familiae erciscundae iudicium eo nomine utile est: nam quid interest, unus ex heredibus in totum liberaverit pignus an vero pro sua dumtaxat portione? cum coheredis neglegentia damnosa non debet esse alteri.

17. L. 11 D. de usuris et fructibus etc. (22, 1). *Paulus libro XXV quaestionum.* Geius Seius qui rem publicam gerebat faeneravit pecuniam publicam sub usuris solitis: fuit autem consuetudo, ut intra certa tempora non inlatis usuris graviores infligerentur: quidam debitores cessaverunt in solvendis usuris, quidam plus intulerunt et sic effectum est, ut omne quod usurarum nomine competebat etiam pro his, qui cessaverant in usuris, suppleatur. quaesitum est, an illud, quod amplius ex consuetudine poenae nomine a quibusdam exactum est, ipsi Seio proficere deberet an rei publicae lucro cederet. respondi, si Gaius Seius a debitoribus usuras stipulatus esset, eas solas rei publicae praestari oportere, quae secundum formam ab is exigi solent, etiamsi omnia nomina idonea sint.

18. L. 58 D. de donationibus inter virum et uxorem (24, 1,) *Scaevola libro II responsorum.* § 2. Filius rebus matris intervenire solitus, pecunia matris, consentiente ipsa, mancipia et res mercatus, emptionum instrumenta suo nomine confecit: decessit in patris potestate: quaesitum est, an mater cum marito suo experiri et qua actione uti possit. respondit, si mater obligatum filium in ea pecunia voluit esse, intra annum quam filius decessit, de peculio cum patre, in cuius potestate fuisse proponatur, actionem habere: si donavit, repeti posse, quanta locupletior ex ea donatione pater factus est.

19. L. 45 D. soluto matrimonio dos quemadmodum petatur (24, 3). *Paulus libro VI quaestionum.* Gaius Seius avus maternus Seiae nepti, quae erat in patris potestate, certam pecuniae quantitatem dotis nomine Lucio Titio marito dedit et instrumento dotali huiusmodi pactum et stipulationem complexus est: Si inter Lucium Titium maritum et Seiam divortium sine culpa mulieris factum esset, dos omnis Seiae uxori vel Gaio Seio avo materno redderetur restitueretur que. quaero, cum Seius avus maternus statim vita defunctus sit et Seia postea sine culpa sua divorterit vivo patre suo, in cuius potestate est, an et cui actio ex hoc pacto et stipulatione competat et utrum heredi avi materni ex stipulatu an nepti. respondi in persona quidem neptis videri inutiliter stipulationem esse conceptam, quoniam avus maternus ei stipulatus proponitur: quod cum ita est, heredi stipulatoris, quandoque divorterit mulier, actio competere videtur. sed dicendum est Seiae posse dotem solvi (quamvis actio ei directo non competat), ac si sibi ant illi dari avus stipulatus esset, sed permittendum est nepti ex hac avita conventione, ne commodo dotis defraudetur, utilem actionem: favore enim nuptiarum et maxime propter affectionem personarum ad hoc decurrendum est.

20. L. 7 D. de instructo vel instrumento legato (33, 7). *Scaevola libro XXII digestorum.* Tabernam cum caenaculo Pardulae manumisso testamento legaverat cum mercibus et instrumentis et suppellectili quae ibi esset, item horreum vinarium cum vino et vasis et instrumento et institoribus, quos secum habere consueverat. quaesitum est, cum vivo testatore insula, in qua caenaculum fuit quod ei legatum erat, exusta sit, et post biennium eodem loco constituta nova, et horreum, quod eidem legatum erat, a testatore venierit, vini autem venditio dilata sit, ut ex eo commodo venirent, an universa legata Pardula consequi possit. respondit ea, in quibus voluntas mutata esset, non deberi.

21. L. 14 D. de alimentis vel cibariis legatis (34, 1). *Ulpianus libro II fideicommissorum.* § 3. Quidam libertis suis ut alimenta, ita aquam quoque per fideicommissum reliquerat: consulebar de fideicommisso. cum in ea regione Africae vel forte Aegypti res agi proponebatur, ubi aqua venalis est, dicebam igitur esse emolumentum fideicommissi, sive quis habens cisternas id reliquerit sive non, ut sit in fideicommisso, quanto quis aquam sibi esset comparaturus nec videri inutile esse fideicommissum quasi servitute praedii non possessori vicinae possessionis relicta: nam et haustus aquae ut pecoris ad aquam appulsus est servitus, personae tamen ei, qui viciuus non est, inutiliter relinquitur: in eadem causa erunt gestandi vel in tuo uvas premendi vel areae tuae ad frumenta ceteraque legumina exprimenda utendi. haec enim aqua personae relinquitur.

22. L. 26 D. de liberatione legata (34. 3). *Scaevola libro IV responsorum.* Tutor decedens aliis heredibus scriptis pupillo suo, cuius tutelam gessit, tertiam partem bonorum dari voluit, si heredibus suis tutelae causa controversiam non fecerit, sed eo nomine omnes liberaverit: pupillus legatum praetulit et postea nihilo minus petit quidquid ex distractione aliave causa ad tutorem suum ex tutela pervenerit: quaero, an verbis testamenti ab his exactionibus excludatur. respondit, si prius, quam condicioni pareret, fideicommissum percepisset et pergeret petere id, in quo contra condicionem faceret, doli mali exceptionem obstaturam: nisi paratus esset, quod ex causa fideicommissi percepisset, reddere: quod ei aetatis beneficio indulgendum est.

23. L. 9 [10] D. de rebus dubiis (34, 5). *Tryphoninus libro XXI disputationum.* Qui duos impuberes filios habebat, ei qui supremus moritur Titium substituit: duo impuberes simul in nave perierunt: quaesitum est, an substituto et cuius hereditas deferatur. dixi, si ordine vita decessissent, priori mortuo frater ab intestato heres erit, posteriori substitutus: in ea tamen hereditate etiam ante defuncti filii habebit hereditatem. in proposita autem quaestione ubi simul perierunt, quia cum neutri frater superstes fuit, quasi utrique ultimi decessisse sibi videantur? an vero neutri, quia comparatio posterioris decedentis ex facto prioris mortui sumitur? sed superior sententia magis admittenda est, ut utrique heres sit: nam et qui unicum filium habet, si supremum morienti substituit, non videtur inutiliter substituisse: et proximus adgnatus intellegitur etiam qui solus est quique neminem antecedit: et hic utrique, quia neutri eorum alter superstes fuit, ultimi primique obierunt.

24. L. 22 D. ad legem Falcidiam (35, 2) *Paulus libro XVII quaestionum.* Nesennius Apollinaris Iulio Paulo. Ex facto, domine, species eiusmodi incidit. Titia filias suas tres numero aequis ex partibus scripsit heredes et a singulis legata invicem dedit, ab una tamen ita legavit tam coheredibus eius quam extraneis, ut Falcidiae sit locus. quaero, an adversus coheredes suas, a quibus legata et ipsa accepit, uti possit Falcidia et, si non possit vel doli exceptione summovenda est, quemadmodum adversus extraneos computatio Falcidiae iniri possit. respondi: id quidem, quod a coherede legatorum nomine percipitur, non solet legatariis proficere, quo minus Falcidiam patiantur: sed cum is qui legatum praestaturus est ab eodem aliquid ex testamento petit, non est audiendus desiderans uti adversus eum Falcidiae beneficio, si id quod percepturus est ex voluntate testatoris suppleat, quod deducere desiderat. plane ceteris legatariis non universum, quod coheredi praestat, imputabit, sed quantum daturus esset, si nihil ab eo perciperet.

25. L. 88 D. ad legem Falcidiam (35, 2). *Africanus libro V quaestionum.* Qui quadringenta habebat, trecenta legavit: deinde fundum tibi dignum centum aureis sub hac condicione legavit, si legi Falcidiae in testamento suo locus non esset: quaeritur, quid iuris est. dixi τῶν ἀπόρων hanc quaestionem esse, qui tractatus apud dialecticos τοῦ ψευδομένου dicitur. etenim quidquid constituerimus verum esse, falsum reperietur. namque si legatum tibi datum valere dicamus, legi Falcidiae locus erit ideoque deficiente condicione non debebitur. rursus si, quia condicio deficiat, legatum valiturum non sit, legi Falcidiae locus non erit: porro si legi locus non sit, existente condicione legatum tibi debebitur. cum autem voluntatem testatoris eam fuisse appareat, ut propter tuum legatum ceterorum legata minui nollet, magis est, ut statuere debeamus tui legati condicionem defecisse.

26. L. 48 [46] D. ad senatus consultum Trebellianum (36, 1). *Iavolenus libro XI epistularum.* Seius Saturninus archigubernus ex classe Britannica testamento fiduciarium reliquit heredem Valerium Maximum trierarchum, a quo petit, ut filio suo Seio Oceano, cum ad annos sedecim pervenisset, hereditatem restitueret. Seius Oceanus antequam impleret annos, defunctus est: nunc Mallius Seneca, qui se avunculum Seii Oceani dicit, proximitatis nomine haec bona petit, Maximus autem trierarchus sibi ea vindicat ideo, quia defunctus est is cui restituere iussus erat. quaero ergo, utrum haec bona ad Valerium Maximum trierarchum heredem fiduciarium pertineant an ad Mallium Senecam, qui se pueri defuncti avunculum esse dicit. respondi: si Seius Oceanus, cui fideicommissa hereditas ex testamento Seii Saturnini, cum annos sedecim haberet, a Valerio Maximo fiduciario herede restitui debeat, priusquam praefinitum tempus aetatis impleret, decessit, fiduciaria hereditas ad eum pertinet, ad quem cetera bona Oceani pertinuerint, quoniam dies fideicommmissi vivo Oceano cessit, scilicet si prorogando tempus solutionis tutelam magis heredi fiduciario permisisse, quam incertum diem fideicommissi constituisse videatur.

27. L. 42 D. de mortis causa donationibus (39, 6). *Papinianus libro XIII responsorum.* Seia cum bonis suis traditionibus factis Titio cognato donationis causa cessisset, usum fructum sibi recepit et convenit, ut, si Titius ante ipsam vita decessisset, proprietas ad eam rediret, si postea superstitibus liberis Titii mortua fuisset, tunc ad eos bona pertinerent. igitur si res singulas heredes Lucii Titii vindicent, doli non inutiliter opponetur exceptio. bonae fidei autem iudicio constituto quaerebatur, an mulier promittere debeat se bona, cum moreretur, filiis Titii restituturam. incurrebat haesitatio non extorquendae donationis, quae nondum in personam filiorum initium acceperat. sed numquid interposita cautione prior donatio, quae domino translato pridem perfecta est, propter legem in exordio datam retinetur, non secunda promittitur? utrum ergo certae condicionis donatio fuit an quae mortis consilium ac titulum haberet? sed denegari non potest mortis causa factam videri.

sequitur, ut soluta priore donatione, quoniam Seia Titio superstes fuit, sequens extorqueri videatur. muliere denique postea diem functa liberi Titii si cautionem ex consensu mulieris acceperint, contributioni propter Falcidiam ex persona sua tenebuntur.

28. L. 44 D. de adquirendo rerum domino (41, 1). *Ulpianus libro XIX ad edictum.* Pomponius tractat: cum pastori meo lupi porcos eriperent, hos vicinae villae colonus cum robustis canibus et fortibus, quos pecoris sui gratia pascebat, consecutus lupis eripuit aut canes extorserunt: et cum pastor meus peteret porcos, quaerebatur, utrum eius facti sint porci, qui eripuit, an nostri maneant: nam genere quodam venandi id erant nancti. cogitabat tamen, quemadmodum terra marique capta, cum in suam naturalem laxitatem pervenerant, desinerent eorum esse qui ceperunt, ita ex bonis quoque nostris capta a bestiis marinis et terrestribus desinant nostra esse, cum effugerunt bestiae nostram persecutionem. quis denique manere nostrum dicit, quod avis transvolans ex area aut ex agro nostro transtulit aut quod nobis eripuit? si igitur desinit, si fuerit ore bestiae liberatum, occupantis erit, quemadmodum piscis vel aper vel avis, qui potestatem nostram evasit, si ab alio capiatur, ipsius fit. sed putat potius nostrum manere tamdiu, quamdiu reciperari possit: licet in avibus et piscibus et feris verum sit quod scribit. idem ait, etsi naufragio quid amissum sit, non statim nostrum esse desinere: denique quadruplo teneri eum qui rapuit. et sane melius est dicere et quod a lupo eripitur, nostrum manere, quamdiu recipi possit id quod ereptum est. si igitur manet, ego arbitror etiam furti competere actionem: licet enim non animo furandi fuerit colonus persecutus, quamvis et hoc animo potuerit esse, sed et si non hoc animo persecutus sit, tamen cum reposcenti non reddit, supprimere et intercipere videtur. quare et furti et ad exhibendum teneri eum arbitror et vindicari exhibitos ab eo porcos posse.

29. L. 30 D. de exceptione rei iudicatae (44, 2). *Paulus libro XIV quaestionum.* § 1. Latinus Largus: cum de hereditate inter Maevium, ad quem pertinebat, et Titium, qui controversiam moverat, transigeretur, traditio rerum hereditariarum Maevio heredi a Titio facta est, in qua traditione etiam fundum ei suum proprium, quem ante multos annos avo eiusdem Maevii heredis obligaverat quemque alii postea in obligationem deduxerat, ex causa pacti tradidit. his gestis posterior Titii creditor ius suum persecutus est et optinuit. post hoc iudicium Maevius heres reperit in rebus avitis chirographum eiusdem Titii ante multos annos conscriptum, per quod apparuit eum fundum, qui in causam transactionis venerat, etiam avo suo ab eodem Titio fuisse obligatum. cum ergo constet prius avo Maevii heredis in obligationem eundem fundum datum, de quo Maevius superatus est, quaero, an ius avi sui, quod tunc, cum de eodem fundo ageretur, ignorabat, nulla exceptione opposita exequi possit. respondi: si de proprietate fundi litigatur et secundum actorem pronuntiatum fuisset, diceremus petenti ei, qui in priore iudicio victus est, obstaturam rei iudicatae exceptionem, quoniam de eius quoque iure quaesitum videtur, cum actor petitionem implet. quod si possessor absolutus amissa possessione eundem ab eodem, qui prius non optinuit, peteret, non obesset ei exceptio: nihil enim in suo iudicio de iure eius statutum videretur. cum autem pigneraticia actum est adversus priorem creditorem, potest fieri, ut de iure possessoris non sit quaesitum, quia non, ut in proprietatis quaestione quod meum est alterius non est. ita in obligatione utique consequens est, ut non sit alii obligatum, quod hic probabit sibi teneri. et probabilius dicitur non obstare exceptionem, quoniam de iure possessoris quaesitum non est, sed de sola obligatione. in proposita autem quaestione magis me illud movet, numquid pignoris ius extinctum sit dominio adquisito: neque enim potest pignus perseverare domino constituto creditore. actio tamen pigneraticia competit: verum est enim et pignori datum et satisfactum non esse, quare puto non obstare rei iudicatae exceptionem.

30. L. 24 D. de fideiussoribus et mandatoribus (46, 1). *Marcellus libro singulari responsorum.* Lucius Titius cum pro Seio fratre suo apud Septicium intervenire vellet, epistulam ita emisit: s i p e t i e r i t a t e f r a t e r m e u s, p e t o d e s e i n u m m o s f i d e e t p e r i c u l o m e o: post quam epistulam Septicius Seio pecuniam numeravit: deinde Titius inter reliquos et Seium fratrem pro tertia parte reliquit heredem. quaero, an, quia adversus Seium debitorem Septicii confusa si actio pro tertia parte, qua Titio fratri suo heres extitit, cum coheredibus eius agere in solidum possit. Marcellus respondit cum coherede Seii non pro maiore quam hereditaria parte mandati agi posse.

31. Debitor meus, qui mihi quinquaginta debebat, decessit: huius hereditatis curationem suscepi et impendi decem: deinde redacta ex venditione rei hereditariae centum in arca reposui: haec sine culpa mea perierunt. quaesitum est, an ab herede, qui quandoque extitisset, vel creditam pecuniam quinquaginta petere possim vel decem quae impendi. [L. 12 [13] D. 3, 5].

32. Nesennius Apollinaris Iulio Paulo salutem. Avia nepotis sui negotia gessit: defunctis utrisque aviae heredes conveniebantur a nepotis heredibus negotiorum gestorum actione: reputabant heredes aviae alimenta praestita nepoti. respondebatur aviam iure pietatis de suo praestitisse: nec enim aut desiderasse, ut decernerentur alimenta, ant decreta essent. praeterea constitutum esse dicebatur, ut, si mater aluisset, non posset alimenta, quae pietate cogente de suo praestitisset, repetere. ex contrario dicebatur tunc hoc recte dici, ut de suo aluisse mater probaretur: at in proposito aviam, quae negotia administrabat, verisimile esse de re ipsius nepotis eum aluisse. tractatum est, numquid utroque patrimonio erogata videantur. quaero quid tibi iustius videatur.

[L. 33 (34) D. 3, 5.]

33. Cum absentem defendere vellem, iudicium mortuo iam eo accepi et condemnatus solvi: quaesitum est an heres liberaretur, item quae actio mihi adversus eum competeret.

[L. 74 § 2 D. 5, 1.]

34. Defuncta fructuaria mense Decembri iam omnibus fructibus, qui in his agris nascuntur, mense Octobri per colonos sublatis quaesitum est, utrum pensio heredi fructuariae solvi deberet, quamvis fructuaria ante kalendas Martias, quibus pensiones inferri debeant, decesserit, an dividi debeat inter heredem fructuariae, et rem publicam, cui proprietas legata est. [L. 58 pr. D. 7, 1.]

35. Tabernarius in semita noctu supra lapidem lucernam posuerat: quidam praeteriens eam sustulerat: tabernarius eum consecutus lucernam reposcebat et fugientem retinebat: ille flagello, quod in manu habebat, in quo dolor inerat, verberare tabernarium coeperat, ut se mitteret: ex eo maiore rixa facta tabernarius ei, qui lucernam sustulerat. oculum effoderat: consulebat num damnum iniuria non videtur dedisse, quoniam prior flagello percussus esset. [L. 52 § 1 D. 9, 2.]

36. Avunculo nuptura pecuniam in dotem dedit neque nupsit: an eandem repetere possit, quaesitum est.

[L. 5 pr. D. 12, 7.]

37. Ille illi salutem. Mando tibi, ut Blaesio Severo adfini meo octoginta credas sub pignore illo et illo: in quam pecuniam et quidquid usurarum nomine accesserit indemnem rationem tuam me esse ex causa mandati in eum diem, quoad vixerit Blaesius Severus, praestaturum. postea saepe conventus mandator non respondit: quaero, an morte debitoris liberatus sit? [L. 59 § 5 D. 17, 1.]

38. Cum duobus vicinis fundus coniunctus venalis esset, alter ex his petit ab altero, ut eum fundum emeret, ita ut ea pars, quae suo fundo iuncta esset, sibi cederetur: mox ipse eum fundum ignorante vicino emit: quaeritur, an aliquam actionem cum eo vicinus habeat. [L. 52 pr. D. 17, 2.]

39. Qui fundum vendebat, in lege ita dixerat, ut emptor in diebus triginta proximis fundum metiretur et de modo renuntiaret, et si ante eam diem non renuntiasset, ut venditoris fides soluta esset: emptor intra diem mensurae quo minorem modum esse credidit renuntiavit et pecuniam pro eo accepit: postea eum fundum vendidit et cum ipse emptori suo admetiretur, multo minorem modum agri quam putaverat invenit: quaerebat, an id quod minoris esset consequi a suo venditore posset.

[L. 40 pr. D. 18, 1.]

40. Fundi venditor frumenta manu sata receperat: in eo fundo ex stipula seges erat enata: quaesitum est, an pacto contineretur.

[L. 40 § 3 D. 18, 1.]

41. Rutilia Polla emit lacum Sabatenem Angularium et circa eum lacum pedes decem: quaero, numquid et decem pedes, qui tunc accesserunt, sub aqua sint, quia lacus crevit, an proximi pedes decem ab aqua Rutiliae Pollae iuris sint.

[L. 69 D. 18, 1.]

42. Mulier fundos Gaio Seio vendidit et acceptis arrae nomine certis pecuniis statuta sunt tempora solutioni reliquae pecuniae: quibus si non paruisset emptor, pactus est, ut arram perderet et inemptae villae essent. die statuto emptor testatus est se pecuniam omnem reliquam paratum fuisse exsolvere (et sacculum cum pecunia signatorum signis obsignavit), defuisse autem venditricem, posteriore autem die nomine fisci testato conventum emptorem, ne ante mulieri pecuniam exsolveret, quam fisco satisfaceret. quaesitum est, an fundi non sint in ea causa, ut a venditrice vindicari debeant ex conventione venditoris. [L. 8 D. 18, 3.]

43. Qui insulam triginta conduxerat, singula caenacula ita conduxit, ut quadraginta ex omnibus colligerentur: dominus insulae, quia aedificia vitium facere diceret, demolierat eam: quaesitum est, quanti lis aestimari deberet, si is qui totam conduxerat ex conducto ageret. [L. 30 pr. D. 19, 2.]

44. Domus pignori data exusta est eamque aream emit Lucius Titius et extruxit: quaesitum est de iure pignoris.

[L. 29 § 2 D. 20, 1.]

45. Seia fundos Maevianum et Seianum et ceteros doti dedit: eos fundos vir Titius viva Seia sine controversia possedit: post mortem deinde Seiae Sempronia heres Seiae quaestionem pro praedii proprietate facere instituit: quaero, cum Sempronia ipsa sit heres Seiae, an iure controversiam facere possit. [L. 73 D. 21, 2.]

46. Qui semisses usuras promisit, per multos annos minores praestitit: heres creditoris semisses petit. cum per debitorem non steterit, quo minus minores solvat, quaero an exceptio doli vel pacti obstet. [L. 13 pr. D. 22, 1.]

47. Bonae fidei emptor sevit et antequam fructus perciperet, cognovit fundum alienum esse, an perceptione fructus suos faciat, quaeritur. [L. 25 § 2 D. 22, 1.]

48. Vir ab eo, qui uxore eius dotem facere volebat, certam pecuniam eo nomine stipulatus est, deinde acceptam eam fecit: quaerebatur, essetne ea pecunia in dotem. [L. 49 D. 23, 3.]

49. Sulpicius Marcello. Mulier, quae ad communem filium volebat, qui in potestate patris erat, post mortem patris fundum pervenire, eum patri tradidit, uti post mortem restituatur filio. quaero, an donatio tibi videatur, ut nihil agatur, an valeat quidem, sed mulieri potestas datur, si noluerit, eum repetere. [L. 49 D. 24, 1.]

50. Altero ex duobus fratribus sociis bonorum et negotiationis defuncto, herede filio, patruus tutor venditis omnibus communis negotiationis mercibus et sibi redemptis negotium suo nomine exercuit: quaesitum est, utrum compendium negotii an usuras pecuniae praestare debeat. [L. 47 § 6 D. 26, 7.]

51. Ex duobus tutoribus pupilli altero defuncto adhuc impubere pupillo, qui supererat ex persona pupilli sui iudice accepto consecutus est cum usuris, quantum ex tutela ad tutorem defunctum pervenerat: quaesitum est, iudicio tutelae, quo experitur pubes factus, utrum eius tantum portionis, quae ab initio quod ex tutelae ratione pervenerat ad defunctum contutorem, usurae veniant, an etiam eius summae, quae ex sortis usuris pupillo aucta post mortem eius ad superstitem aeque cum sorte translata sit aut transferri debuit. [L. 58 § 1 D. 26, 7.]

52. Cancellaverat quis testamentum vel induxerat et si propter unum heredem facere dixerat: id postea testamentum signatum est. quaerebatur de viribus testamenti deque portione eius, propter quem se cancellasse dixerat. .... sed an legatariis denegari actio debeat, quaestio est. [L. 2 D. 28, 4.]

53. Si ita scriptum fuerit: Titius, immo Seius heres esto, Seium solum heredem fore respondit. sed et si ita: Titius heres esto: immo Seius heres esto, idem erit dicendum. § 1. Quidam testamento ita heredes instituit: Titia filia mea heres esto: si quid mihi liberorum me vivo mortuove nascetur, tunc qui virilis sexus unus pluresve nascentur, ex parte dimidia et quarta, qui feminini sexus una pluresve natae erunt, ex parte quarta mihi heres sit: postumus ei natus est: consulebatur, quota ex parte postumus heres esset. [L. 48 [47] pr. § 1 D. 28, 5.]

54. Cornelius et Maevius, uter eorum volet, heres esto: uterque vult: Trebatius neutrum fore heredem, Cartilus utrumque: tu cui adsentiaris? [L. 70 [69] D. 28, 5.]

55. Quidam in suo testamento heredem scripsit sub tali condicione si reliquias eius in mare abiciat: quaerebatur, cum heres institutus condicioni non paruisset, an expellendus est ab hereditate. [L. 27 pr. D. 28, 7.]

56. Fundi Aebutiani reditus uxori meae quoad vivat dari volo: [a] quaero, an possit tutor heredis fundum vendere et legatario offerre quantitatem annuam, quam vivo patre familias ex locatione fundi redigere consueverat. ... [b] item quaero, an habitare impune prohibere possit. ... [c] item quaero, an compellendus sit heres reficere praedium. ... [d] item quaero, quo distat hoc legatum ab usu fructu. [L. 38 D. 33, 2.]

57. Qui dotem a matre uxoris acceperat et stipulanti ei promiserat, testamento uxori dotem legavit. cum quaesitum esset, an uxor dotis summam consequi posset, ... [L. 16 D. 33, 4.]

58. Qui habebat Flaccum fullonem et Philonicum pistorem, uxori Flaccum pistorem legaverat: qui eorum et num uterque deberetur? [L. 28 [29] D. 34, 5.]

59. A testatore rogatus, ut acceptis centum nummis restitueret hereditatem Titiae coheredi suae, adita hereditate decessit: similiter et Titia, antequam daret centum: quaesitum est, an heres Titiae offerendo centum fideicommisso partem hereditatis consequi possit. [L. 109 D. 35, 1.]

60. Filius familias, qui militaverat decedens patris sui fidei commisit codicillis, ut peculium suum castrense Titio post mortem restitueret: quaerebatur, an ut heres quartam deducere possit. [L. 18 pr. D. 35, 2.]

61. Qui filium suum impuberem et Titium aequis partibus heredes instituerat, a filio totum semissem legaverat, a Titio nihil et Titium filio substituerat. quaesitum est, cum Titius ex institutione adisset et impubere filio mortuo ex substitutione heres extitisset, quantum legatorum nomine praestare deberet. [L. 87 § 4 D. 35, 2.]

62. A liberto suo herede Seius usum fructum fundi Maevio legavit: is libertus Maevio herede relicto decessit: quaero, cum contra tabulas testamenti petierit filius Seii adversus Maevium, utrum deducto usu fructu pars debita ei fundi restituenda sit an solida, quia eorum bonorum acceperit possessionem, quae liberti cum moreretur fuerunt. [L. 35 D. 38, 2.]

63. Damni infecti quidam vicino repromiserat: ex eius aedificio tegulae vento deiectae ceciderant in vicini tegulas easque fregerant: quaesitum est, an aliquid praestari oportet.

[L. 43 pr. D. 39, 2.]

64. Insula est enata in flumine contra frontem agri mei, ita ut nihil excederet longitudo regionem praedii mei: postea aucta est paulatim et processit contra frontes et superioris vicini et inferioris: quaero, quod adcrevit utrum meum sit, quoniam meo adiunctum est, an eius iuris sit, cuius esset, si initio ea nata eius longitudinis fuisset.... Item quaero, si, cum propior ripae meae enata est insula et postea totum flumen fluere inter me et insulam coepit relicto suo alveo, quo maior amnis fluerat, numquid dubites, quin etiam insula mea maneat et nihilo minus eius soli, quod flumen reliquit, pars fiat mea? rogo, quid sentias scribas mihi.

[L. 56 D. 41, 1.]

65. L. 70 D. de procuratoribus et defensoribus (3, 3).

66. L. 25 [26] D. de negotiis gestis (3, 5).

67. L. 50 D. de usu fructu et quemadmodum quis utatur fruatur (7, 1).

68. L. 61 D. de condictione indebiti (12, 6).

69. L. 24 D. depositi vel contra (16, 3); l. 26 § 1; l. 28 eod.

70. L. 13—15 pr. [12—14] D. de periculo et commodo rei venditae (18, 6).

71. L. 43—45 pr. D. de actionibus empti venditi (19, 1.)

72. L. 39 D. de donationibus inter virum et uxorem (24, 1.)

73. L. 46 D. de administratione et periculo tutorum et curatorum etc. (26, 7).

74. L. 47 [46] D. de heredibus instituendis (28, 5).

75. L. 34 D. de legatis et fideicommissis II (31); l. 88; 89 eod.

76. L. 32—35; 37—42 D. eod. III (32); l. 93 eod.

77. L. 13; 18—21 D. de annuis legatis et fideicommissis (33, 1).

78. L. 32—37 D. de usu et usu fructu et reditu et habitatione et operis per legatum vel fideicommissum datis (33, 2).

79. L. 20; 27 D. de instructo vel instrumento legato (33, 7.)

80. L. 4; 5 D. de alimentis vel cibariis legatis (34, 1); l. 15—20 eod.

81. L. 25 D. de liberatione legata (34, 3).

82. L. 28; 31 D. eod (34, 3).

83. L. 30; 31 D. de adimendis vel transferendis legatis vel fideicommissis (34, 4).

84. L. 94; 95 D. ad legem Falcidiam (35, 2).

85. L. 77 [75]; 79 [77]; 80 [78] D. ad senatus consultum Trebellianum (36, 1); l. 2; l. 18 [17] § 5; l. 28 [27] § 16 eod.

86. L. 35 D. de donationibus (39, 5).

87. L. 41 D. de fideicommissariis libertatibus (40, 5).

88. L. 40 D. de statuliberis (40, 7).

89. L. 122 D. de verborum obligationibus (45, 1); l. 132 pr.; l. 134 pr.; l. 135 eod.

90. L. 125 D. de verborum significatione (50, 16).

III
Rechtspraxis des Diocletian und Maximian.

1. L. 32 C. de transactionibus (2, 4). Si causa cognita prolata sententia, sicut iure traditum est, appellationis vel in integrum restitutionis sollemnitate suspensa non est, super iudicato frustra transigi non est opinionis incertae. proinde si non Aquiliana stipulatione et acceptilatione subsecuta competentem tibi actionem peremisti, praeses provinciae usitato more legum rebus pridem iudicatis effectum adhibere curabit.

2. L. 16 C. de rei vindicatione (3, 32), Si in area communi domum aliquis extruxit, hanc vobis communem iuris fecit ratio. cuius portionem ab eo, qui bona fide possidens aedificavit, si velis vindicare, sumptus offerre debes, ne doli mali possis exceptione submoveri.

3. L. 7 C. de servitutibus et de aqua (3, 34). Si manifeste doceri possit ius aquae ex vetere more atque observatione per certa loca profluentis utilitatem certis fundis inrigandi causa exhibere, procurator noster, ne quid contra veterem formam atque sollemnem morem innovetur, providebit.

4. L. 8 C. ad exhibendum (3, 42). Si res tuas commodavit aut deposuit is, cuius precibus meministi, adversus tenentem ad exhibendum vel vindicatione uti potes. § 1. Quod si pactus sit, ut tibi restituantur, si quidem ei qui deposuit successisti, iure hereditario depositi actione uti non prohiberis: si vero nec civili, nec honorario iure ad te hereditas eius pertinet, intellegis nullam te ex eius pacto contra quem supplicas actionem stricto iure habere: utilis autem tibi propter aequitatis rationem dabitur depositi actio.

5. L. 2 C. de rescindenda venditione (4, 44). Rem maioris pretii si tu vel pater tuus minoris distraxit, humanum est, ut vel pretium te restituente emptoribus fundum venditum recipias auctoritate iudicis intercedente, vel, si emptor elegerit, quod deest iusto pretio recipies. minus autem pretium esse videtur, si nec dimidia pars veri pretii soluta sit.

6. L. 4 C. de rerum permutatione et de praescriptis verbis actione (4, 64). Cum precibus tuis expresseris placitum inter te et alium permutationis intercessisse eumque fundum a te datum vendidisse contra emptorem quidem te nullam habere actionem perspicis, cum ab eo susceperit dominium, cui te tradidisse titulo permutationis non negasti. § 1. Secundum fidem autem placiti, si stipulatio subsecuta est, successores eius, cum quo contractum habuisti. convenire non prohiberis: si vero nulla stipulatio intercessit, praescriptis verbis actione, ut vel fides placiti tibi servetur vel, quod alterius accipiendi fundi gratia dedisti, causa non secuta restituatur.

7. L. 25 C. de iure dotium (5, 12). Si mulier dotem a viro dari stipuletur, ut de ea testari possit, cum ordinatienis testamenti cogitatio mortis antecedens tempus significat nec condicionem, sed causam continet, intestata quoque muliere defuncta stipulationem committi proficiet.

8. L. 5 C. de pactis conventis tam super dote quam super donatione ante nuptias et paraphernis (5, 14). Hereditas extraneis testamento datur. cum igitur adfirmes dotali instrumento pactum interpositum esse vice testamenti, ut post mortem mulieris bona eius ad te pertinerent, quae dotis titulo tibi non sunt obligata, intellegis te actione posse convenire heredes seu successores eius, ut tibi restituantur, quae nullo modo debentur.

9. L. 4 C. de curatore furiosi vel prodigi (5, 70). Cum repudiante furiosam sui iuris constitutam marito, qui solus repudiare potuit, quaedam matrem furiosae marito quondam eius instrumenta confecisse significas, intellegis nihil eam contra furiosam disponere potuisse, cum eius ad eam iure non pertinuerit defensio.

10. L. 7 C. de heredibus instituendis et quae personae heredes institui non possunt (6, 24). Nec apud peregrinos fratrem sibi quisquam per adoptionem facere poterat. cum igitur, quod patrem tuum voluisse facere dicis, irritum sit, portionem hereditatis, quam is adversus quem supplicas velut adoptatus frater heres institutus tenet, restitui tibi praeses provinciae curae habebit.

11. L. 3 C. de repudianda vel abstinenda hereditate (6, 31). Suus heres exceptione pacti, qui testamentum iniustum adseverans postea nihil se de paterna successione petiturum non ex causa donationis, sed transigendi animo in iure professus est, cum respuere quaesitam nequiret hereditatem et transactio nullo dato vel retento seu promisso minime procedat, submoveri non potest.

12. L. 5 C. communia de successionibus (6, 59). Amitae, cui successisse filios suos proponis, hereditatem tuo nomine non recte petis. § 1. Sed quoniam hos etiam intestatos diem functos adseveras, si quidem hi, quos privignos eiusdem amitae dicis, eorum consanguinei fuerint fratres, tam agnationis quam cognationis iure secundo gradu constitutos tibi praeferri non ambigitur. nam si amitini tui alio etiam patre nati numquam eorum matris privigni sunt, admisisse te bonorum possessionem probans eorum vindica successionem.

13. L. 5 C. de ingenuis manumissis (7, 14). Defamari statum ingenuorum seu errore seu malignitate quorundam periniquum est, praesertim cum adfirmes diu praesidem unum atque alterum interpellatum a te vocitasse diversam partem, ut contradictionem faceret, si defensionibus suis confideret. § 1. Unde constat merito rectorem provinciae commotum adlegationibus tuis sententiam dedisse, ne de cetero inquietudinem sustineres. § 2. Si igitur adhuc diversa pars perseverat in eadem obstinatione, aditus praeses provinciae ab iniuria temperari praecipiet.

14. L. 13 C. de pignoribus (8, 13 [14]). Cum dominam non minorem viginti quinque annis ea quae obligaverat tibi iure dominii possidere permisisse et in solutum dedisse precibus significes, dominae contractus et voluntas ad firmitatem tibi sufficit.

15. L. 28 C. de evictionibus (8, 44 [45]). Emptori etiam venditoris iura prodesse non ambigitur. si igitur vobis propter rei proprietatem mota fuerit quaestio, tam propriis quam venditoris defensionibus uti poteritis.

16. L. 1 C. de calculi errore (2, 5).

17. L. 8 C. de inofficiosis donationibus (3, 29).

18. L. 6 C. de condictione ob causam datorum (4, 6).

19. L. 19 C. de usuris (4, 32); l. 22 eod.

20. L. 8 C. depositi (4, 34).

21. L. 1 C. si servus se emi mandaverit (4, 36).

22. L. 4 C. de contrahenda emptione (4, 38).

23. L. 8 C. de rescindenda venditione (4, 44.)

24. L. 10 C. de nuptiis (5, 4).

25. L. 1 C. divortio facto apud quem libe rimorari vel educari debent (5, 24).

26. L. 9 C. qui dare tutores vel curatores et qui dari possunt (5, 34).

27. L. 3 C. de tutore vel curatore qui satis non dedit (5, 42).

28. L. 3 C. de contrario iudicio (5, 58).

29. L. 12 C. de furtis et de servo corrupto (6. 2).

30. L. 8 C. de impuberum et de aliis substitutionibus (6, 26).

31. L. 15 C. ad legem Falcidiam (6, 50).

32. L. 22 C. de liberali causa (7, 16).

33. L. 4; 6; 7 C. quibus non obiciatur longi temporis praescriptio (7, 35).

34. L. 1 C. quod legatorum (8, 3).

35. L. 2 C. si pignus pignori datum sit (8, 23 [24]).

IV

Non liquet.

Gellius, Noctes Atticae XIV, 2: Quo primum tempore a praetoribus lectus in iudices sum, ut iudicia, quae appellantur „privata", susciperem, libros utriusque linguae de officio iudicis scriptos conquisivi, ut homo adulescens, a poetarum fabulis et a rhetorum epilogis ad iudicandas lites vocatus, rem iudiciariam, quoniam „vocis", ut dicitur, „vivae" penuria erat, ex „mutis", quod aiunt, „magistris" cognoscerem. atque in dierum quidem diffissionibus conperendinationibusque et aliis quibusdam legitimis ritibus ex ipsa lege Iulia et ex Sabini Masurii et quorundam aliorum iurisperitorum commentariis commoniti et adminiculati sumus. in his autem, quae exsistere solent, negotiorum ambagibus et in ancipiti rationum diversarum circumstantia nihil quicquam nos huiuscemodi libri iuverunt. nam, etsi consilia iudicibus ex praesentium causarum statu capienda sunt, generalia tamen quaedam praemonita et praecepta sunt, quibus ante causam praemuniri iudex praepararique ad incertos casus futurarum difficultatum debeat, sicut illa mihi tunc accidit inexplicabilis reperiendae sententiae ambiguitas.

Petebatur apud me pecunia, quae dicebatur data numerataque; sed qui petetat, neque tabulis neque testibus id factum docebat et argumentis admodum exilibus nitebatur. sed eum constabat virum esse firme bonum notaeque et expertae fidei et vitae inculpatissimae, multaque et inlustria exempla probitatis sinceritatisque eius expromebantur; illum autem, unde petebatur, hominem esse non bonae rei vitaque turpi et sordida convictumque vulgo in mendaciis plenumque esse perfidiarum et fraudum ostendebatur. is tamen cum suis multis patronis clamitabat, probari apud me debere pecuniam datam consuetis modis, „expensi latione", „mensae rationibus", „chirographi exhibitione", „tabularum obsignatione", „testium intercessione"; ex quibus omnibus si nulla re probaretur dimitti iam se oportere et adversarium de calumnia damnari, quod de utriusque autem vita atque factis diceretur, frustra id fieri atque dici: rem enim de petenda pecunia apud iudicem privatum agi, non apud censores de moribus.

Tunc ibi amici mei. quos rogaveram in consilium, viri exercitati atqe in patrociniis et in operis fori celebres semperque se circumundique distrahentibus causis festinantes, non sedendum diutius ac nihil esse dubium dicebant, quin absolvendus foret. quem accepisse pecuniam nulla probatione sollemni docebatur. sed enim ego homines cum considerabam, alterum fidei, alterum probri plenum spurcissimaeque vitae ac defamatissimae, nequaquam adduci potui ad absolvendum. iussi igitur diem diffindi atque inde a subselliis pergo ire ad Favorinum philosophum, quem in eo tempore Romae plurimum sectabar, atque ei de causa ac de hominibus quae apud me dicta fuerant, uti res erat, narro omnia ac peto. ut et ipsum illud, in quo haerebam, et cetera etiam, quae observanda mihi forent in officio iudicis, faceret me, ut earum rerum essem prudentior.

Tum Favorinus, religione illa cunctationis et sollicitudinis nostrae conprobata: „id quidem", inquit, „super quo nunc deliberas, videri potest specie tenui parvaque esse. sed si de omni quoque officio iudicis praeire tibi me vis, nequaquam est vel loci huius vel temporis; est enim disceptatio ista multiiugae et sinuosae quaestionis multaque et anxia cura et circumspicientia indigens.

Quod autem ad pecuniam pertinet, quam apud iudicem peti dixisti, suadeo hercle tibi, utare M. Catonis, prudentissimi viri, consilio, qui in oratione, quam pro L. Turio contra Cn. Gellium dixit, ita esse a maioribus traditum observatumque ait, ut si, quod inter duos actum est, neque tabulis neque testibus planum fieri possit, tum apud iudicem, qui de ea re cognosceret, uter ex his vir melior esset, quaereretur et, si pares essent seu boni pariter seu mali, tum ille, unde petitur, crederetur ac secundum eum iudicaretur. in hac autem causa, de qua tu ambigis, optimus est qui petit, unde petitur deterrimus, et res est inter duos acta ine testibus. eas igitur et credas ei, qui petit, condemnesque eum, de quo petitur, quoniam, sicuti dicis, duo pares non sunt et qui petit melior est."

Hoc quidem mihi tum Favorinus, ut virum philosophum decuit, suasit. sed maius ego altiusque id esse existimavi quam quod meae aetati et mediocritati conveniret, ut cognovisse et condemnasse de moribus, non de probationibus rei gestae viderer; ut absolverem tamen, inducere in animum non quivi, et propterea iuravi, *mihi non liquere,* atque ita iudicatu illo solutus sum.

V

Die Kontroversen der Sabinianer und Proculianer.

L. 2 §§ 47 sqq. D. de origine iuris (1, 2).

1. Gai. I § 196. Masculi antem cum puberes esse coeperint, tutela liberantur: puberem autem Sabinus quidem et Cassius ceterique nostri praeceptores eum esse putant, qui habitu corporis pubertatem ostendit, id est qui generare potest; sed in his qui pubescere non possunt, quales sunt spadones, eam aetatem esse spectandam, cuius aetatis puberes fiunt; sed diversae scholae auctores annis putant pubertatem aestimandam, id est eum puberem esse existimandum, qui XIV annos explevit.

Ulp. XI, 28. Liberantur tutela masculi quidem pubertate. puberem autem Cassiani quidem eum esse dicunt, qui habitu corporis pubes apparet, id est qui generare possit: Proculeiani autem eum, qui quattuordecim annos explevit: verum Priscus eum puberem esse, in quem utrumque concurrit et habitus corporis et numerus annorum.

Pr. I. 1, 22.

2. Gai. III § 103. Praeterea inutilis est stipulatio, si ei dari stipulemur, cuius iuri subiecti non sumus: unde illud quaesitum est, si quis sibi et ei cuius iuri subiectus non est, dari stipuletur, in quantum valeat stipulatio: nostri praeceptores putant in universum valere et proinde ei soli qui stipulatus sit solidum deberi, atque si extranei nomen non adiecisset: sed diversae scholae auctores dimidium ei deberi existimant, pro altera vero parte inutilem esse stipulationen.

§ 4 I, 3, 19.

L. 28 D. de stipulatione servorum (45, 3). *Gaius libro III de verborum obligationibus.* § 4. Illud quaesitum est, an heredi futuro servus hereditarius stipulari possit. Proculus negavit, quia is eo tempore extraneus est. Cassius respondit posse, quia qui postea heres extiterit, videretur ex mortis tempore defuncto successisse: quae ratio illo argumento commendatur, quod heredis familia ex mortis tempore funesta facta intellegitur, licet post aliquod tempus heres extiterit: manifestum igitur est servi stipulationem ei adquiri.

3. Gai. III § 167. Conmunem servum pro dominica parte dominis adquirere certum est, excepto eo quod uni nominatim stipulando aut mancipio accipiendo illi soli adquirit, velut cum ita stipuletur Titio domino meo dari spondes? aut cum ita mancipio accipiat hanc rem ex iure Quiritium Lucii Titii domini mei esse aio eaque ei empta esto hoc aere aeneaque libra. § 167 a. Illud quaeritur an quod domini nomen adiectum efficit, idem faciat unius ex dominis iussum intercedens: nostri praeceptores perinde ei qui iusserit soli adquiri existimant, atque si nominatim ei soli stipulatus esset servus mancipiove accepisset; diversae scholae auctores proinde utrisque adquiri putant, ac si nullius iussum intervenisset.

§ 3 I. 3, 17.

L. 20 D. leg. II (31). *Celsus libro XIX digestorum.* Et Proculo placebat et a patre sic accepi, quod servo communi legatum sit, si alter dominorum omitteret, alteri non adcrescere: non enim coniunctim, sed partes legatas: nam ambo si vindicarent, eam quemque legati partem habiturum, quam in servo haberet.

4. L. 115 D. de verborum obligationibus (45, 1). *Papinianus libro II quaestionum.* § 2. Item si quis ita stipuletur: si Pamphilum non dederis, centum dare spondes? Pegasus respondit non ante committi stipulationem, quam desisset posse Pamphilus dari. Sabinus autem existimabat ex sententia contrahentium, postquam homo potuit dari, confestim agendum et tamdiu ex stipulatione non posse agi, quamdiu per promissorem non stetit, quo minus hominem daret, idque defendebat exemplo penus legatae. Mucius etenim heredem, si dare potuisset penum nec dedisset, confestim in pecuniam legatam teneri scripsit, idque utilitatis causa receptum est ob defuncti voluntatem et ipsius rei naturam. itaque potest Sabini sententia recipi, si stipulatio non a condicione coepit, veluti si Pamphilum non dederis, tantum dare spondes? sed ita concepta sit stipulatio: Pamphilum dari spondes? si non dederis, tantum dari spondes? quod sine dubio verum erit, cum id actum probatur, ut, si homo datus non fuerit, et homo et pecunia debeatur. sed et si ita cautum sit, ut sola pecunia non soluto homine debeatur, idem defendendum erit, quoniam fuisse voluntas probatur, ut homo solvatur aut pecunia petatur.

5. L. 138 pr. D. eod. (45, 1). *Venuleius libro IV stipulationum.* Eum, qui certarum nundinarum diebus dari stipuletur, primo die petere posse Sabinus ait: Proculus autem et ceteri diversae scholae auctores, quamdiu vel exiguum tempus ex nundinarum spatio superesset, peti posse existimant. sed ego cum Proculo sentio.

6. Gai. IV § 78. Sed si filius patri aut servus domino noxam commiserit, nulla actio nascitur: nulla enim omnino inter me et eum qui in potestate mea est obligatio nascitur; ideoque et si in alienam potestatem pervenerit aut sui iuris esse coeperit, neque cum ipso neque cum eo cuius nunc in potestate est, agi potest. unde quaeritur, si alienus servus filiusve noxam commiserit mihi, et is postea in mea esse coeperit potestate, utrum intercidat actio an quiescat: nostri praeceptores intercidere putant, quia in eum casum deducta sit, in quo actio consistere non potuerit, ideoque, licet exierit de mea postestate, agere me non posse: diversae scholae auctores, quamdiu in mea potestate sit, quiescere actionem putant, quod ipse mecum agere non possum, cum vero exierit de mea potestate, tunc eam resuscitari.

§ 6 I. 4, 8.

7. Gai. III § 147. Item quaeritur, si cum aurifice mihi convenerit, ut is ex auro suo certi ponderis certaeque formae anulos mihi faceret, et acciperet verbi gratia denarios CC, utrum emptio et venditio an locatio et conductio contrahatur: Cassius ait materiae quidem emptionem venditionem contrahi, operarum autem locationem et conductionem; sed plerisque placuit emptionem et venditionem contrahi: atque si meum aurum ei dedero, mercede pro opera constituta, convenit locationem conductionem contrahi.

§ 4 I. 3, 24.

8. Gai. III § 141. Item pretium in numerata pecunia consistere debet: nam in ceteris rebus an pretium esse possit, veluti homo aut toga aut fundus alterius rei pretium esse possit, valde quaeritur: nostri praeceptores putant etiam in alia re posse consistere pretium; unde illud est quod vulgo putant per permutationem rerum emptionem et venditionem contrahi, eamque speciem emptionis et venditionis vetustissimam esse; argumentoque utuntur Graeco poeta Homero qui aliqua parte sic ait:

ἔνθεν ἄρ' οἰνίζοντο καρηκομόωντες Ἀχαιοί,
ἄλλοι μὲν χαλκῷ, ἄλλοι δ' αἴθωνι σιδήρῳ,
ἄλλοι δὲ ῥινοῖς, ἄλλοι δ' αὐτῇσι βόεσσιν,
ἄλλοι δ' ἀνδραπόδεσσι.

diversae scholae auctores dissentiunt aliudque esse existimant permutationem rerum, aliud emptionem et venditionem; alioquin non posse rem expediri permutatis rebus quae videatur res venisse, et quae pretii nomine data esse, sed rursus utramque videri et venisse et utramque pretii nomine datam esse absurdum videri. sed ait Caelius Sabinus, si rem tibi venalem habenti, veluti fundum, acceperim et pretii nomine hominem forte dederim, fundum quidem videri venisse, hominem autem pretii nomine datum esse, ut fundus acciperetur.

§ 2 I. 3, 23.

Confer: Gai. III § 140. Pretium autem certum esse debet: nam alioquin si ita inter eos convenerit, ut quanti Titius rem aestimaverit, tanti sit empta, Labeo negavit ullam vim hoc negotium habere; cuius sententiam Cassius probat: Ofilius et eam emptionem et venditionem; cuius opinionem Proculus secutus est.

§ 1 I. 3, 23.

9. Gai. III § 161. Cum autem is, cui recte mandaverim, egressus fuerit mandatum, ego quidem eatenus cum eo habeo mandati actionem, quatenus mea interest implesse eum mandatum, si modo implere potuerit: at ille mecum agere non potest. itaque si mandaverim tibi, ut verbi gratia fundum mihi sestertiis C emeres, tu sestertiis CL emeris, non habebis mecum mandati actionem, etiamsi tanti velis mihi dare fundum, quanti emendum tibi mandassem, idque maxime Sabino et Cassio placuit: quodsi minoris emeris, habebis mecum scilicet actionem, quia qui mandat ut C milibus emeretur, is utique mandare intellegitur, uti minoris, si possit, emeretur.

§ 8 I. 3, 26.

10. L. 11 D. de donat. inter vir. et ux. (24, 1). Ulpianus *libro XXXII ad Sabinum.* § 3. Idem ait: placuisse scio Sabinianis, si filiae familias uxori maritus tradet, donationem eius cum omni suo emolumento fieri, si vivo adhuc marito sui iuris fuerit effecta. quod et Iulianus libro XVII digestorum probat.

11. Gai. II § 79. In aliis quoque speciebus naturalis ratio requiritur: proinde si ex uvis aut olivis aut spicis meis vinum aut oleum aut frumentum feceris, quaeritur utrum meum sit id vinum aut oleum aut frumentum, an tuum. item si ex auro aut argento meo vas aliquod feceris, vel ex tabulis meis navem aut armarium aut subsellium fabricaveris; item si ex lana mea vestimentum feceris, vel si ex vino et melle meo mulsum feceris, sive ex medicamentis meis emplastrum vel collyrium feceris, quaeritur utrum tuum sit id quod ex meo effeceris, an meum.

quidam materiam et substantiam spectandam esse putant, id est ut cuius materia sit, illius et res quae facta sit videatur esse, idque maxime placuit Sabino et Cassio; alii vero eius rem esse putant qui fecerit, idque maxime diversae scholae auctoribus visum est: sed eum quoque cuius materia et substantia fuerit, furti adversus eum qui subripuerit habere actionem: nec minus adversus eundem condictionem ei competere, quia extinctae res, licet vindicari non possint, condici tamen furibus et quibusdam aliis possessoribus possunt.

§ 25 I. 2, 1.

12. L. 27 D. de A.R.D. (41, 1). Pomponius *libro XXX ad Sabinum.* § 2. Cum partes duorum dominorum ferrumine cohaereant, hae cum quaereretur utri cedant, Cassius ait pro portione rei aestimandum vel pro pretio cuiusque partis. sed si neutra alteri accessioni est, videamus, ne aut utriusque esse dicenda sit, sicuti massa confusa, aut eius, cuius nomine ferruminata est. sed Proculus et Pegasus existimant suam cuiusque rem manere.

13. Gai. III § 98. Item si quis sub eo condicione stipuletur quae existere non potest, veluti si digito caelum tetigerit, inutilis est stipulatio: sed legatum sub inpossibili condicione relictum nostri praeceptores proinde deberi putant, ac si sine condicione relictum esset; diversae scholae auctores nihilo minus legatum inutile existimant quam stipulationem: et sane vix idonea diversitatis ratio reddi potest.

§ 10 I. 1, 24.

14. Gai. II § 216. Per praeceptionem hoc modo legamus: Lucius Titius hominem Stichum praecipito. § 217. Sed nostri quidem praeceptores nulli alii eo modo legari posse putant, nisi ei qui aliqua ex parte heres scriptus esset: praecipere enim esse praecipuum sumere; quod tantum in eius persona procedit qui aliqua ex parte heres institutus est, quod is extra portionem hereditatis praecipuum legatum habiturus sit. § 218. Ideoque si extraneo legatum fuerit, inutile est legatum, adeo ut Sabinus existimaverit ne quidem ex senatusconsulto Neroniano posse convalescere: nam eo, inquit, senatusconsulto ea tantum confirmantur quae verborum vitio iure civili non valent; non quae propter ipsam personam legatarii non deberentur: sed Iuliano et Sexto placuit etiam hoc casu ex senatusconsulto confirmari legatum; nam ex verbis etiam hoc casu accidere, ut iure civili inutile sit legatum, inde manifestum esse, quod eidum aliis verbis recte legatur, veluti per vindicationem, per damnationem, sinendi modo; tunc autem vitio personae legatum non valere, cum ei legatum sit, cui nullo modo legari possit, velut peregrino, cum quo testamenti factio non sit; quo plane casu senatusconsulto locus non est. § 219. Item nostri praeceptores quod ita legatum est nulla alia ratione putant posse consequi eum cui ita fuerit legatum, quam iudicio familiae erciscundae, quod inter heredes de hereditate erciscunda, id est dividunda accipi solet: officio enim iudicis id contineri, ut ei quod per praeceptionem legatum est, adiudicetur. § 220. Unde intellegimus nihil aliud secundum nostrorum praeceptorum opinionem per praeceptionem legari posse nisi quod testatoris sit: nulla enim alia res quam hereditaria deducitur in hoc iudicium: itaque si non suam rem eo modo testator legaverit, iure quidem civili inutile erit legatum; sed ex senatusconsulto confirmabitur. aliquo tamen casu etiam alienam rem per praeceptionem legari posse fatentur: veluti si quis eam rem legaverit quam creditori fiduciae causa mancipio dederit; nam officio iudicis coheredes cogi posse existimant soluta pecunia luere eam rem, ut possit praecipere is cui ita legatum sit. § 221. Sed diversae scholae auctores putant etiam extraneo per praeceptionem legari posse proinde ac si ita scribatur Titius hominem Stichum capito, supervacuo adiecta prae syllaba; ideoque per vindicationem eam rem legatam videri: quae sententiae dicitur divi Hadriani constitutione confirmata esse. § 222. Secundum hanc igitur opinionem si ea res ex iure Quiritium defuncti fuerit, potest a legatario vindicari, sive is unus ex heredibus sit sive extraneus; quodsi in bonis tantum testatoris fuerit, extraneo quidem ex senatusconsulto utile erit legatum, heredi vero familiae erciscundae iudicis officio praestabitur; quodsi nullo iure fuerit testatoris, tam heredi quam extraneo ex senatusconsulto utile erit. § 223. Sive tamen heredibus secundum nostrorum opinionem, sive etiam extraneis secundum illorum opinionem, duobus pluribusve eadem res coniunctim aut disiunctim legata fuerit, singuli partes habere debent.

15. L. 26 D. leg. I (30). *Pomponius libro V ad Sabinum.* § 2. Cum bonorum parte legata dubium sit, utrum rerum partes an aestimatio debeatur, Sabinus quidem et Cassius aestimationem, Proculus et Nerva rerum partes esse legatas existimaverunt. sed oportet heredi succurri, ut ipse eligat, sive rerum partes sive aestimationem dare maluerit. in his tamen rebus partem dare heres conceditur, quae sine damno dividi possunt: sin autem vel naturaliter indivisae sint vel sine damno divisio earum fieri non potest, aestimatio ab herede omnimodo praestanda est.

16. L. 35 D. de mortis causa donat. et cap. (39, 6). *Paulus libro VI ad legem Iuliam et Papiam.* § 3. Ergo qui mortis causa donat, qua parte se cogitat, negotium gerit, scilicet ut, cum convaluerit, reddatur sibi: nec dubitaverunt Cassiani, quin condictione repeti possit quasi re non secuta propter hanc rationem, quod ea quae dantur aut ita dantur, ut aliquid facias, aut ut ego aliquid faciam, aut ut Lucius Titius, aut ut aliquid optingat, et in istis condictio sequitur.

17. Gai. III § 133.

18. Gai. III § 168. — Pr. I. 3, 29.

19. Gai. III § 178. — § 3 I. 3, 29.

20. L. 15 § 32 D. de damno infecto (39, 2).

21. L. 15 § 35 D. eod. (39, 2).

22. L. 32 D. eod. (39, 2).

23. Gai. II § 15.

24. Gai. IV § 79.

25. Gai. II § 37; III § 87.

26. Gai. II § 123. — Pr. I. 2, 13. — L. 3 § 6 D. de liberis et postum. etc. (28, 2). — L. 3 C. de postumis heredibus etc. (6, 29).

27. Gai. II § 229—231. — § 34 I. 2, 20.

28. Gai. II § 244. — § 32 I. 2, 20.

29. Gai. II § 195. — L. 81 § 6 D. leg. I (30).

30. Gai. II § 200. — L. 65 § 1 D. leg. I (30).

31. Gai. IV § 59.

32. Gai. IV § 114.

VI

Quinquaginta decisiones Iustiniani.

(Nach Wieling, Iurisprudentia restituta, 1727.)

1. L. 24 C. de negotiis gestis (2, 18 [19]). *Imp. Iustinianus A. Iuliano pp.* Si quis nolente et specialiter prohibente domino rerum administrationi earum sese immiscuit, apud magnos auctores dubitabatur, si pro expensis, quae circa res factae sunt, talis negotiorum gestor habeat aliquam adversus dominum actionem. § 1. Quam quibusdam pollicentibus directam vel utilem, aliis negantibus, in quibus et Salvius Iulianus fuit, haec decidentes sancimus, si contradixerit dominus et eum res suas administrare prohibuerit, secundum Iuliani sententiam nullam esse adversus eum contrariam actionem, scilicet post denuntiationem, quam ei dominus transmiserit non concedens ei res eius attingere, licet res bene ab eo gestae sint. § 2. Quid enim, si dominus adspexerit ab administratore multas expensas utiliter factas et tunc dolosa adsimulatione habita eum prohibuerit, ut neque anteriores expensas praestet? quod nullo patimur modo: sed ex quo die attestatio ad eum facta est vel in scriptis vel sine scriptis sub testificatione tamen aliarum personarum, ex eo die pro faciendis meliorationibus nullam ei actionem competere, super anterioribus autem, si utiliter factae sunt, habere eum actionem contra dominum concedimus sua natura currentem. *D. XV k. Dec. Constantinopoli Lampadio et Oreste conss.* [*a.* 530.]

2. L. 14 C. de usu fructu et habitatione etc. (3, 33). Antiquitas dubitabat, si quis fundum vel aliam rem cuidam testamento reliquerit, quatenus usus fructus apud heredem maneat, si huiusmodi constat legatum. § 1. Et cum quidam inutile legatum esse existimabant. quia usus fructus numquam ad suam redit proprietatem, sed semper apud heredem remanet, et forsitan hoc existimabant, quia et secundus heres et deinceps successores unus esse videntur, et non potest huiusmodi usus fructus secundum veterem distinctionem solitis modis extingui, alii autem huiusmodi legatum non esse respuendum existimaverunt: tales altercationes decidentes censemus et huiusmodi legatum firmum esse et talem usum fructum una cum herede finiri et illo moriente vel aliis legitimis modis eum amittente expirare. quare enim iste usus fructus sibi tale vindicet privilegium, ut generali interemptione usus fructus ipse solus axcipiatur? quod ex nulla induci rationabili sententia manifestissimum est. § 2. Et propter hoc et usum fructum finiri et ad proprietatem suam redire et utile esse legatum sancientes huiusmodi paucissimis verbis totam eorum ambiguitatem delevimus. [17. IX. 530.]

3. L. 10 C. de condictione indebiti (4, 5). Si quis servum certi nominis aut quandam solidorum quantitatem vel aliam rem promiserit et, cum licentia ei fuerat unum ex his solvendo liberari, utrumque per ignorantiam dependerit, dubitabatur, cuius rei datur a legibus ei repetitio, utrumne servi an pecuniae, et utrum stipulator an promissor habeat huius rei facultatem. § 1. Et Ulpianus quidem electionem ipsi praestat qui utrumque accepit, ut hoc reddat quod sibi placuerit, et tam Marcellum quam Celsum sibi consonantes refert. Papinianus autem ipsi qui utrumque persolvit electionem donat, qui et antequam dependat ipse habet electionem quod velit praestare, et huiusmodi sententiae sublimissimum testem adducit Salvium Iulianum summae auctoritatis hominem et praetorii edicti ordinatorem. § 2. Nobis haec decidentibus Iuliani et Papiniani placet sententia, ut ipse habeat electionem recipiendi, qui et dandi habuit. [1. VIII. 530.]

4. L. 11 C. eod. (4, 5). Pro dubietate eorum, qui mente titubante indebitam solverunt pecuniam, certamen legislatoribus incidit, utrumne id, quod ancipiti animo persolverint, possint repetere an non. § 1. Quod nos decidentes sancimus omnibus, qui incerto animo indebitam dederunt pecuniam vel aliam quandam speciem persolverunt, repetitionem non denegari et praesumptionem transactionis non contra eos induci, nisi hoc specialiter ab altera parte approbetur. [1. X. 530.]

5. L. 9 C. de pactis inter emptorem et venditorem compositis (4, 54). Si quis ita paciscatur in venditionis vel alienationis contractu, ut novo domino nullo modo liceat in loco vendito vel alio modo sibi concesso monumentum extruere vel alio modo humani iuris eum eximere, sancimus, licet hoc apud veteres dubitabatur, tale pactum ex nostra lege esse fovendum et immutilatum permanere. § 1. Forsitan enim multum eius intererat, ne ei vincinus non solum quem nollet adgregetur, sed et pro quo specialiter interdictum est. cum etenim venditor vel alter alienator non alia lege suum ius transferre passus est nisi tali fretus con ventione, quomodo ferendum est, aliquam captionem ex varia pati eum interpretatione? [18. X. 531.]

6. L. 7 C. de dotis promissione etc. (5, 11). Si pater dotem pro filia simpliciter dederit vel pro filio ante nuptias donationem fecerit, habeat autem filius vel in potestate constitutus vel forte emancipatus res maternas vel ex alio modo tales, quae adquisitionem effugiunt, quarum usus fructus solus apud patrem remanet, vel quocumque modo poterat quasdam actiones contra patrem habere, dubitabatur apud veteres, utrumne videatur pater ex ipso debito dotis vel ante nuptias donationis fecisse promissionem vel dationem, ut sese ab huiusmodi nexu liberet, an debitum quidem remanet in sua natura, liberalitas autem paterna dotem vel ante nuptias donationem dare suggessit. § 1. Et in tali dubitatione multa pars legislatorum sese divisit, alio etiam incremento huiusmodi quaestioni addito, si forte dixerit in instrumento dotali ex rebus paternis et maternis dotem vel ante nuptias donationem dare, utrum pro dimidia parte videtur datio vel promissio facta esse, an pro rata portione utriusque substantiae. § 2. Utramque igitur dubitationem certo fini tradentes sancimus, si quidem nihil addendum existimaverit, sed simpliciter dotem vel ante nuptias donationem dederit vel promiserit, ex sua liberalitate hoc fecisse intellegi, debito in sua figura remanente. neque enim leges incognitae sunt, quibus cautum est omnino paternum esse officium dotes vel ante nuptias donationes pro sua dare progenie. § 3. Et liberalitas itaque talis maneat vera et irrevocabilis ut puro nomine liberalitas, et debitum suam sequatur fortunam. § 4. Ubi autem ex rebus tam suis quam maternis vel aliis quae non acquiruntur vel ex suis debitis dixerit fecisse huiusmodi liberalitates, tunc si quidem penitus inopia tentus est, ex illis videri rebus dotem vel ante nuptias donationem esse datam, quae ad filios vel filias pertinent. § 5. Si vero et ipse substantiam idoneam possidet, et in hoc casu quasi de suo patrimonio dotem vel ante nuptias donationem dedisse intellegatur. poterat enim secundum suas vires dotem pro filia vel ante nuptias donationem pro filio dare et consentire filiis suis, quando voluerint partem vel forte totam suam substantiam quam habent paternae liberalitati pro dote et ante nuptias donatione adgregare, ut re vera appareat, quid ipse vult dare et quid de substantia filiorum proficiscitur, ne, dum effuso sermone sese iactet, in promptum incidat sui periculum. [1. XI. 531.]

7. L. 6 C. de curatore furiosi vel prodigi (5, 70). Cum aliis quidem hominibus continuum furoris infortunium accidit, alios autem morbus non sine laxamento ingreditur, sed in quibusdam temporibus quaedam eis intermissio pervenit, et in hoc ipso multa est differentia, ut quibusdam breves indutiae, aliis maiores ab huiusmodi vitio inducantur, antiquitas disputabat, utrumne in mediis furoris intervallis permanet eis curatoris intercessio, an cum furore quiescente finita iterum morbo adveniente redintegratur. § 1. Nos itaque eius ambiguitatem decidentes sancimus, cum incertum est in huiusmodi furiosis hominibus, quando resipuerint, sive ex longo sive ex propinquo spatio, et impossibile est et in confinio furoris et sanitatis eum saepius constitui et per longum tempus sub eadem esse varietate, ut quibusdam videatur etiam paene furor esse remotus, curatoris creationem non esse finiendam, sed manere quidem eum, donec talis furiosus vivit, quia non est paene tempus in quo huiusmodi morbus desperatur: sed per intervalla, quae perfectissima sunt, nihil curatorem agere, sed ipsum posse furiosum, dum sapit, et hereditatem adire et omnia alia facere, quae sanis hominibus competunt: sin autem furor stimulis suis iterum eum accenderit, curatorem in contractus vocari, ut nomen quidem curatoris in omne tempus habeat, effectum autem, quotiens morbus redierit, ne crebra vel quasi ludibriosa fiat curatoris creatio et frequenter tam nascatur quam desinere videatur. [1. IX. 530.]

8. L. 3 C. de postumis heredibus instituendis etc. (6, 29).

Quod certatum est apud veteres, nos decidimus. cum igitur is qui in ventre portabatur praeteritus fuerat, qui, si ad lucem fuisset redactus, suus heres patri existeret, si non alius eum antecederet et nascendo ruptum testamentum faciebat, si postumus in hunc quidem orbem devolutus est, voce autem non emissa ab hac luce subtractus est, dubitabatur, si is postumus ruptum facere testamentum potest. § 1. Veteres animi turbati sunt, quid de paterno elogio statuendum sit. cumque Sabiniani existimabant, si vivus natus est, etsi vocem non emisit, rumptum testamentum, apparet, quod etsi mutus fuerat, hoc ipsum faciebat, eorum etiam nos laudamus sententiam et sancimus, si vivus perfecte natus est, licet illico postquam in terra cecidit vel in manibus obstetricis decessit, nihilo minus testamentum corrumpi, hoc tantummodo requirendo, si vivus ad orbem totus processit ad nullum declinans monstrum vel prodigium. [17. XI. 530.]

9. L. 20 C. de iure deliberandi etc. (6, 30). Quidam elogio condito heredem scripsit in certas uncias et post certa verba testamenti eundem in alias uncias vel tantas vel quantascumque et tertio vel in aliam partem hereditatis vel in quendam unciarum modum, ille autem unam institutionem vel duas admittens unam vel duas vel quantascumque respuendas esse censuit: quaerebatur apud veteres, si hoc ei facere permittitur. § 1. Similique modo dubitabatur, si impuberem quis filium suum heredem ex parte instituit et quendam extraneum in aliam partem, quem pupillariter substituit, et postquam testator decessit, pupillus quidem patri heres extitit, extraneus autem hereditatem adiit, et postea adhuc in prima aetate pupillus constitutus ab hac luce subtractus est et pupillaris substitutio locum sibi vindicavit: cumque substitutus eandem partem admittere noluit, quaesitum est, si potest iam heres ex principali testamento factus pupillarem substitutionem repudiare. § 2. Utramque igitur dubitationem simul decidendam esse censemus: placuit enim nobis sive in institutionibus sive in pupillari substitutione, ut vel omnia admittantur vel omnia repudientur et necessitas imponatur heredi particulari facto vel aliam aut alias partes hereditatis admittere vel etiam substitutionem pupillarem. [30. IV. 531.]

10. L. 12 C. de adquirenda et retinenda possessione (7, 32). Ex libris Sabinianis quaestionem in divinas nostri numinis aures relatam tollentes definimus, ut, sive servus sive procurator vel colonus vel inquilinus vel quispiam alius, per quem licentia est nobis possidere, corporaliter nactam possessionem cuiuscumque rei eam dereliquerit vel alii prodiderit, desidia forte vel dolo, ut locus aperiatur alii eandem possessionem detinere, nihil penitus domino praeiudicium generetur, ne ex aliena malignitate alienum damnum emergat, sed et ipse, si liberae condicionis est, competentibus actionibus subiugetur, omni iactura ab eo restituenda domino rei vel ei, circa quem neglegenter vel dolose versatus est. § 1. Sin autem necdum sub manibus procuratoris vel coloni vel inquilini vel servi possessio facta est, sed ipse eam accipere desidia vel dolo supersedit, tunc ipse qui eum transmisit ex mala sua electione praeiudicium circa possessionem patiatur, ex memoratarum personarum vel machinatione vel negegentia accedens. § 2. Hoc etenim tantummodo sancimus, ut dominus nullo modo aliquod discrimen sustineat ab his quos transmiserit, non ut etiam lucrum sibi per eos adquirat, cum et antiqua regula quae definivit deteriorem condicionem per servum domino nullo modo fieri, tunc locum habet, cum dominus de damno periclitetur, non cum sibi lucrum per servum adquiri desiderat: salva videlicet et in hoc casu domino rei vel ei, qui ad eam detinendam praefatas transmiserit personas, adversus eas omni actione, si qua ex legibus ei competit servata. [*a.* 531—532.]

11. L. 11 C. de remissione pignoris (8, 25 [26]). Solita providentia utimur etiam de pignoribus vel hypothecis rerum, quae quibusdam creditoribus suppositae postea a debitoribus venduntur vel alio modo transferuntur creditore suum consensum contractui praebente et quodam legitimo postea modo ad priorem dominum revertuntur. § 1. In hoc etenim casu diversae sententiae legum prudentibus habitae sunt, quibusdam dicentibus ius pignoris creditori renovari propter verbum futurarum rerum, quod in generalibus hypothecis poni solitum est, aliis penitus extingui. § 2. Nobis autem visum est eum, qui semel consensit alienationi hypothecae et hoc modo suum ius respuit, indignum esse eandem rem utpote ab initio ei suppositam vindicare vel tenentem inquietare. [18. X. 532.]

12. C. 13 L. de contrahenda et committenda stipulatione (8, 37 [38]). Veteris iuris altercationes decidentes generaliter sancimus omnem stipulationem, sive in dando sive in faciendo sive mixta ex dando et faciendo inveniatur, et ad heredes et contra heredes transmitti, sive specialis heredum fiat mentio sive non: cur enim, quod in principalibus personis iustum est, non ad heredes et adversus eos transmittatur? § 1. Et sic existimentur huiusmodi stipulationes, quasi tantummodo in dandum fuerant conceptae, cum nihilo minus et heredes factum possint adimplere: illa subtili et supervacua scrupulositate explosa, per quam putabant non esse possibile factum ab alio compleri, quod alii impositum est. § 2. Et quare, cum paene similis omnium natura est, non et facta omnes vel plus vel paulo minus adimplere possint ne ex huiusmodi subtilitate cadant hominum voluntates? [1. VIII. 530.]

13. L. 2 C. qui et adversus quos in integrum restitui non possunt (2, 41 [42]).

14. L. 12 C. de usu fructu et habitatione et ministerio servorum (3, 33).

15. L. 13 C. eod. (3, 33).

16. L. 15 C. eod. (3, 33).

17. L. 16 C. eod. (3, 33).

18. L. 17 C. eod. (3, 33).

19. L. 14 C. de servitutibus et de aqua (3, 34).

20. L. 13 C. de rebus creditis et de iureiurando (4, 1).

21. L. 2 [3] C. per quas personas nobis adquiritur (4, 27).

22. L. 7 C. ad senatus consultum Macedonianum (4, 28).

23. L. 24 C. ad senatus consultum Velleianum (4, 29).

24. L. 15 C. de contrahenda emptione (4, 38).
(S. ob. Kontroversen der Sabin. u. Procul. Nr. 8.)

25. L. 24 C. de nuptiis (5, 4).

26. L. 25 C. eod. (5, 4).

27. L. 26 C. eod. (5, 4).

28. L. 13 C. arbitrium tutelae (5, 51).

29. L. 20 C. de furtis et de servo corrupto (6, 2).

30. L. 21 C. eod. (6, 2).

31. L. 22 C. eod. (6, 2).

32. L. 10 C. de impuberum et de aliis substitutionibus (6, 26).

33. L. 11 C. eod. (6, 26).

34. L. 4 C. de necessariis et servis heredibus instituendis vel substituendis (6, 27).

35. L. 5 C. eod. (6, 27).

36. L. 4 C. de postumis heredibus instituendis vel exheredandis vel praeteritis (6, 29).

37. L. 21 C. de iure deliberandi et de adeunda vel adquirenda hereditate (6, 30).

38. L. 23 C. de legatis (6, 37).

39. L. 24 C. eod. (6, 37).

40. L. 4 C. de verborum et rerum significatione (6, 38).

41. L. 31 C. de fideicommissis (6, 42).

42. L. 6 [7] C. de condicionibus insertis tam legatis quam fideicommissis et libertatibus (6, 46).

43. L. 6 C. ad senatus consultum Orfitianum (6, 57).

44. L. 14 C. de fideicommissariis libertatibus (7, 4).
45. L. 16 C. eod. (7, 4).
46. L. 17 C. eod. (7, 4).
47. L. 1 C. de servo communi manumisso (7, 7).
48. L. 2 C. eod. (7, 7).
49. L. 2 C. de praetorio pignore et ut in actionibus etiam debitorum missio praetorii pignoris procedat (8, 21 [22]).
50. L. 10 C. de adoptionibus (8, 47 [48]).

VII
Bestrittene Fragmente der römischen Rechtsquellen.

1. „Unus casus": § 2 I. 4, 6.

2. L. 48 [49] D. de N.G. (3, 5). *Africanus libro VIII quaestionum.* Si rem, quam servus venditus subripuisset a me venditore, emptor vendiderit eaque in rerum natura esse desierit, de pretio negotiorum gestorum actio mihi danda sit, ut dari deberet, si negotium, quod tuum esse existimares, cum esset meum, gessisses: sicut ex contrario in me tibi daretur, si, cum hereditatem quae ad me pertinet tuam putares, res tuas proprias legatas solvisses, quandoque de ea solutione liberarer.

3. L. 1 D. de R.V. (6, 1). *Ulpianus libro XVI ad edictum.* § 3. Per hanc autem actionem non solum singulae res vindicabuntur, sed posse etiam gregem vindicari Pomponius libro lectionum XXV scribit. idem et de armento et de equitio ceterisque, quae gregatim habentur, dicendum est. sed enim gregem sufficiet ipsum nostrum esse, licet singula capita nostra non sint: grex enim, non singula corpora vindicabuntur.

L. 2. *Paulus libro XXI ad edictum.* Sed si par numerus duorum interfuerit, neuter solidum gregem, sed ne partem dimidiam totius eius vindicabit. sed si maiorem numerum alter habeat, ut detracto alieno nihilo minus gregem vindicaturus sit, in restitutionem non veniunt aliena capita.

L. 3. *Ulpianus libro XVI ad edictum.* Marcellus libro IV digestorum scribit: qui gregem habebat capitum trecentorum, amissis centum redemit totidem capita aliena ab eo, qui dominium eorum habebat, vel aliena ab eo, qui bona fide ea possidebat: et haec utique gregis, inquit, vindicatione continebuntur. sed et si ea sola supersint capita, quae redempta sunt, adhuc eum posse gregem vindicare. § 1. Armamenta navis singula erunt vindicanda: scapha quoque separatim vindicabitur.

4. L. 12 D. de usu fructu (7, 1). *Ulpianus libro XVII ad Sabinum.* § 5. Iulianus libro XXXV digestorum tractat, si fur decerpserit vel desecuerit fructus maturos pendentes, cui condictione teneatur, domino fundi an fructario? et putat, quoniam fructus non fiunt fructarii, nisi ab eo percipiantur, licet ab alio terra separentur, magis proprietario condictionem competere, fructuario autem furti actionem, quoniam interfuit eius fructus non esse ablatos. Marcellus autem movetur eo, quod, si postea fructus istos nactus fuerit fructuarius, fortassis fiant eius: nam si fiunt, qua ratione hoc evenit? nisi ea, ut interim fierent proprietarii, mox adprehensi fructuarii efficientur, exemplo rei sub condicione legatae, quae interim heredis est, existente autem condicione ad legatarium transit. verum est enim condictionem competere proprietario: cum autem in pendenti est dominium (ut ipse Iulianus ait in fetu qui summittitur et in eo quod servus fructuarius per traditionem accepit nondum quidem pretio soluto, sed tamen ab eo satisfacto), dicendum est condictionem pendere magisque in pendenti esse dominium.

5. L. 10 D. de usu fructu adcrescendo (7, 2). *Ulpianus libro XVII ad edictum.* Interdum pars usus fructus et non habenti partem suam, sed amittenti adcrescit: nam si usus fructus duobus fuerit legatus et alter lite contestata amiserit usum fructum, mox et collegatarius, qui litem contestatus non erat, usum fructum amisit, partem dimidiam dumtaxat, quam amisit qui litem contestatus est adversus eum qui se lite optulit, a possessore consequitur: pars enim collegatarii ipsi adcrescit, non domino proprietatis: usus fructus enim personae adcrescit etsi fuerit amissus.

L. 3 D. quibus modis usus fructus vel usus amittitur (7, 4). *Ulpianus libro XVII ad Sabinum.* § 2. Idem Papinianus quaerit, si Titio et Maevia usu fructu legato in repetitione usus fructus non totum, sed partem Titio relegasset, an viderentur coniuncti. et ait, si quidem Titius amiserit, totum socio adcrescere: quod si Maevius amisisset, non totum adcrescere, sed partem ad eum, partem ad proprietatem redire. quae sententia habet rationem: neque enim potest dici eo momento, quo quis amittit usum fructum et resumit, etiam ipse quicquam ex usu fructu adcresere: placet enim nobis ei qui amittit usum fructum ex eo quod amittit nihil adcrescere.

6. L. 14 D. de usu et habitatione (7, 8). *Ulpianus libro XVII ad Sabinum.* § 1. Usus fructus an fructus legetur, nihil interest, nam fructui et usus inest, usui fructus deest: et fructus quidem sine usu esse non potest, usus sine fructu potest. denique si tibi fructus deducto usu legatus sit, inutile esse legatum Pomponius libro V ad Sabinum scribit: et si forte usu fructu legato fructus adimatur, totum videri ademptum scribit: sed si fructus sine usu, usum videri constitutum, qui et ab initio constitui potest. sed si usu fructu legato usus adimatur, Aristo scribit nullam esse ademptionem: quae sententia benignior est. § 2. Usu legato si eidem fructus legetur, Pomponius ait confundi eum cum usu. idem ait et si tibi usus, mihi fructus legetur, concurrere nos in usu, me solum fructum habiturum. § 3. Poterit autem apud alium esse usus, apud alium fructus sine usu, apud alium proprietas: veluti si qui habet fundum, legaverit Titio usum, mox heres eius tibi fructum legaverit vel alio modo constituerit.

L. 13 D. de acceptilatione (46, 4). *Ulpianus libro L ad Sabinum.* § 3. Si quis usum fructum stipulatus usum accepto tulerit, si quidem sic tulerit acceptum quasi usu debito, liberatio non continget: si vero quasi ex usu fructu, cum possit usus sine fructu constitui, dicendum est acceptilationem valere.

7. L. 8 D. de servitutibus (8, 1). *Paulus libro XV ad Plautium.* Ut pomum decerpere liceat et ut spatiari et ut cenare in alieno possimus, servitus imponi non potest.

8. L. 29 D. familiae erciscundae (10, 2). *Paulus libro XXIII ad edictum.* Si pignori res data defuncto sit, dicendum est in familiae erciscundae iudicium venire: sed is cui adiudicabitur in familiae erciscundae iudicio pro parte coheredi erit damnandus nec cavere debet coheredi indemnem eum fore adversus eum qui pignori dederit, quia pro eo erit, ac si hypothecaria vel Serviana actione petita litis aestimatio oblata sit, ut et is qui optulerit adversus dominum vindicantem exceptione tuendus sit. contra quoque si is heres, cui pignus adiudicatum est, velit totum reddere, licet debitor nolit, audiendus est. non idem dici potest, si alteram partem creditor emerit: adiudicatio enim necessaria est, emptio voluntaria: nisi si obiciatur creditori, quod animose licitus sit. sed huius rei ratio habebitur, quia quod creditor egit, pro eo habendum est ac si debitor per procuratorem egisset et eius, quod propter necessitatem impendii, etiam ultro est actio creditori.

9. L. 26 D. de condictione indebiti (12, 6). *Ulpianus libro XXVI ad Sabinum.* Si non sortem quis, sed usuras indebitas solvit, repetere non poterit, si sortis debitae solvit: sed si supra legitimum modum solvit, divus Severus rescripsit (quo iure utimar) repeti quidem non posse, sed sorti imputandum et, si postea sortem solvit, sortem quasi indebitam repeti posse. proinde et si ante sors fuerit soluta, usurae supra legistimum modum solutae quasi sors indebita repetuntur. quid si simul solverit? poterit dici et tunc repetitionem locum habere.

10. L. 21 D. de compensationibus (16, 2). *Paulus libro I quaestionum.* Posteaquam placuit inter omnes id quod invicem debetur ipso iure compensari, si procurator absentis conveniatur, non debebit de rato cavere, quia nihil compensat, sed ab initio minus ab eo petitur.

11. L. 11 D. de A.E.V. (19, 1). *Ulpianus libro XXXII ad edictum.* § 18. Qui autem habere licere vendidit, videamus quid debeat praestare. et multum interesse arbitror, utrum hoc polliceatur per se venientesque a se personas non fieri, quo minus habere liceat, an vero per omnes. nam si per se, non videtur id praestare, ne alius evincat: proinde si evicta res erit, sive stipulatio interposita est, ex stipulatu non tenebitur, sive non est interposita, ex empto non tenebitur. sed Iulianus libro XV digestorum scribit, etiamsi aperte venditor pronuntiet per se heredemque suum non fieri, quo minus habere liceat, posse defendi ex empto eum in hoc quidem non teneri, quod emptoris interest, verum tamen ut pretium reddat teneri. ibidem ait idem esse dicendum et si aperte in venditione comprehendatur nihil evictionis nomine praestatum iri: pretium quidem deberi re evicta, utilitatem non deberi: neque enim bonae fidei contractus hac patitur conventione, ut emptor rem amitteret et pretium venditor retineret. nisi forte, inquit, sic quis omnes istas supra scriptas conventiones recipiet, quemadmodum recipitur, ut venditor nummos accipiat, quamvis merx ad emptorem non pertineat, veluti cum futurum iactum retis a piscatore emimus aut indaginem plagis positis a venatore vel pantheram ab aucupe: nam etiamsi nihil capit, nihilo minus emptor pretium praestare necesse habebit: sed in supra scriptis conventionibus contra erit dicendum. nisi forte sciens alienum vendit: tunc enim secundum supra a nobis relatam Iuliani sententiam dicendum est ex empto eum teneri, quia dolo facit.

12. L. 13 D. locati conducti (19, 2). *Ulpianus libro XXXII ad edictum.* § 11. Qui impleto tempore conductionis remansit in conductione, non solum reconduxisse videbitur, sed etiam pignora videntur durare obligata. sed hoc ita verum est, si non alius pro eo in priore conductione res obligaverat: huius enim novus consensus erit necessarius. eadem causa erit et si rei publicae praedia locata fuerint. quod autem diximus taciturnitate utriusque partis colonum reconduxisse videri, ita accipiendum est, ut in ipso anno, quo tacuerunt, videantur eandem locationem renovasse, non etiam in sequentibus annis, et si lustrum forte ab initio fuerat conductioni praestitutum. sed et si secundo quoque anno post finitum lustrum nihil fuerit contrarium actum, eandem videri locationem in illo anno permansisse: hoc enim ipso, quo tacuerunt, consensisse videntur. et hoc deinceps in unoquoque anno observandum est. in urbanis autem praediis alio iure utimur, ut, prout quisque habitaverit, ita et obligetur, nisi in scriptis certum tempus conductioni comprehensum est.

13. L. 11 D. de pignoribus et hypothecis etc. (20, 1). *Marcianus libro singulari ad formulam hypothecariam.* § 2. Usus fructus an possit pignori hypothecaeve dari, quaesitum est, sive dominus proprietatis convenerit sive ille qui solum usum fructum habet. et scribit Papinianns libro undecimo responsorum tuendum creditorem et si velit cum creditore proprietarius agere „non esse ei ius uti frui invito se", tali exceptione eum praetor tuebitur: „si non inter creditorem et eum ad quem usus fructus pertinet convenerit, ut usus fructus pignori sit": nam et cum emptorem usus fructus tuetur praetor, cur non et creditorem tuebitur? eadem ratione et debitori obicietur exceptio. § 3. Iura praediorum urbanorum pignori dari non possunt: igitur nec convenire possunt, ut hypothecae sint.

14. L. 13 D. eod. (20, 1). *Marcianus libro singulari ad formulam hypothecariam.* § 2. Cum pignori rem pignoratam accipi posse placuerit, quatenus utraque pecunia debetur pignus secundo creditori tenetur et tam exceptio quam actio utilis ei danda est: quodsi dominus solverit pecuniam, pignus quoque peremitur. sed potest dubitari, numquid creditori nummorum solutorum nomine utilis actio danda sit, an non: quid enim, si res soluta fuerit? et verum est, quod Pomponius libro septimo ad edictum scribit, si quidem pecuniam debet is, cuius nomen pignori datum est, exacta ea creditorem secum pensaturum: si vero corpus is debuerit et solverit, pignoris loco futurum apud secundum creditorem.

15. L. 7 D. de distractione pignorum et hypothecarum (20, 5). *Marcianus eod.* (Nr. 14). § 2. Quaeritur, si pactum sit a creditore, ne liceat debitori hypothecam vendere vel pignus, quid iuris sit, et an pactio nulla sit talis, quasi contra ius sit posita, ideoque veniri possit. et certum est nullam esse venditionem, ut pactioni stetur.

16. L. 25 D. de probationihus et praesumptionibus (22, 3). *Paulus libro III quaestionum.* § 4. Sed haec, ubi de solutione indebiti quaestio est. sin autem cautio indebite exposita esse dicatur et indiscrete loquitur, tunc eum, in quem cautio exposita est, compelli debitum esse ostendere, quod in cautionem deduxit, nisi ipse specialiter qui cautionem exposuit causas explanavit, pro quibus eandem conscripsit: tunc enim stare eum oportet suae confessioni, nisi evidentissimis probationibus in scriptis habitis ostendere paratus sit sese haec indebite promisisse.

17. L. 16 D. de liberis et postumis heredibus instituendis vel exheredandis (28, 2). *Africanus libro IV quaestionum.* Si filius heres institutus sit omisso postumo filioque substitutus nepos ex eo sit, si interim moriatur filius, postumo non nato nepotem tam patri quam avo suum heredem futurum. quod si nemo filio substitutus sit et solus ipse institutus sit, tunc quia eo tempore, quo is moriatur, certum esse incipit neminem ex eo testamento heredem fore, ipse filius intestato patri heres existet: sicut evenire solet, cum sub ea condicione, quae in ipsius potestate erit, filius heres institutus, prius quam ei pareret, moriatur.

18. L. 11 D. de legatis I. (30). *Papinianus libro IX quaestionum.* Cum filio familias vel servo alieno legatum vel hereditas datur, fidei committi patris vel domini potest, ac tunc demum ex persona ipsorum fideicommissum vires capit, cum ipsis, per quos commodum hereditatis vel legati patri dominove quaeritur, fideicommissum relinquitur. denique Iulianus non insuptili ratione motus patrem, cuius filius heres institutus est, extero quidem habita ratione legis Falcidiae restituere hereditatem respondit, quoniam ex persona filii teneretur, ipsi vero filio non admissa Falcidia, quoniam ex persona sua sibi filius obligari non posset ac pater non ut heres, sed ut pater rogari videtur. et ideo si filio rogatus sit pater post mortem suam, quod ad se pervenit ex legato vel hereditate filio relictis, restituere isque vivo patre decedat, omnimodo patrem id retenturum, quoniam fideicommissum ex persona patris vires acceperit.

19. L. 75 D. eod. (30). *Ulpianus libro I disputationum.* § 1. Si mihi quod Titius debet fuerit legatum neque Titius debeat, sciendum est nullum esse legatum. et quidem, si quantitas non sit adiecta, evidenti ratione nihil debebitur, quia non apparet, quantum fuerit legatum: nam et si quid ego Titio debeo ei legavero quantitate non adiecta, constat nullum esse legatum, cum si decem quae Titio debeo legavero nec quicquam Titio debeam, falsa demonstratio non perimit legatum, ut in legato dotis Iulianus respondit. § 2. Quod si addiderit: decem quae mihi Titius debet lego, sine dubio nihil erit in legato: nam inter falsam demonstrationem et falsam condicionem sive causam multum interest. proinde et si Titio decem, quae mihi Seius debet, legavero, nullum erit legatum: esse enim debitor debet: nam et si vivus exegissem, extingueretur legatum et, si debitor maneret, actiones adversus eum heres meus dumtaxat praestare cogeretur.

L. 25 D. de liberatione legata (34, 3). *Paulus libro X quaestionum.* Legavi Titio quod mihi debetur vel adiecta certa quantitate sive specie vel non adiecta, aut ex contrario aeque cum distinctione, veluti Titio quod ei debeo vel ita Titio centum quae ei debeo: quaero, an per omnia requirendum putes, an debitum sit. et plenius rogo quae ad haec spectat attingas, cottidiana enim sunt. respondi: si is, cui Titius debebat, debitum ei remittere voluit, nihil interest, heredem suum iussit ut eum liberaret an prohibeat eum exigere: utroque enim modo liberandus est debitor et utroque casu competit ultro ad liberandum debitori actio. quod si etiam centum aureorum vel fundi debiti mentionem fecit, si quidem debitor fuisse probetur, liberandus est: quod si nihil debeat, poterit dici quasi falsa demonstratione adiecta etiam peti quod comprehensum est posse. sed poterit hoc dici si ita legavit: centum aureos, quos mihi debet vel Stichum, quem debet, heres meus damnas esto non petere. quod si sic dixit: heres meus centum aureos, quos mihi Titius debet, damnas esto ei dare, etiam illud temptari poterit, ut petere possit quasi falsa demonstratione adiecta: quod mihi nequaquam placet, cum dandi verbum ad debitum referre se testator existimaverit. contra autem si debitor creditori leget, nullam utilitatem video, si sine quantitate leget. sed et si id demonstret, quod debere se confitetur, nulla utilitas est, nisi in his speciebus, in quibus emolumentum debiti ampliatur. quod si centum aureos, quos se debere dixit, legavit, si quidem debet, inutile est legatum, quod si non fuit debitor, placuit utile esse legatum: certa enim nummorum quantitas similis est Sticho legato cum demonstratione falsa: idque et divus Pius rescripsit certa pecunia dotis acceptae nomine legata.

20. L. 1 D. de usu et usu fructu et reditu et habitatione et operis per legatum vel fideicommissum datis (33, 2). *Paulus libro III ad Sabinum.* Nec usus nec usus fructus itineris actus viae aequaeductus legari potest, quia servitus servitutis esse non potest: nec erit utile ex senatus consulto, quo cavetur, ut omnium quae in bonis sint usus fructus legari possit, quia id neque ex bonis neque extra bona sit. sed incerti actio erit cum herede, ut legatario, quamdiu vixerit, eundi agendi ducendi facultatem praestet aut ea servitus constituatur sub hac cautione, ut, si decesserit legatarius vel capite deminutus ex magna causa fuerit, restituatur.

21. L. 11 D. ad legem Falcidiam (35, 2). PAPINIANUS *libro XXIX quaestionum.* § 5. Quod vulgo dicitur in tabulis patris et filii Falcidiam servari quam potestatem habeat, videndum est: quamvis enim substitutus quae a pupillo relicta sunt, cum filius heres exstitit. ut aes alienum quodlibet debeat, tamen propter ea, quae data sunt tabulis secundis, contributioni locus est. secundum quae poterit evenire, ne substitutus quicquam retineat vel ut longe plus habeat quartae paternae hereditatis. quid ergo, si non sufficiat pupilli hereditas legatis, cum patris suffecisset? de suo (quadrante nimirum) dabit substitutus, quoniam pater legavit de suo: nec ad rem pertinet, quod ex nullo testamento praestatur ultra vires patrimonii, cum in hac parte iuris legata, quae tabulis secundis relinquuntur, quasi primis sub condicione relicta intelleguntur.

22. L. ead. § 6. Si filio suo duos substituerit et alterius portionem oneraverit, tractari solet, an ex persona sua Falcidiam possit inducere substitutus, quam pupillus non haberet vel unus pupilli substitutus. et facile quis dixerit consequenter prioribus, quae de patrimonii ratione dicta sunt, non esse Falcidiae locum et ultra vires portionis conveniendum alterum substitutum. sed verior est diversa sententia perinde huic quartam relinquendam existimantium atque ita si patri heres exstitisset: ut enim opes patris et contributio legatorum inde capiunt et formam et originem, ita plures substituti subducta persona pupilli revocandi sunt ad intellectum institutionis. quid tamen dicemus de altero substituto, qui non est oneratus? si forte nondum legata pupillus a se relicta solvit et aliquid ultra dodrantem sit in omnibus et ipsum Falcidiam habiturum? atquin quartam habet neque idem patiatur instituti comparatio. rursus si negemus, aliud aperte, quam quod volgo probatum est, respondetur. itaque varietas existet: ut is quidem, qui proprio nomine oneratus est, velut institutus desideret quartam, alter autem, qui non est oneratus, ut substitutus, licet portio largiatur eius, non in solidum conveniatur propter calculi confusionem. huic consequens est, ut si pupillo de Falcidia cautum fuit, duobus committatur stipulatio, videlicet in eam quantitatem, quam unusquique sibi retinere potuisset.

23. L. 34 D. de donationibus (39, 5). PAULUS *libro V sententiarum.* § 1. Si quis aliquem a latrunculis vel hostibus eripuit et aliquid pro eo ab ipso accipiat, haec donatio irrevocabilis est: non merces eximii laboris appellanda est, quod contemplatione salutis certo modo aestimari non placuit.

24. L. 9 D. de statuliberis (40, 7). *Ulpianus libro XXVIII ad Sabinum.* § 2. Illud tractatum est, an liberatio contingat ei qui noxae dederit statuliberum. et Octavenus putabat liberari: et idem dicebat et si ex stipulatu Stichum deberet eumque statuliberum solvisset: nam et si ante solutionem ad libertatem pervenisset, extingueretur obligatio tota: ea enim in obligatione consistere, quae pecunia lui praestarique possunt, libertas autem pecunia lui non potest nec reparari potest. quae sententia mihi videtur vera.

25. L. 32 D. de A.A.P. (41, 2). *Paulus libro XV ad Sabinum.* § 2. Infans possidere recte potest, si tutore auctore coepit, nam iudicium infantis suppletur auctoritate tutoris: utilitatis enim causa hoc receptum est, nam alioquin nullus sensus sit infantis accipiendi possessionem. pupillus tamen etiam sine tutoris auctoritate possessionem nancisci potest. item infans peculiari nomine per servum possidere potest.

L. 3 C. de adquirenda et retinenda possessione (7, 32). *Imp. Decius A. Rufo.* Donatarum rerum a quacunque persona infanti vacua possessio tradita corpore quaeritur, quamvis enim sint auctorum sententiae dissentientes, tamen consultius videtur interim, licet animi plenus non fuisse adfectus, possessionem esse per traditionem quaesitam: alioquin sicut viri consultissimi Papiniani responso continetur, ne quidem per tutorem possessio infanti poterit adquiri. [*a.* 250.]

26. L. 34 D. de A.A.P. (41, 2). *Ulpianus libro VII disputationum.* Si me in vacuam possessionem fundi Corneliani miseris, ego putarem me in fundum Sempronianum missum et in Cornelianum iero, non adquiram possessionem, nisi forte in nomine tantum erraverimus, in corpore consenserimus. quoniam autem in corpore consenserimus, an a te tamen recedet possessio, quia animo deponere et mutare nos possessionem posse et Celsus et Marcellus scribunt, dubitari potest: et si animo adquiri possessio potest, nunquid etiam adquisita est? sed non puta errantem adquirere: ergo nec amittet possessionem, qui quodammodo sub condicione recessit de possessione.

27. L. 6 D. de usurpationibus et usucapionibus (41, 3.) *Ulpianus libro XI ad edictum.* In usucapionibus non a momento ad momentum, sed totum postremum diem computamus.

L. 7. D. eod. (41, 3). *Idem libro XXVII ad Sabinum.* Ideoque qui hora sexta diei kalendarum Ianuariarum possidere coepit, hora sexta noctis pridie kalendas Ianuarias implet usucapionem.

28. L. 49 D. eod. (41, 3). *Labeo libro V pithanon a*

Paulo epitomatorum. Si quid est subreptum, id usucapi non potest, antequam in domini potestatem pervenerit. *Paulus:* immo forsitan et contra: nam si id, quod mihi pignori dederis, subripueris, erit ea res furtiva facta: sed simul atque in meam potestatem venerit, usucapi poterit.

29. L. 34 D. de O. et A. (44, 7). *Paulus libro singulari de concurrentibus actionibus.* § 2. Hinc de colono responsum est, si aliquid ex fundo subtraxerit, teneri eum condictione et furti, quin etiam ex locato: ex poena quidem furti non confunditur, illae autem inter se miscentur. et hoc in legis Aquiliae actione dicitur, si tibi commodavero vestimenta et tu ea ruperis: utraeqne enim actiones rei persecutionem continent. et quidem post legis Aquiliae actionem utique commodati finietur: post commodati an Aquiliae remaneat in eo, quod in repetitione triginta dierum amplius est, dubitatur: sed verius est remanere, quia simplo accedit: et simplo subducto locum non habet.

30. L. 4 D. de V.O. (45, 1). *Paulus libro XII ad Sabinum.* § 1. Cato libro XV scribit poena certae pecuniae promissa, si quid aliter factum sit, mortuo promissore si ex pluribus heredibus unus contra quam cautum sit fecerit, aut ab omnibus heredibus poenam committi pro portione hereditaria aut ab uno pro portione sua: ab omnibus, si id factum, de quo cautum est, individuum sit, veluti iter fieri, quia quod in partes dividi non potest, ab omnibus quodammodo factum videretur: at si de eo cautum sit, quod divisionem recipat, veluti amplius non agi, tum eum heredem qui adversus ea fecit, pro portione sua solum poenam committere. differentiae hanc esse rationem, quod in priore casu omnes commisisse videntur, quod nisi in solidum peccari non poterit, illam stipulationem per te non fieri, quominus mihi ire agere liceat? sed videamus, ne non idem hic sit, sed magis idem quod in illa stipulatione Titium heredemque eius ratum habiturum: nam hac stipulatione et solus tenebitur, qui non habuerit ratum, et solus aget, a quo fuerit petitum: idque et Marcello videtur, quamvis ipse dominus pro parte ratum habere non potest.

31. L. 7 D. de stipulatione servorum (45, 3). *Ulpianus libro IIL ad Sabinum.* § 1. Si servus communis ab uno ex sociis stipulatus sit, si quidem nominatim alteri socio, ei soli debetur, sin autem sine ulla adiectione pure stipulatus sit, reliquas partes is servus ceteris sociis praeter eam partem ex qua promissor dominus esset, adquiret. sed si iussu unius socii stipulatus est, idem iuris est, quod esset, si eidem illi socio nominatim dari stipulatus esset. interdum, etiamsi neque iussu neque nominatim alteri ex dominis stipularetur, ei tamen soli adquirere eum Iuliano placuit: ut puta si quid forte stipuletur, quod utrique adquiri non potest, veluti servitutem ad fundum Cornelianum stipulatus est, qui fundus Sempronii erat, alterius ex dominis: ei soli adquirit.

32. L. 72 D. de fideiussoribus etc. (46, 1). *Gaius libro III de verborum obligationibus.* Si fideiussori sub condicione obligato si navis ex Asia venerit, quem sub hoc modo accepi, ut usque ad tempus vitae suae dumtaxat obligaretur, pendente condicione acceptum latum fuerit et is fideiussor adhuc pendente condicione mortuus fuerit: confestim a reo petere possum, quia existens condicio neque obligationem in personam iam mortui efficere neque acceptilationem confirmare possit.

33. L. 95 D. de solutionibus et liberationibus (46, 3). *Papinianus libro XXVIII quaestionum.* § 1. Quod si promissoris fuerit electio, defuncto altero qui superest aeque peti poterit. enimvero si facto debitoris alter sit mortuus, cum debitoris esset electio, quamvis interim non alius peti possit, quam qui solvi etiam potest, neque defuncti offerri aestimatio potest, si forte longe fuit vilior, quoniam id pro petitore in poenam promissoris constitutum est, tamen, si et alter servus postea sine culpa debitoris moriatur, nullo modo ex stipulatu agi poterit, cum illo in tempore, quo moriebatur, non commiserit stipulationem. sanc quoniam impunita non debent esse admissa, doli actio non immerito desiderabitur, aliter quam in persona fideiussoris, qui promissum hominem interfecit, quia tenetur ex stipulatu actione fideiussor, quemadmodnm tenebatur, si debitor sine herede decessisset.

34. L. ead. § 3. Quod volgo iactatur fideiussorem qui debitori heres extitit, ex causa fideiussionis liberari, totiens verum est, quotiens rei plenior promittendi obligatio invenitur. nam si reus dumtaxat fuit obligatus, fideiussor liberabitur. e contrario non potest dici non tolli fideiussoris obligationem, si debitor propriam et personalem habuit defensionem: nam si minori viginti quinque annis bonae fidei pecuniam credidit isque nummos acceptos perdidit et intra tempora in integrum restitutionis decessit herede fideiussore, difficile est dicere causam iuris honorarii, quae potuit auxilio minori esse, retinere fideiussoris obligationem, quae principalis fuit et cui fideiussoris accessit sine contemplatione iuris praetorii. auxilium igitur restitutionis fideiussori, qui adulescenti heres extitit, intra constitutum tempus salvum erit.

35. L. 10 D. de iure fisci (49, 14). *Modestinus libro singulari de praescriptionibus.* Non puto delinquere eum, qui in dubiis quaestionibus contra fiscum facile responderit.

36. L. 39 D. de legibus etc. (1, 3).

37. L. 7 pr. D. de dolo molo (4, 3).

38. L. 7 pr. D. de capite minutis (4, 5).

39. L. 8 § 10 D. de inofficioso testamento (5, 2); l. 31 § 2; l. 32 § 1 eod. — L. 8 § 15 eod.

40. L. 20 § 10 D. de H.P. (5, 3).

41. L. 2 pr. D. de S.P.R. (8, 3).

42. L. 55 D. ad legem Aquiliam (9, 2).

43. L. 37 D. familiae erciscundae (10, 2).

44. L. 40 pr. D. de condictione indebiti (12, 6). — L. 60 pr. eod.

45. L. 32 § 4 D. ad S.C. Velleianum (16, 1).

46. L. 6 § 5 D. mandati vel contra (17, 1).

47. L. 45 D. de C.E. (18, 1).

48. L. 20 [19] D. de periculo et commodo rei venditae (18, 6); l. 21 § 3 D. de A.E.V. (19, 1).

49. L. 1 pr. de pignoribus etc, (20, 1). — L. 1 § 2 eod.

50. L. 7 § 1 D. qui potiores in pignore vel hypotheca habeantur etc. (20, 4).

51. L. 25 pr. §§ 1, 2 D. de probationibus et praesumptionibus (22, 3). — L. 28 eod.

52. L. 44 D. de donationibus inter virum et uxorem (24, 1).

53. L. 7 § 1 D. soluto matrimonio dos quemadmodum petatur (24, 3).

54. L. 41 [40] D. de heredibus instituendis (28, 5).

55. L. 7 § 1 D. de A.O.H. (29, 2). — L. 55 eod.

56. L. 3 § 2 D. de legatis I (30). — L. 45 § 1 eod.; l. 46 eod.

57. L. 2 § 18 D. ad S.C. Tertullianum et Orphitianum (38, 17).

58. L. 13 § 7 de A.A.P. (41, 2); l. 3 § 5 eod.; l. 15 § 4 D. de precario (43, 26).

59. L. 6 § 1 D. de rebus auctoritate iudicis possidendis seu vendundis (42, 5); l. 24 D. quae in fraudem creditorum facta sunt ut restituantur (42, 8).

60. L. 1 § 1 D. de iure fisci (49, 14): l. 11 eod.

VIII

Antinomien im Corpus Iuris Civilis.

Const. *Tanta* § 15.

1. § 25 I. 2, 1.

L. 26 D. de A.R.D. (41, 1). *Paulus libro XIV ad Sabinum.* Sed si meis tabulis navem fecisses, tuam navem esse, quia cupressus non maneret, sicuti nec lana vestimento facto, sed cupresseum aut laneum corpus fieret.

Contra:

L. 61 D. de R.V. (6, 1). *Iulianus libro VI ex Minicio.* Minicius interrogatus, si quis navem suam aliena materia refecisset, num nihilo minus eiusdem navis maneret. respondit manere. sed si in aedificanda ea idem fecisset, non posse. *Iulianus notat:* nam proprietas totius navis carinae causam sequitur.

2. § 34 I. 2, 1.

Contra:

L. 23 D. de R.V. (6, 1). *Paulus libro XXI ad edictnm.* § 3. Sed et id, quod in charta mea scribitur aut in tabula pingitur, statim meum fiit: licet de pictura quidam contra senserint propter pretium picturae: sed necesse est ei rei cedi, quod sine illa esse non potest.

3. § 3 I. 2, 4.

Contra:

L. 66 D. de I.D. (23, 3). *Pomponius libro VIII ad Quintum Mucium.* Si usus fructus fundi, cuius proprietatem mulier non habebat, dotis nomine mihi a domino proprietatis detur, difficultas erit post divortium circa reddendum ius mulieri, quoniam diximus usum fructum a fructuario cedi non posse nisi domino proprietatis et, si extraneo cedatur, id est ei qui proprietatem non habeat, nihil ad eum transire, sed ad dominum proprietatis reversurum usum fructum. quidam ergo remedii loco recte putaverunt introducendum, ut vel locet hunc usum fructum mulieri maritus vel vendat nummo uno, ut ipsum quidem ius remaneat penes maritum, perceptio vero fructuum ad mulierem pertineat.

4. § 9 I. 2, 10.

Contra:

L. 20 D. qui testamenta facere possunt et quemadmodum testamenta fiant (28, 1). *Ulpianus libro I ad Sabinum.* § 2. Per contrarium quaeri potest, an pater eius, qui de castrensi peculio potest testari, adhiberi ab eo ad testamentum testis possit. et Marcellus libro X digestorum scribit posse: et frater ergo poterit.

5. § 10 I. 2, 20.

L. 41 D. de legatis I (30). *Ulpianus libro XXI ad Sabinum.* § 2. Tractari tamen poterit, si quando marmora vel columnae fuerint separatae ab aedibus, an legatum convalescat. et si quidem ab initio non constitit legatum, ex post facto non convalescet, quemadmodum nec res mea legata mihi, si post testamentum factum fuerit alienata, quia vires ab initio legatum non habuit. sed si sub condicione legetur, poterit legatum valere, si existentis condicionis tempore mea non sit vel aedibus iuncta non sit, secundum eos qui et emi rem meam sub condicione et promitti mihi stipulanti et legari aiunt. purum igitur legatum Catoniana regula impediet, condicionale non. quia ad condicionalia Catoniana non pertinet.

Contra:

L. 1 D. de regula Catoniana (34, 7). *Celsus libro XXXV digestorum.* § 2. Item si tibi legatus est fundus, qui scribendi testamenti tempore tuus est, si eum vivo testatore alienaveris, legatum tibi debetur, quod non deberetur, si testator statim decessisset.

6. L. 32 D. de legibus senatusque consultis et longa consuetudine (1, 3). *Iulianus libro LXXXIV digestorum.* § **1.** Inveterata consuetudo pro lege non immerito custoditur, et hoc est ius quod dicitur moribus constitutum. nam cum ipsae leges nulla alia ex causa nos teneant, quam quod iudicio populi receptae sunt, merito et ea, quae sine ullo scripto populus probavit, tenebunt omnes: nam quid interest suffragio populus voluntatem suam declaret, an rebus ipsis et factis? quare rectissime etiam illud receptum est, ut leges non solum suffragio legis latoris, sed etiam tacito consensu omnium per desuetudinem abrogentur.

Contra:

L. 2 C. quae sit longa consuetudo (8, 52 [53]). *Imp. Constantinus A. ad Proculum.* Consuetudinis ususque longaevi non vilis auctoritas est, verum non usque adeo sui valitura momento, ut aut rationem vincat aut legem. *D. VIII k. Mai. Constantino A. V et Licinio C. conss.* [*a.* 319.]

7. L. 8 [9] D. de N.G. (3, 5). *Scaevola libro I quaestionum.* Pomponius scribit, si negotium a te quamvis male gestum probavero, negotiorum tamen gestorum te mihi non teneri. videndum ergo ne in dubio hoc, an ratum habeam, actio negotiorum gestorum pendeat: nam quomodo, cum semel coeperit, nuda voluntate tolletur? sed superius ita verum se putare, si dolus malns a te absit. Scaevola: immo puto et si comprobem, adhuc negotiorum gestorum actionem esse. sed eo dictum te mihi non teneri, quod reprobare non possim semel probatum: et quemadmodum quod utiliter gestum est necesse est apud iudicem pro rato haberi, ita omne quod ab ipso probatum est. ceterum si ubi probavi, non est negotiorum actio: quid fiet, si a debitore meo exegerit et probaverim? quemadmodum recipiam? item si vendiderit? ipse denique si quid impendit, quemadmodum recipiet? nam utique mandatum non est. erit igitur et post ratihabitionem negotiorum gestorum actio.

Contra:

L. 60 D. de R.I. antiqui (50, 17). *Ulpianus libro X disputationum.* Semper qui non prohibet pro se intervenire, mandare creditur. sed et si quis ratum habuerit quod gestum est, obstringitur mandati actione.

8. L. 9 D. de Publiciana in rem actione (6, 2). *Ulpianus libro XVI ad edictum.* § 4. Si duobus quis separatim vendiderit bona fide ementibus, videamus, quis magis Publiciana uti possit, utrum is, cui priori res tradita est an is qui tantum emit. et Iulianus libro VII digestorum scripsit, ut, si quidem ab eodem non domino emerint, potior sit cui priori res tradita est, quod si a diversis non dominis, melior causa sit possidentis, quam petentis: quae sententia vera est.

Contra:

L. 31 D. de A.E.V. (19, 1). *Neratius libro III membranarum.* § 2. Uterque nostrum eandem rem emit a non domino, cum emptio venditioque sine dolo malo fieret, traditaque est: sive ab eodem emimus sive ab alio atque alio, is ex nobis tuendus est, qui prior ius eius adprehendit, hoc est, cui primum tradita est. si alter ex nobis a domino emisset, is omnimodo tuendus est.

9. L. 11 D. ad legem Aquiliam (9, 2). *Ulpianus libro XVIII ad edictum.* § 3. Celsus scribit, si alius mortifero vulnere percusserit, alius postea exanimaverit, priorem quidem non teneri, quasi occiderit, sed quasi vulneravit, quia ex alio vulnere periit, posteriorem teneri, quia occidit. quod et Marcello videtur et est probabilius.

Contra:

L. 51 D. eod. (9, 2). *Iulianus libro LXXXVI ad edictum.* Ita vulneratus est servus, ut eo ictu certum esset moriturum:

medio deinde tempore heres institutus est et postea ab alio ictus decessit: quaero, an cum utroque de occiso lege Aquilia agi possit. respondit: occidisse dicitur vulgo quidem, qui mortis causam quolibet modo praebuit: sed legs Aquilia is demum teneri visus est, qui adhibita vi et quasi manu causam mortis praebuisset, tracta videlicet interpretatione vocis a caedendo et a caede. rursus Aquilia lege teneri existimati sunt non solum qui ita vulnerassent, ut confestim vita privarent, sed etiam hi, quorum ex vulnere certum esset aliquem vita excessurum. igitur si quis servo mortiferum vulnus inflixerit eundcmque alius ex intervallo ita percusserit, ut maturius interficeretur, quam ex priore vulnere moriturus fuerat statuendum est utrumque lege Aquilia teneri.

10. L. 23 D. eod. (9, 2). *Ulpianus libro XVIII ad edictum.* § 2. Idem Iulianus scribit, si institutus fuero sub condicione si Stichum manumisero et Stichus sit occisus post mortem testatoris in aestimationem etiam hereditatis pretium me consecuturum: propter occisionem enim defecit condicio: quod si vivo testatore occisus sit, hereditatis aestimationem cessare, quia retrorsum quanti plurimi fuit inspicitur.

Contra:

L. 54 D. de legatis I (30). *Pomponius libro VIII ad Sabinum.* § 2. Sed et si servi mors impedisset manumissionem, cum tibi legatum esset, si eum manumisisses, nihilo minus debetur tibi legatum quia per te non stetit, quo minus perveniat ad libertatem.

11. L. 19 D. communi dividundo (10, 3). *Paulus libro VI ad Sabinum.* Arbor quae in confinio nata est, item lapis qui per utrumque fundum extenditur quamdiu cohaeret fundo e regione cuiusque finium utriusque sunt nec in communi dividundo iudicium veniunt: sed cum aut lapis exemptus aut arbor eruta vel succisa est, communis pro indiviso fiet et veniet in communi dividundo iudicium: nam quod erat finitis partibus, rursus confunditur. qua re duabus massis duorum dominorum conflatis tota massa communis est, etiamsi aliquid ex prima specie separatum maneat: ita arbor et lapis separatus a funde confundit ius domini.

Contra:

L. 83 D. pro socio (17, 2). *Paulus libro I manualium.* Illud quaerendum est, arbor quae in confinio nata est, item lapis qui per utrumque fundum extenditur an, cum succisa arbor est vel lapis exemptus eius sit cuius fundus, pro ea quoque parte singulorum esse debeat, pro qua parte in fundo fuerat? an qua ratione duabus massis duorum dominorum flatis tota massa communis est, ita arbor hoc ipso, quo separatur a solo propriamque substantiam in unum corpus redactam accipit, multo magis pro indiviso communis sit, quam massa? sed naturali convenit rationi et postea tantam partem utrumque habere tam in lapide quam in arbore, quantam et in terra habebat.

12. L. 15 D. de R.C. (12, 1). *Ulpianus libro XXXI ad edictum.* Singularia quaedam recepta sunt circa pecuniam creditam: nam si tibi debitorem meum iussero dare pecuniam, obligaris mihi, quamvis meos nummos non acceperis. quod igitur in duabus personis recipitur, hoc et in eadem persona recipiendum est, ut, cum ex causa mandati pecuniam mihi debeas et convenerit, ut crediti nomine eam retineas, videatur mihi data pecunia et a me ad te profecta.

Contra:

L. 34 D. mandati vel contra (17, 1). *Africanus libro VIII quaestionum.* Qui negotia Lucii Titii procurabat, is, cum a debitoribus eius pecuniam exegisset, epistulam ad eum emisit, qua significaret certam summam ex administratione apud se esse eamque creditam sibi se debiturum cum usuris semissibus: quaesitum est, an ex ea causa credita pecunia peti possit et an usurae peti possint. respondit non esse creditam: alioquin dicendum ex omni contractu nuda pactione pecuniam creditam fieri posse. nec huic simile esse, quod, si pecuniam apud te depositam convenerit ut creditam habeas, credita fiat, quia tunc nummi, qui mei erant, tui fiunt. item quod: si a debitore meo iussero te accipere pecuniam, credita fiat, id enim benigne receptum est. his argumentum esse eum, qui, cum mutuam pecuniam dare vellet, argentum vendendum dedisset, nihilo magis pecuniam creditam recte petiturum: et tamen pecuniam ex argento redactam periculo eius fore, qui accepisset argentum. et in proposito igitur dicendum actione mandati obligatum fore procuratorem, ut, quamvis ipsius periculo nummi fuerint, tamen usuras, de quibus convenerit, praestare debeat.

13. L. 18 D. de R.C. etc. (12, 1). *Ulpianus libro VII disputationum.* Si ego pecuniam tibi quasi donaturus dedero, tu quasi mutuam accipias, Iulianus scribit donationem non esse: sed an mutua sit, videndum. et puto nec mutuam esse magisque nummos accipientis non fieri, cum alia opinione acceperit. quare si eos consumpserit licet condictione teneatur, tamen doli exceptione uti poterit, quia secundum voluntatem dantis nummi sunt consumpti. § 1. Si ego quasi deponens tibi dedero, tu quasi mutuam accipias, nec depositum nec mutuum est: idem est et si tu quasi mutuam pecuniam dederis, ego quasi commodatam ostendendi gratia accepi: sed in utroque casu consumptis nummis condictionis sine doli cxceptione locus erit.

Contra:

L. 36 D. de A.R.D. (41, 1). *Iulianus libro XIII digestorum.* Cum in corpus quidem quod traditur consentiamus, in causis vero dissentiamus, non animadverto, cur inefficax sit traditio. veluti si ego credam me ex testamento tibi obligatum esse, ut fundum tradam, tu existimes ex stipulatu tibi eum deberi. nam et si pecuniam numeratam tibi tradam' donandi gratia, tu eam quasi creditam accipias, constat proprietatem ad te transire nec impedimento esse, quod circa causam dandi atque accipiendi dissenserimus.

14. L. 16 D. de c. c. d. c. n. s. (12, 4). *Celsus libro III digestorum.* Dedi tibi pecuniam, ut mihi Stichum dares: utrum id contractus genus pro portione emptionis et venditionis est an nulla hic alia obligatio est quam ob rem dati re non secuta? in quod proclivior sum. et ideo: si mortuus est Stichus, repetere possum quod ideo tibi dedi, ut mihi Stichum dares. finge alienum esse Stichum, sed te tamen eum tradidisse: repetere a te pecuniam potero, quia hominem accipientis non feceris: et rursus si tuus est Stichus et pro evictione eius promittere non vis, non liberaberis, quo minus a te pecuniam repetere possim.

Contra:

L. 5 D. de praescriptis verbis et in factum actionibus (19, 5). *Paulus libro V quaestionum.* § 1. Et si quidem pecuniam dem, ut rem accipiam, emptio et venditio est: sin autem rem do, ut rem accipiam, quia non placet permutationem rerum emptionem esse, dubium non est nasci civilem obligationem, in qua actione id veniet, non ut reddas quod acceperis, sed ut damneris mihi quanti interest mea illud de quo convenit accipere: vel si meum recipere velim, repetatur quod datum est, quasi ob rem datum re non secuta. sed si scyphos tibi dedi, ut Stichum mihi dares, periculo meo Stichus erit ac tu dumtaxat culpam praestare debes. explicitus est articulus ille do ut des.

15. L. 19 D. commodati vel contra (13, 6). *Iulianus libro I digestorum.* Ad eos, qui servandum aliquid conducunt aut utendum accipiunt, damnum iniuria ab alio datum non pertinere procul dubio est: qua enim cura aut diligentia consequi possumus, ne aliquis damnum nobis iniuria det?

Contra:

L. 41 D. locati conducti (19, 2). *Ulpianus libro V ad edictum.* Sed de damno ab alio dato agi cum eo non posse Iulianus ait: qua enim custodia consequi potuit, ne damnum iniuria ab alio dari possit? sed Marcellus interdum esse posse ait, sive custodiri potuit, ne damnum daretur, sive ipse custos damnum dedit: quae sententia Marcelli probanda est.

16. L. 41 D. de pigneraticia actione vel contra (13, 7). *Paulus libro III quaestionum.* Rem alienam pignori dedisti: deinde dominus rei eius esse coepisti: datur utilis actio pigneraticia creditori. non est idem dicendum, si ego Titio, qui rem meam obligaverat sine mea voluntate, heres exstitero: hoc enim modo pignoris persecutio concedenda non est creditori, nec utique sufficit ad competendam utilem pigneraticiam actionem eundem esse dominum, qui etiam pecuniam debet. sed si convenisset de pignore, ut ex suo mendacio arguatur, improbe resistit, quo minus utilis actio moveatur.

Contra:

L. 22 D. de pignoribus et hypothecis etc. (20, 1). *Modestinus libro VII differentiarum.* Si Titio, qui rem meam ignoranti me creditori suo pignori obligaverat, heres exstitero, ex postfacto pignus directo quidem non convalescebit, sed utilis pigneraticia dabitur creditori.

17. L. 32 D. de usuris et fructibus et causis et omnibus accessionibus et mora (22, 1). *Marcianus libro VI regularum.* § 4. Sed si duo rei promittendi sint, alterius mora alteri non nocet.

Contra:

L. 18 D. de duobus reis constituendis (45, 2). *Pomponius libro V ex Plautio.* Ex duobus reis eiusdem Stichi promittendi factis alterius factum alteri quoque nocet.

18. L. 69 D. de I.D. (23, 3). *Papinianus libro IV responsorum.* § 4. Gener a socero dotem arbitratu soceri certo die dari non demonstrata re vel quantitate stipulatus fuerat: arbitrio quoque detracto stipulationem valere placuit, nec videri simile, quod fundo non demonstrato nullum esse legatum vel stipulationem fundi constaret, cum inter modum constituendae dotis et corpus ignotum differentia magna sit: dotis etenim quantitas pro modo facultatium patris et dignitate mariti constitui potest.

L. 1 C. de dotis promissione vel nuda pollicitatione (5, 11). *Imp. Alexander A. Claudio..* Frustra existimas actionem tibi competere, quasi promissa dos tibi nec praestita sit, cum neque species ulla nec quantitas promissa sit, sed hactenus nuptiali instrumento adscriptum, quod ea quae nubebat dotem dare promiserit. *PP. k. Aug. Pompeiano et Peligno conss.* [*a.* 231.]

Contra:

L. 3 C. eod. (5, 11). *Imp. Gordianus A. Claudio.* Si cum ea quae tibi matrimonio copulata est nuberet, is cuius meministi dotem dibi non addita quantitate, sed quodcumque arbitratus fuisset pro ea daturum se rite promisit et interpositae stipulationis fidem non exhibet, competentibus actionibus usus ad repromissi emolumentum iure iudiciorum pervenies: videtur enim boni viri arbitrium stipulationi insertum esse. *PP. k. Ianuar. Sabino et Venusto conss.* [*a.* 240.]

19. L. 86 D. de legatis I (30). *Iulianus libro XXXIV digestorum.* Si tibi homo, quem pignori dederas, legatus ab alio fuerit, actionem ex testamento habebis adversus heredem ut pignus luatur.

Contra:

L. 66 D. eod. II (31). *Papinianus libro XVII quaestionum.* § 6. Fundo legato si usus fructus alienus sit, nihilo minus petendus est ab herede: usus fructus enim etsi in iure, non in parte consistit, emolumentum tamen rei continet: enimvero fundo relicto ob reliquas praestationes, quae legatum sequuntur, agetur, verbi gratia si fundus pignori datus vel aliena possessio sit. non idem placuit de ceteris servitutibus. sin autem res mea legetur mihi, legatum propter istas causas non valebit.

20. L. 27. D. de donationibus (39, 5). *Papinianus libro XXIX quaestionum.* Aquilius Regulus iuvenis ad Nicostratum rhetorem ita scripsit: quoniam et cum patre meo semper fuisti et me eloquentia et diligentia tua meliorem reddidisti, dono et permitto tibi habitare in illo cenaculo eoque uti: defuncto Regulo, controversiam habitationis patiebatur Nicostratus et cum de ea re mecum contulisset, dixi posse defendi, non meram donationem esse, verum officium magistri quadam mercede remuneratum Regulum ideoque non videri donationem sequentis temporis irritam esse. quod si expulsus Nicostratus veniat ad iudicem, ad exemplum interdicti, quod fructuario proponitur, defendendus erit quasi loco possessoris constitutus, qui usum cenaculi accepit.

Contra:

L. 32 D. eod. (39, 5). *Scaevola libro V responsorum.* Lucius Titius epistulam talem misit: ille illi salutem. hospitio illo quamdiu volueris utaris superioribus diaetis omnibus gratuito, idque te ex voluntate mea facere hac epistula notum tibi facio: quaero an heredes eius habitationem prohibere possunt. respondit secundum ea, quae proponerentur, heredes eius posse mutare voluntatem.

21. L. 27 pr. de pactis (2, 14).

Contra:

L. 31 § 1 D. de novationibus et delegationibus (46, 2).

22. L. 3 pr. D. de transactionibus (2, 15).

Contra:

L. 14 D. eod.

23. L. 10 [11] D. de N.G. (3, 5).

Contra:

L. 23 § 1 D. pro socio (17, 2).

24. L. 1 § 1 D. nautae caupones stabularii ut recepta restituant (4, 9).

Contra:

L. 1 § 6 D. furti adversus nautas caupones stabularios (47, 5).

25. L. 7 § 2 D. de Publiciana in rem actione (6, 2).

Contra:

L. 2 § 16 D. pro emptore (41, 4).

26. L. 11 D. de usu fructu adcrescendo (7, 2).

Contra:

L. 89 D. de legatis III (32).

27. L. 31 D. quibus modis usus fructus vel usus amittitur (7, 4).

Contra:

L. 22 D. de legatis I (30).

28. L. 8 § 2 D. ad S.C. Velleianum (16, 1).

Contra:

L. 17 pr. D. eod. (16, 1).

29. L. 8 § 2 cit. (Nr. 28).

Contra:

L. 19 D. de novationibus et delegationibus (46, 2).

30. L. 17 pr. D. ad S.C. Velleianum (16, 1); l. 38 D. de C.E. (18, 1).

Contra:

L. 5 § 5 D. de donationibus inter virum et uxorem (24, 1).

31. L. 7 §§ 2, 3; l. 8 D. depositi vel contra (16, 3).

Contra:

L. 24 § 2 D. eod. (16, 3).

32. L. 27 § 1 D. mandati vel contra (17, 1).

Contra:

L. 108 D. de solutionibus et liberationibus (46, 3).

33. L. 63 pr. D. pro socio (17, 2).

Contra:

L. 16 D. de re iudicate etc. (42, 1).

34. L. 4 D. de C.E. (18, 1).

Contra:

L. 22—24; l. 34 § 1; l. 62 § 1 D. eod. (18, 1).

35. L. 4 D. quae res pignori vel hypothecae datae obligari non possunt (20, 3); l. 11 eod.

Contra:

L. 1 D. qui potiores in pignore vel hypotheca habeantur etc. (20, 4).

36. L. 33 D. de I.D. (23, 3).

Contra:

L. 84 D. eod. (23, 3); l. 41 pr. D. de re iudicata etc. (42, 1).

37. L. 54 D. de I.D. (23, 3).

Contra:

L. 12 C. de I.D. (5, 12).

38. L. 23 D. de donationibus inter virum et uxorem (24 1).

Contra:

L. 32 § 1; l. 32 §§ 23—26; l. 33 pr. D. eod. (24, 1).

39. L. 4. D. de auctoritate et consensu tutorum et curatorum (26, 8).

Contra:

L. 49 D. de A.O.H. (29, 2).

40. L. 1 § 8 D. B.P. de secundum tabulas (37, 11); l. 11 § 2 eod.; l. 8 § 3 D. de iure codicillorum (29, 7).

Contra:

L. 12 pr. i. f. D. de iniusto rupto irrito facto testamento (28, 3).

41. L. 2 D. de his quae in testamento delentur iuducuntur vel inscribuntur (28, 4); l. 2 § 7; l. 8 § 3 D. de B.P. secundum tabulus (37, 11).

Contra:

L. 3 D. de his etc. (28, 4); l. 12; l. 16 § 2 D. de his quae ut indignis auferuntur (34, 9).

42. L. 60 [59] § 6 D. de heredibus instituendis (28, 5).

Contra:

L. 53 pr. D. de A.O.H. (29, 2).

43. L. 40 D. de legatis I (30); l. 114 § 5 D. eod. I (30); l. 11 § 16 D. eod. III (32).

Contra:

L. 49 § 2 D. eod. II (31).

44. L. 54 § 3 D. eod. I (30); l. 124 eod.

Contra:

L. 17 D. de duobus reis constituendis (45, 2).

45. L. 3 § 7 D. de adimendis vel transferendis legatis (34, 4).

Contra:

L. 10 [11] D. de rebus dubiis (34, 5).

46. L. 1 § 13 D. ad legem Falcidiam (35, 2).

Contra:

L. 87 § 4 D. eod. (35, 2).

47. L. 16 § 3; l. 22 § 5 D. de liberali causa (40, 12)

Contra:

L. 17 D. eod. (40, 12).

48. L. 23 pr. D. de usurpationibus et usucapionibus (41, 3); l. 30 pr. D. eod.

Contra:

L. 30 § 1 D. eod. (41, 3).

49. L. 27 D. eod. (41, 3).

Contra:

L. 11 D. pro emptore (41, 4): l. 3; l. 4 § 2; l. 5 § 1 D. pro suo (41, 10).

50. L. 56 § 8 D. de V.O. (45, 1); l. 31 pr. D. de novationibus et delegationibus (46, 2).

Contra:

L. 14 pr. D. eod. (46, 2); l. 72 §§ 1—3 D. de solutionibus et liberationibus (46, 3).

IX

Septem cruces iuris consultorum (Leges damnatae).

1. L. 22 *(Vinum)* D. de R.C. (12, 1). *Iulianus libro IV ex Minicio.* Vinum, quod mutuum datum erat, per iudicem petitum est: quaesitum est, cuius temporis aestimatio fieret, utrum cum datum esset an cum litem contestatus fuisset an cum res iudicaretur. Sabinus respondit, si dictum esset quo tempore redderetur, quanti tunc fuisset, si dictum non esset, quanti tunc fuisset, cum petitum esset. interrogavi, cuius loci pretium sequi oporteat.

respondit, si convenisset, ut certo loco redderetur, quanti eo loco esset si dictum non esset, quanti ubi esset petitum.

2. L. 40 *(Lecta)* D. de R.C. (12, 1). *Paulus libro III quaestionum.* Lecta est in auditorio Aemilii Papiniani praefecti praetorio iuris consulti cautio huiusmodi: Lucius Titius scripsi me accepisse a Publio Maevio quindecim mutua numerata mihi de domo et haec quindecim proba recte dari kalendis futuris stipulatus est Publius Maevius, spopondi ego Lucius Titius. si die supra scripta summa Publio Maevio eive ad quem ea res pertinebit data soluta satisve eo nomine factum non erit, tunc eo amplius, quo post solvam, poenae nomine in dies tringinta inque denarios centenos denarios singulos dari stipulatus est Publius Maevius, spopondi ego Lucius Titius. convenitque inter nos, uti pro Maevio ex summa supra scripta menstruos refundere debeam denarios trecenos ex omni summa ei heredive eius. quaesitum est de obligatione usurarum, quoniam numerus mensium, qui solutioni competebat, transierat. dicebam, quia pacta in continenti facta stipulatione inesse creduntur, perinde esse, ac si per singulos menses certam pecuniam stipulatus, quoad tardius soluta esset, usuras adiecisset: igitur finito primo mense primae pensionis usuras currere et similiter post secundum et tertium tractum usuras non solutae pecuniae pensionis crescere nec ante sortis non solutae usuras peti posse quam ipsa sors peti potuerat. pactum autem quod subiectum est quidam dicebant ad sortis solutionem tantum pertinere, non etiam ad usurarum, quae priore parte simpliciter in stipulationem venissent pactumque id tantum ad exceptionem prodesse et ideo non soluta pecunia statutis pensionibus ex die stipulationis usuras deberi, atque si id nominatim esset expressum. sed cum sortis petitio dilata sit, consequens est, ut etiam usurae ex eo tempore, quo moram fecit, accedant, et, si, ut ille putabat, ad exceptionem tantum prodesset pactum (quamvis sententia diversa optinuerit), tamen usurarum obligatio ipso iure non committetur: non enim in mora est is, a quo pecunia propter exceptionem peti non potest. sed quantitatem, quae medio tempore colligitur, stipulamur, cum condicio exstiterit, sicut est in fructibus: idem et in usuris potest exprimi, ut ad diem non soluta pecunia quo competit usurarum nomine ex die interpositae stipulationis praestetur.

3. L. 38 *(Frater a fratre)* D. de condictione indebiti (12, 6). *Africanus libro IX quaestionum.* Frater a fratre, cum in eiusdem potestate essent, pecuniam mutuatus post mortem patris ei solvit: quaesitum est, an repetere possit. respondit utique quidem pro ea parte, qua ipse patri heres extitisset, repetiturum, pro ea vero, qua frater heres extiterit, ita repetiturum, si non minus ex peculio suo ad fratrem pervenisset: naturalem enim obligationem quae fuisset hoc ipso sublatam videri, quod peculii partem frater sit consecutus, adeo ut, si praelegatum filio eidemque debitori id fuisset, deductio huius debiti, a fratre ex eo fieret. idque maxime consequens esse ei sententiae, quam Iulianus probaret, si extraneo quid debuisset et ab eo post mortem patris exactum esset, tantum iudicio eum familiae erciscundae reciperaturum a coheredibus fuisse, quantum ab his creditor actione de peculio consequi potuisset. igitur et si re integra familiae erciscundae agatur, ita peculium dividi aequum esse, ut ad quantitatem eius indemnis a coherede praestetur: porro eum, quem adversus extraneum defendi oportet, longe magis in eo, quod fratri debuisset, indemnem esse praestandum. § 1. Quaesitum est, si pater filio crediderit isque emancipatus solvat, an repetere possit. respondit, si nihil ex peculio apud patrem remanserit, non repetiturum: nam manere naturalem obligationem argumento esse, quod extraneo agente intra annum de peculio deduceret pater, quod sibi filius debuisset. § 2. Contra si pater quod filio debuisset eidem emancipato solverit, non repetet: nam hic quoque manere naturalem obligationem eodem argumento probatur, quod, si extraneus intra annum de peculio agat, etiam quo pater ei debuisset computetur. eademque erunt et si extraneus heres exheredato filio solverit id, quod ei pater debuisset. § 3. Legati satis accepi et cum fideiussor mihi solvisset, apparuit indebitum fuisse legatum: posse eum repetere existimavit.

4. L. 8 *(Centum Capuae)* D. de eo quod certo loco dari oportet (13, 4). Africanus *libro III quaestionum.* Centum Capuae dari stipulatus fideiussorem accepisti: ea pecunia ab eo similiter ut ab ipso promissore peti debebit, id est ut, si alibi quam Capuae petantur, arbitraria agi debeat lisque tanti aestimetur, quanti eius vel actoris interfuerit eam summam Capuae potius quam alibi solvi. nec oportebit, quod forte per reum steterit, quo minus tota centum Capuae solverentur, obligationem fideiussoris augeri: neque enim haec causa recte comparabitur obligationi usurarum: ibi enim duae stipulationes sunt, hic autem una pecuniae creditae est, circa cuius exsecutionem aestmationis ratio arbitrio iudicis committitur. eiusque differentiae manifestissimum argumentum esse puto, quod, si post moram factam pars pecuniae soluta sit et reliquum petatur, officium iudicis tale esse debeat, ut aestimet, quanti actoris intersit eam dumtaxat summam quae petetur Capuae solutam esse.

5. L. 69 *(Cum societas)* D. pro socio (17, 2). *Ulpianus libro XXXII ad edictum.* Cum societas ad emendum coiretur et conveniret, ut unus reliquis nundinas id est epulas praestaret eosque a negotio dimitteret, si eas eis non solverit, et pro socio et ex vendito cum eo agendum est.

6. L. 5 *(Periculi pretium)* D. de nautico faenore (22, 2). *Scaevola libro VI responsorum.* Periculi pretium est et si condicione quamvis poenali non exsistente recepturus sis quod dederis et insuper aliquid praeter pecuniam, si modo in aleae speciem non cadat: veluti ea, ex quibus condictiones nasci solent, ut si non manumittas, si non illud facias, si non convaluero et cetera. nec dubitabis, si piscatori erogaturo in apparatum plurimum pecuniae dederim, ut, si cepisset, redderet, et athletae, unde se exhiberet exerceretque, ut, si vicisset, redderet. § 1. In his autem omnibus et pactum sine stipulatione ad augendam obligationem prodest.

7. L. 29 *(Gallus)* de liberis et postumis (28, 2). *Scaevola libro VI quaestionum.* Gallus sic posse institui postumos nepotes induxit: Si filius meus vivo me morietur, tunc si quis mihi ex eo nepos sive quae neptis post mortem meam in decem mensibus proximis, quibus filius meus moreretur, natus nata erit, heredes sunto. § 1. Quidam recte admittendum credunt, etiamsi non exprimat de morte filii, sed simpliciter instituat, ut eo casu valeat, qui ex verbis concipi possit. § 2. Idem credendum est Gallum existimasse et de pronepote, ut dicat' testator: Si me vivo nepos decedat, tunc qui ex eo pronepos et cetera. § 3. Sed et si vivo filio iam mortuo pronepote, cuius uxor praegnas esset, testamentum faceret, potest dicere: Si me vivo filius decedat, tunc qui pronepos. § 4. Num si et filius et nepos vivat, concipere utrisque mortuis vivo se, tunc qui pronepos nasceretur? quod similiter admittendum est, ita sane, si prius nepos, deinde filius decederet, ne successione testamentum rumperetur. § 5. Et quid si tantum in mortis filii casum conciperet? quid enim si aquae et ignis interdictione pateretur? quid si nepos, ex quo pronepos institueretur, ut ostendimus, emancipatus esset? hi enim casus et omnes, ex quibus suus heres post mortem scilicet avi nasceretur, non pertinent ad legem Vellaeam: sed ex sententia legis Vellaeae et haec omnia admittenda sunt, ut ad similitudinem mortis ceteri casus admittendi sint. § 6. Quid si qui filium apud hostes habebat testaretur? quare non induxere, ut, si antea quam filius ab hostibus rediret quamvis post mortem patris decederet, tunc deinde nepos vel etiam adhuc illis vivis post mortem scilicet avi nasceretur, non rumperet? nam hic casus ad legem Vellaeam non pertinet. melius ergo est, ut in eiusmodi utilitate, praesertim post legem Vellaeam, quae et multos casus rumpendi abstulit, interpretatio admittatur, ut instituens nepotem, qui sibi post mortem suus nasceretur, recte instituisse videatur, quibuscunque casibus nepos post mortem natus suus esset rumperetque praeteritus: atque etiam si generaliter, quidquid sibi liberorum natum erit post mortem aut quicunque natus fuerit sit institutus, si suus nasceretur. § 7. Si eius, qui filium habeat et nepotem ex eo instituat, nurus praegnas ab hostibus capta sit ibique vivo pariat, mox ille post mortem patris atque avi redeat, utrum hic casus ad legem Vellaeam respiciat an ad ius antiquum aptandus sit possitque vel ex iure antiquo vel ex Vellaea institutus non rumpere? quod quaerendum est, si iam mortuo filio pronepotem instituat redeatque mortuo. sed cum testamentum ab eo non rumpitur, nihil refert, utrum ex iure antiquo an ex lege Vellaea excludatur. § 8. Forsitan addubitet quis, an istis casibus si nepos post testamentum nascatur vivo patre suo deinde ex eo concipiatur, isque vivo patre deinde avo nascatur, an non potuerit heres institui, quia pater ipsius non recte institutus esset. quod minime est expavescendum: hic enim suus heres nascitur et post mortem nascitur. § 9. Ergo et si pronepos admittetur, qui natus erit ex nepote postea vivo filio, atque si ex eo natus esset, adoptatur. § 10. In omnibus his speciebus illud servandum est, ut filius dumtaxat, qui est in potestate, ex aliqua parte sit heres institutus: nam frustra exheredabitur post mortem suam: quod non esse necessario in eo filio, quid apud hostes est, si ibi decedat et in nepote certe et pronepote. quorum si liberi heredes instituantur, institutionem numquam exigemus, quia possunt praeteriri. § 11. Nunc de lege Vellaea videamus. voluit vivis nobis natos similiter non rumpere testamentum. § 12. Et videtur primum caput eos spectare, qui, cum nascerentur, sui heredee futuri essent. et rogo, si filium habeas et nepotem nondum natum tantum ex eo heredem instituas, filius decedat, mox vivo te nepos nascatur? ex verbis dicendum est non rumpi testamentum, ut non solum illud primo capite notaverit, si nepos, qui eo tempore instituatur, quo filius non sit, verum et si vivo patre nascatur: quid enim necesse est tempus testamenti faciendi respici, cum satis sit observari id tempus quo nascitur? nam etsi ita verba sunt: qui testamentum faciet, is omnis virilis sexus, qui ei suus heres futurus erit et cetera. § 13. Etiam si vivente parente vivo nascantur, sequenti parte succedentes in locum liberorum non vult rumpere testamentum: et ita interpretandum est, ut, si et filium et nepotem et pronepotem habeas, mortuis utrisque, pronepos institutus succedens in sui heredis locum non rumpat. et bene verba se habent si quis ex suis heredibus suus heres esse desierit, ad omnes casus pertinentia, quos supplendos Galli Aquilii sententia diximus: nec solum si nepos vivo patre decedat, nec succedens pronepos avo mortuo rumpat, sed et si supervixit patri ac decedat, dummodo heres institutus sit aut exheredatus. § 14. Videndum, num hac posteriore parte si quis ex suis heredibus suus heres esse desierit, liberi eius et cetera in locum suorum sui heredes succedunt, possit interpretatione induci, ut, si filium apud hostes habens nepotem ex eo heredem instituas, non tantum si vivo te filius decedat, sed etiam post mortem, antequam ab hostibus reversus fuerit, succedendo non rumpet: nihil enim addidit, quo significaret tempus: nisi quod licet audenter, possis dicere vivo patre hunc heredem esse desisse, licet post mortem decedat, quia nec redit nec potest redire. § 15. Ille casus in difficili est, si filium habeas et nepotem nondum natum instituas isque nascatur vivo patre suo ac mox pater decedat: non enim suus heres est tempore quo nascatur nec posteriori alii succedendo prohiberi videtur rumpere quam qui iam natus erit. denique et superiore capite ut liceat institui nondum natos, qui cum nascentur sui erunt, permitti, posteriore capite non permitti institui, sed vetat rumpi neve ob eam rem minus ratum esset, quod succedit. porro procedere debet, ut utiliter sit institutus: quod nullo iure potuit qui nondum natus erat. Iuliano tamen videretur duobus quasi capitibus legis commixtis in hoc quoque inducere legem, ne rumpantur testamenta. § 16. Quaeremus tamen, cum reccepta est Iuliani sententia, an, si nascatur nepos vivo patre suo, deinde emancipetur, sponte adire possit hereditatem. quod magis probandum est: nam emancipatione suus heres fieri non potuit.

X

Authenticae Friderici I et Friderici II.

1. Ad l 1 C. si adversus venditionem (2, 27, [28]). Sacramenta puberum sponte facta super contractibus rerum suarum non retractandis inviolabiliter custodiantur. per vim autem vel per iustum metum extorta, etiam a maioribus, maxime ne querimoniam maleficiorum commissorum faciant nullius esse momenti iubemus.

2. Ad tit. C. ne filius pro patre vel pater pro filio emancipato vel libertus pro patrono conveniatur (4, 13). Habita quidem super hoc diligenti episcoporum, abbatum, ducum, omnium iudicum et aliorum procerum sacri nostri palatii examinatione, omnibus, qui causa studiorum peregrinantur, scholaribus, et maxime divinarum atque sacrarum legum professoribus hoc nostrae pietatis beneficium indulgemus, ut ad loca, in quibus litterarum exercentur studia, tam ipsi quam eorum nuntii veniant, et in eis secure habitent. dignum namque existimamus, ut, cum omnes bona facientes nostram laudem et protectionem omnimodo mereantur, quorum scientia totus illuminatur mundus, et ad obediendum Deo et nobis, eius ministris, vita subiectorum informatur, quadam speciali dilectione eos ab omni iniuria defendamus. quis enim eorum non misereatur, qui amore scientiae exules facti, de divitibus pauperes, semetipsos exinaniunt, vitam suam multis periculis exponunt, et a vilissimis saepe hominibus, quod graviter ferendum est, corporales iniurias sine causa perferunt? hac igitur generali et in perpetuum valitura lege decernimus, ut nullus de cetero tam audax inveniatur, qui aliquam scholaribus iniuriam inferre praesumat, nec ob alterius eiusdem provinciae delictum sive debitum, quod aliquando ex perversa consuetudine factum audivimus, aliquod damnum eis inferat: scituris huiusmodi sacrae constitutionis temeratoribus, et etiam ipsis locorum rectoribus, qui hoc vindicare neglexerint, restitutionem rerum ablatarum ab omnibus exigendam in quadruplum, notaque infamiae eis ipso iure irrogata dignitate sua careant in perpetuum. verum tamen si litem eis quispiam super aliquo negotio movere voluerit, huius rei optione data scholaribus, eos coram domino vel magistro suo vel ipsius civitatis episcopo, quibus hanc iurisdictionem dedimus, conveniat. qui vero ad alium iudicem eos trahere tentaverit, etiamsi causa iustissima fuerit, a tali conamine cadat. hanc autem legem inter imperiales constitutiones, scilicet sub titulo: Ne filius pro patre, inseri iussimus. *Datum apud Roncalias, anno Domini MCLVIII mense Novembri.*

---

3. Ad l. 12 C. de sacrosanctis ecclesiis et de rebus et privilegiis earum (1, 2). Cassa et irrita esse nunciari per totam Italiam praecipias omnia statuta et consuetudines contra libertatem ecclesiae eiusque personas inductas adversus canonicas et imperiales sanctiones, et ea de capitularibus penitus aboleri mandat nova constitutio, et de cetero similia attentata ipso iure nulla esse decernit: si quid contra fiat, poenae quae statutae sunt, imminebunt. sed si per annum huius novellae constitutionis aliqui inventi fuerint contemtores, bona eorum per totum nostrum imperium impune ab omnibus occupentur.

4. Ad l. 2 C. de episcopis et clericis etc. (1, 3). Item nulla communitas vel persona publica vel privata collectas vel exactiones, angarias, vel parangarias ecclesiis vel aliis piis locis aut ecclesiasticis personis imponere, aut invadere ecclesiastica bona praesumant. quod si fecerint, et requisiti ab ecclesia vel imperio, emendare contemserint, triplum refundant, et nihilo minus banno imperiali subiaceant: quod absque satisfactione debita nullatenus remittatur.

5. Ad l. 13 C. eod. (1, 3). Item quaecunque communitas vel persona quae annum in excommunicatione propter libertatem ecclesiae fractam et violatam perseveraverit, ipso iure imperiali banno subiaceat, a quo nullatenus extrahatur: nisi prius ab ecclesia beneficio absolutionis obtento.

6. Ad l. 32 [33] C. eod. (1, 3). Statuimus, ut nullus ecclesiasticam personam in criminali quaestione vel civili trahere ad iudicium saeculare praesumat contra constitutiones imperiales et canonicas sanctiones. quod si actor fecerit, a suo iure cadat, iudicatum non teneat, et iudex ex tunc potestate iudicandi privetur. § 1. Sancimus etiam, ut, si quis clericis vel ecclesiasticis personis iustitiam denegare praesumserit, tertio requisitus iurisdictionem suam amittat.

7. Ad l. 19 C. de episcopali audientia etc. (1, 4). Statuimus hoc edicto in perpetuum valituro, ut potestates, consules, sive rectores, quibuscunque fungantur, officiis, pro defensione fidei praestent publice iuramentum, quod de terris suae iurisdictioni subiectis universos haereticos ab ecclesia denotatos, bona fide pro viribus suis exterminare studebunt, ita ut a modo quandocunque quis fuerit in potestatem seu perpetuam seu temporalem assumtus, hoc teneatur capitulum firmare iuramento. alioqui neque pro potestatibus, neque pro consulibus, neque pro rectoribus habeantur, eorumque sententias ex tunc irritas iudicamus et inanes.

8. A. l 4 C. de haereticis et manichaeis et samaritis (1, 5). Si vero dominus temporalis, requisitus et admonitus ab ecclesia, terram suam purgare neglexerit ab haeretica pravitate, post annum a tempore monitionis clapsum terram ipsius exponimus catholicis occupandam, qui eam exterminatis haereticis absque ulla contradictione possideant, et in fidei puritate conservent, salvo iure domini principalis, dummodo super hoc nullam praestet obstaculum, nec aliquod impedimentum apponat. eadem nihilominus lege observata contra eos, qui non habent dominos principales.

9. Ad l. 4 C. eod. (1, 5). Credentes praeterea receptatores, defensores et fautores haereticorum damnamus, firmiter statuentes, ut, si postquam quilibet talium fuerit excommunicatione notatus, satisfacere contemserit intra annum, ex tunc ipso iure sit infamis, nec ad publica officia, seu consilia, vel ad eligendum aliquos adhibeatur, neque ad testimonium admittatur. sit etiam intestabilis, ut nec testandi liberam habeat facultatem, nec ad hereditatis successionem accedat. nullus praeterea ei super quocunque negotio, sed ipse aliis respondere cogatur. quod si forte iudex extiterit: eius sententia nullam optineat firmitatem, nec causae aliquae ad eius audientiam perferantur. si vero fuerit advocatus, eius patrocininm nullatenus admittatur: si tabellio, instrumenta per ipsum confecta nullius penitus momenti censeantur.

10. Ad l. 19 C. eod. (1, 5). Gazaros, Patarenos, Leonistas, Speronistas, Arnoldistas, Circumcisos et omnes haereticos utriusque sexus, quocunque nomine conseantur, perpetua damnamus infamia, diffidamus atque bannimes, censentes, ut omnia bona talium confiscentur, nec ad eos ulterius revertantur: ita quod filii ad successionem eorum pervenire non possint, cum longe gravius sit aeternam, quam temporalem offendere maiestatem. § 1. Qui autem inventi fuerint sola suspicione notabiles, nisi ad mandatum ecclesiae iuxta considerationem suspicionis qualitatemque personae propriam innocentiam congrua purgatione monstraverint, tamquam infames et banniti ab omnibus habeantur: ita quod, si sic per annum permanserint, ex tunc omnes tamquam haereticos condemnamus.

11. Ad l. 18 C. de furtis et servo corrupto (6, 2). Navigia quocunque locorum pervenerint, si quo casu contingente rupta fuerint, vel alias ad terram pervenerint, tam ipsa navigia, quam navigantium bona illis integra reserventur, ad quos spectabant, antequam navigia huiusmodi periculum incurrissent, sublata penitus omnium locorum consuetudine, quae huic adversus sanctioni: nisi talia sint navigia, quae piraticam exerceant pravitatem, aut sint nobis sive Christiano nomini inimica. transgressores autem huius nostrae constitutionis bonorum suorum publicatione multentur, et, si res exegerit, eorum audacia iuxta mandatum nostrum modis aliis compescatur.

12. Ad l. 10 C. communia de successionibus (6, 59). Omnes peregrini et advenae libere hospitentur, ubi voluerint, et hospitati, si testari voluerint, de rebus suis liberam ordinandi habeant facultatem, quorum ordinatio inconcussa servetur. si vero intestati decesserint, ad hospitem nihil perveniet, sed bona ipsorum per manus episcopi loci, si fieri potest, heredibus tradantur, vel in pias causas erogentur. hospes vero, si aliquid ex talium bonis contra hanc constitutionem nostram habuerit, episcopo triplum restituat, quibus visum ei fuerit, adsignandum, non obstante statuto aliquo aut consuetudine seu privilegiis, quae hactenus contrarium inducebant. si qui autem contra hanc nostram constitutionem venire praesumpserint, eis de rebus suis testandi interdicimus facultatem, ut in eo puniantur, in quo deliquerunt, alias, prout culpae qualitas exegerit, puniendi.

13. Ad l. 8 C. quae res pignori obligari possunt vel non et qualiter pignus contrahatur (8, 16 [17]). Agricultores et circa rem rusticam occupati, dum villis insident, dum agros colunt, securi sint in quacunque parte terrarum, ita ut nullus inveniatur tam audax, ut personas, boves, et agrorum instrumenta, aut si quid aliud sit, quod ad operam rusticam pertineat, invadere aut capere aut violenter auferre praesumat. si quis autem huiusmodi statutum ausu temerario violare praesumserit, in quadruplum ablato restituat, et infamiae notam ipso iure incurrat, imperiali animadversione nihilominus puniendus.

Quellenregister.

1) Digesta.

1) Digesta (Fortsetzung).

1) Digesta (Fortsetzung).

1) Digesta (Fortsetzung).

1) Digesta (Fortsetzung).

l) Digesta (Schluß).

2) Codex.

3) Novellae.

4) Constitutiones Iustiniani.

5) Corpus Iuris Canonici.

6) Authenticae.

7) Gellius, Noctes Atticae.

8) Gai institutiones.

9) Ulpiani regulae.

10) Pauli sententiae.

11) Fragmenta Vaticana.

12) Codex Theodosianus.

FSC
www.fsc.org
MIX
Papier | Fördert gute Waldnutzung
FSC® C083411

Kolibri 360 GmbH
Ferdinand-Jühlke-Straße 7
99095 Erfurt, Deutschland
produktsicherheit@kolibri360.de